OVERPRIKKELD BREIN

MEER RUST EN BALANS IN 10 WEKEN

CHARLOTTE LABEE

KOSM•S

Kosmos Uitgevers, Utrecht/Antwerpen

KOSM•S

🌐 kosmosuitgevers.nl
📘 kosmos.uitgevers
📷 kosmosuitgevers

Charlotte Labee

🌐 charlottelabee.com
📘 charlottelabee
📷 charlottelabee
in charlottelabee

© 2022 Charlotte Labee/Kosmos Uitgevers, Utrecht/Antwerpen, onderdeel van VBK | media

Ontwerp omslag en binnenwerk: Diewertje van Wering
Tekst: Charlotte Labee
Redactie: Robert Tjalsma & Giovanna Jansen
Eindredactie: Saskia van Iperen
Projectbegeleiding: Dorette Kostwinder & Levi van der Veur
Zetwerk: Zeno Carpentier Alting
Illustraties: Sigrid Bliekendaal
Beeld achterplat: Dana van Leeuwen, danaphotoandfilm.com
Visagie: Sjardé Kirioma
Haarstyling: Marissa Pronk, Natulique

ISBN 978 90 439 2488 7
ISBN e-book 978 90 439 2489 4
ISBN audiobook 978 90 439 2491 7
NUR 770

Kosmos Uitgevers vindt het belangrijk om op milieuvriendelijke en verantwoorde wijze met natuurlijke bronnen om te gaan. Bij de productie van het papieren boek van deze titel is daarom gebruikgemaakt van papier waarvan het zeker is dat de productie niet tot bosvernietiging heeft geleid.

Alle rechten voorbehouden / All rights reserved
Niets uit deze uitgave mag worden verveelvoudigd en/of openbaar gemaakt door middel van druk, fotokopie, onlinepublicatie of op welke andere wijze en/of door welk ander medium ook, zonder voorafgaande schriftelijke toestemming van de uitgever.

Deze uitgave is met de grootst mogelijke zorgvuldigheid samengesteld. Noch de maker, noch de uitgever kan echter aansprakelijk gesteld worden voor eventuele schade als gevolg van eventuele onjuistheden en/of onvolledigheden in deze uitgave.

'Because you are alive, everything is possible'

THICH NHAT HANH

EEN PERSOONLIJK BERICHT VAN MIJ VOOR JOU

Dit boek is een handboek voor jouw overprikkelde brein. Het combineert eeuwenoude kennis, de laatste neurowetenschappelijke inzichten en ervaringen van mijzelf en anderen. De inhoud van dit boek hoeft echter niet jouw waarheid te zijn. Ik wil je dan ook vragen om het boek open-minded te lezen en eruit te halen wat nu van toepassing is op jouw leven. Wanneer je het over een jaar nog eens terugleest (raad ik zeker aan), haal je er waarschijnlijk weer heel andere dingen uit dan nu. Je brein verandert immers iedere dag en dat geldt daarmee ook voor jouw zienswijze en de zaken waar jij je goed bij voelt.

Dat je dit boek in handen hebt, wil waarschijnlijk zeggen dat je meer over je eigen brein te weten wilt komen. Hierin vertel ik je alles over de oneindige mogelijkheden van dit fascinerende orgaan. Ook leg ik uit hoe spiritualiteit en wetenschap elkaar kunnen versterken en hoe je het overprikkelde brein weer kunt 'ontprikkelen' door je lifestyle aan te passen.

Misschien zit je daarnaast met bepaalde vragen, zoals: wat doe ik hier op aarde? Wat is mijn doel? Wat is de betekenis van mijn leven? Wie ben ik? Waar wil ik heen? Waar word ik nou echt gelukkig van? Ook in dat geval zul je dit waarschijnlijk een fijn boek vinden.

In dit boek deel ik persoonlijke ervaringen van verschillende mensen. Omwille van privacy zijn de namen van enkele personen verzonnen.

Heb je een medische aandoening? Raadpleeg dan altijd een arts of therapeut met voldoende kennis en ervaring.

> **MIJN BELOFTE**
> Bij een overprikkeld brein zoeken we de oorzaak vaak in onze hersenen. In werkelijkheid zijn de oorzaken veel breder. In dit boek neem ik je mee naar de invloed van onze darmen, omgeving, jeugd, opvoeding, hormoonverstoring, epigenetica, voeding, de connectie tussen je hart en je brein, ademhaling, spiritualiteit en nog veel meer. De beste manier om je brein te ontprikkelen, begint bij het helen van je cellen. Ik heb daarvoor een 10-wekenplan ontwikkeld waarmee jij je brein weer in balans kunt brengen. Je zult er verderop alles over lezen.

VERANTWOORDING

Dit boek heb ik voor jou geschreven. Ik wil je meenemen op een persoonlijke reis. Niet om je met harde feiten van iets te overtuigen, maar om je te laten zien dat mijn adviezen en informatie je kunnen helpen een verschil te maken in je leven.

In eerste instantie wilde ik toch vooral alles in dit boek met wetenschappelijke noten onderbouwen. Halverwege het schrijfproces ging dit me echter tegenstaan: je hebt immers geen wetenschap nodig om te bewijzen of iets wel of niet voor jou werkt. Je hebt jezelf en jouw *gut feeling* nodig om te erváren dat het werkt. Je brein leert het meest van de ervaringen die het opdoet tijdens het bewandelen van jouw pad. Dit pad vind je niet door alleen wegwijzers uit de wetenschap te volgen. Veel mooier is een combinatie tussen wetenschap, jouw gevoel, kennis en ervaringen van anderen en jouw mededogen voor jezelf en de mensen om je heen. Luister naar je intuïtie, volg je gevoel en ontdek vooral waar jij behoefte aan hebt. Sta daar wat vaker bij stil. En stel jezelf daarbij de vraag:

Wat heb ik echt nodig?

Voelt het voor jou toch veiliger om de wetenschap als leidraad te nemen bij het kiezen van je eigen pad? Achter in dit boek vind je alle wetenschappelijke bronnen, onderzoeken, artikelen en rapporten die ik heb gebruikt.

INHOUD

Voorwoord 8
Inleiding 12

LEVEL 1
Handige weetjes en inzichten over het brein
Basiskennis over jouw eigen brein 16
De programmering van je brein 21

LEVEL 2
Je brein en overprikkeling: waardevolle inzichten
Wat is een overprikkeld brein? 40
Het breinfilter dat jouw prikkels verwerkt 45
Hoe gedachten je brein veranderen 57
Het angstige brein 65
De nervus vagus en de hersen-darm-as 70
Stress als oorzaak van overprikkeling 74
Ontstekingen en het brein 89
De labelmaatschappij 96
De darmen: jouw tweede brein 103
Het prikkelbaredarmsyndroom 117
Nature versus nurture 120
Geluk in de maatschappij of in jezelf vinden 124
Is mijn brein overprikkeld? 134

LEVEL 3
Wat heeft ons brein nodig?

De behoefte van ons brein	140
Beloningsgericht leren: het doorbreken van gewoontelussen	165
Hoe ga je ontstekingen tegen?	179
Nieuwsgierigheid	185
Spiritualiteit	205
Ga aan de slag met je brein	224
Terug in balans	234

LEVEL 4
Weer in balans in 10 weken

Week 1 – Leven vanuit je hart door dankbaarheid	239
Week 2 – Verminder je stress	239
Week 3 – Vergroot je hartcoherentie	240
Week 4 – Laat los wat je niet langer dient	242
Week 5 – Nieuwsgierig zijn opent je brein	243
Week 6 – Observeren van je brein en lichaamsprocessen	244
Week 7 – Brain Food, de juiste voedingsstoffen voor je brein	245
Week 8 – Ontdoe je brein van gifstoffen	246
Week 9 – Verbinding zorgt voor jouw geluk	247
Week 10 – Stop met verslavend gedrag	248
Tot slot	250
Dankwoord	255
Woordenlijst	257
Bronnen	263
Register	268

VOORWOORD

Ik schrijf dit boek vanuit mijn hart, met een boodschap en een doel. Het doel is een verandering in de wereld, de boodschap is dat deze verandering altijd bij onszelf begint. *Be the change you want to see in the world.*

Terwijl ik dit schrijf is er veel gaande in de wereld. Denk aan de pandemie van de afgelopen jaren en de oorlog die hier niet eens zo ver vandaan is uitgebroken. Dit soort verschrikkelijke gebeurtenissen heeft een grote en vaak negatieve invloed op het brein. Onder de oppervlakte van ons bestaan sluimeren echter al langer andere, structurele, breinproblemen. Problemen die steeds groter worden en die nu ook onze jongere generaties bedreigen. Want ondanks de materiële rijkdom in de moderne wereld zijn we onszelf, ons geluk en onze gezondheid in toenemende mate kwijt. Hierdoor zoeken we onze toevlucht in afleiding, genot, technologie en medicatie. Vaak tevergeefs. Geheugenproblemen, vermoeidheidsproblemen en slaapproblemen zijn in opkomst, net als angststoornissen, burn-out en depressie, parkinson, alzheimer en dementie. In veel gevallen zijn deze aandoeningen symptomen van een overprikkeld en ontregeld brein.

Het overprikkelde brein is een van de grootste problemen in de huidige maatschappij. Het is de oorzaak van talloze lichamelijke, geestelijke en emotionele klachten, die na verloop van tijd kunnen uitmonden in langdurige of zelfs permanente gezondheidsschade. Ik zie mezelf als ambassadeur van het medicijn dat het beste werkt tegen overprikkeling: een aanpassing van onze lifestyle. Steeds meer mensen, onder wie ook artsen, onderschrijven deze visie en ontdekken wat een andere manier van leven voor zichzelf of hun cliënten kan doen. Met preventieve leefstijlveranderingen zijn veel fysieke en mentale klachten te voorkomen. Zoals we intuïtief wel aanvoelen, is voorkomen altijd beter dan genezen. En moet er tóch een keer iets genezen worden? Dan beschikken we altijd nog over een bijzonder zelfhelend vermogen, dat al miljoenen jaren lang geweldig werkt.

Voor het laatste nieuws over leefstijlaanpassingen en alle mogelijkheden op dat gebied verwijs ik je graag naar mijn website: www.charlottelabee.com.

Waarom verandering begint bij jezelf
Wanneer was jij voor het laatst echt gelukkig? Kun je dat moment omschrijven? En minstens zo belangrijk: hoe vaak doe jij überhaupt dingen waar je enorm gelukkig van wordt? Dat je het voelt van je kruin tot in je tenen?

Het antwoord op deze vragen is voor iedereen verschillend. Misschien voel jij je het gelukkigst wanneer je aan het mountainbiken, wandelen of zwemmen bent. Maar hoe vaak doe je dat en ben je dan ook echt in het moment? De meeste mensen zitten zelfs tijdens ontspannende activiteiten met hun hoofd ergens anders en kunnen dan ook nauwelijks genieten van het hier-en-nu. Het is een logisch gevolg van de huidige wereld, waarin ons brein dagelijks een overdaad aan prikkels moet verwerken. Daarnaast leven we in een prestatiegerichte consumptiemaatschappij die probeert om ons verslaafd te maken aan zaken als drukte, stress, winkelen, voeding, social media, technologie en de goedkeuring van anderen. Maar bovenal zijn we verslaafd aan continu 'aan' staan, zodat we geen aandacht hoeven te schenken aan onze verstoorde innerlijke processen. Hierdoor verliezen we steeds meer de connectie met onszelf en raakt ons brein langzaam maar zeker overprikkeld.

Een overprikkeld brein is ontregeld, vermoeid en kan niet optimaal functioneren. Dit uit zich in het begin in relatief onschuldige symptomen zoals hoofdpijn, neerslachtigheid of een kort lontje. Vaak wuiven we deze klachten weg alsof ze erbij horen. Maar wanneer het negeren van deze signalen een gewoonte wordt, volgen vroeg of laat ergere symptomen. Klachten als angststoornissen, slaapproblemen en depressie zijn inmiddels niet alleen meer voorbehouden aan volwassenen. Steeds meer jonge kinderen kampen met *early life stress* doordat hun zenuwstelsel en brein altijd aanstaan.

In rijke landen zoals Nederland komen deze symptomen ongekend vaak voor, maar ook elders op de wereld verspreiden ze zich als een olievlek. Volgens de Wereldgezondheidsorganisatie (WHO) vormen mentale ziekten al in 2030 het grootste ziektebeeld ter wereld. We zullen ons dus moeten voorbereiden op de grootste pandemie ooit. Maar hoe gaan we dat doen? Hoe leren we van de fouten die we de afgelopen decennia hebben gemaakt? En wat kunnen we doen om het tij te keren?

Eén ding is zeker: we worden niet geboren om ziek, depressief, onzeker of ongelukkig te zijn. Het kan soms voelen alsof deze aandoeningen ons overkomen en we er zelf niets aan kunnen doen. Gelukkig is het tegenovergestelde waar. We hebben namelijk enorm veel kennis, ervaring en daarmee macht in handen. Uit kennis en ervaring vergaren we nieuwe inzichten en daarmee leggen we de basis voor verandering. Die verandering begint dan ook bij jou.

Denk jij dat het wel meevalt met de overprikkeling van jouw brein of geloof je niet dat jij je klachten zelf kunt veranderen? Dan wil ik je erop wijzen dat we allemaal leven in dezelfde ziekmakende wereld en dat de hersenen van mensen neurowetenschappelijk gezien verbazingwekkend veel op elkaar lijken. Jouw brein heeft dus dezelfde kwetsbaarheden, maar ook dezelfde potentie om te herstellen als dat van ieder ander.

Inmiddels heb ik duizenden mensen mogen helpen met trainingen, 1-op-1-coaching, boeken en adviezen. Telkens weer zie ik dezelfde oorzaken en patronen aan de basis liggen van klachten, maar ook dezelfde stappen die leiden naar herstel. Door de tips en kennis in dit boek toe te passen, kan ook jij dus echt een verschil maken in leven. Want zeg nu zelf; je leest dit boek toch niet voor niets? Het is met een reden op je pad gekomen. Misschien ben je gefascineerd door het brein en de werking ervan. Of misschien heb je een van mijn andere boeken gelezen en ben je op zoek naar meer verdieping omdat je merkt dat de informatie je helpt. Dit is een goed voorbeeld van hoe het brein zich openstelt voor verandering wanneer het wordt beloond voor nieuw gedrag.

Een nieuwe blik op de wereld
Dit boek schrijf ik vanuit verschillende invalshoeken. Vanuit eeuwenoude bewezen methodes, vanuit de nieuwste wetenschappelijke kennis, vanuit mijn eigen ervaringen en die van andere mensen die hun leven hebben omgegooid en beste vrienden zijn geworden met hun brein. Dit is dan ook niet alleen een wetenschappelijk boek. Persoonlijk ben ik dol op de wetenschap en heb ik er de afgelopen jaren ongelooflijk veel uit mogen leren. Toch zijn er soms ook dingen die ik mis. De wetenschap kijkt vaak beknopt naar dingen en soms duurt het tientallen jaren voordat iets wat je intuïtief al aanvoelt wetenschappelijk is bewezen. Daarnaast spreken wetenschappers elkaar nogal eens tegen en kunnen politieke of financiële belangen een rol spelen bij de onderzoeken die worden uitgevoerd. Natuurlijk betekent dit niet dat we het kind maar met het badwater moeten weggooien. De wetenschap is nog altijd een geweldige tool, en heeft ons in de afgelopen eeuwen enorm veel gebracht.

Belangrijk is vooral dat we wetenschappelijke onderzoeken onbevooroordeeld blijven lezen en in een bredere context zien. Mijn eigen uitleg van wetenschap is dan ook anders dan de traditionele definitie. Wanneer iets bij veel mensen geweldige resultaten geeft, dan is dat voor mij de wetenschap dat het werkt. Hier heb ik geen bewijs in de vorm van getallen en grafieken voor nodig. De beste wetenschap is in mijn ogen het delen van ervaring. Ervaringen zijn de mooiste levenslessen die we kunnen krijgen, waar ons brein het meeste van opsteekt. Daarom zal ik in dit boek mijn ervaringen en die van mensen die ik mocht begeleiden met je delen. Wanneer je iets herkent in de ervaring van een ander, zul je merken dat je brein zich openstelt en je bereidheid groeit om van die ander te leren. Zo kunnen we enorm veel leren van de eeuwenoude kennis die onze voorouders hielp om verbonden te zijn met zichzelf, de natuur en de wereld om hen heen. Noem het een connectie met je *higher being*, noem het spiritualiteit, noem het karma of noem het een andere manier van kijken naar de wereld. Die andere blik is nodig om uit de maatschappelijke trein te kunnen stappen, die tegenwoordig maar blijft doordenderen en op ramkoers ligt met onze gezondheid. Het fijne is dat inmiddels ook de wetenschap steeds meer van deze eeuwenoude kennis onderschrijft. Dat is een extra bevestiging dat het werkt, voor ieder brein en dus ook voor dat van jou.

In dit boek ga ik een hoop kennis met je delen. Kennis over de werking van het brein, de strategieën die het inzet, het ontstaan van jouw breinprogrammering en informatie over hoe je je brein stapsgewijs anders kunt aansturen. Speciaal daarvoor heb ik een 10-wekenplan ontwikkeld. Als je daar minimaal twee maanden lang iedere dag mee aan de slag gaat, zul je gegarandeerd resultaten boeken Je brein zal hierna niet meer overprikkeld zijn, waardoor je de rust en balans in je leven kunt hervinden. Is dit een belofte? Jazeker! Ieder brein kan namelijk veranderen, ontprikkelen en weer terug in balans raken. De enige vraag is of je écht bereid bent om er aandacht aan te besteden. Dat laatste is de grote uitdaging van deze tijd. We zijn chronisch te druk om onszelf voldoende ruimte en aandacht te geven, waardoor we alsmaar zieker worden.

Ik wil dit graag illustreren met een voorbeeld. Laatst deelde een vrouw met me dat ze al langere tijd last had van mentale moeheid, hersenmist en negatieve gedachten. Daarna vertelde ze dat ze die ochtend een van mijn meditaties had gedaan en hiervan helemaal tot rust was gekomen. Ze was heel blij dat dit haar zo goed had geholpen bij haar klachten, maar vond de veertig minuten die de meditatie duurde wel een beetje zonde van haar tijd. Ik stelde haar daarop de volgende vraag: 'Als je veertig minuten aan jezelf besteden zonde vindt van je tijd, wat is het je dan wél waard om gelukkig en gezond te zijn?'

Het is een vraag die ik niet alleen aan deze vrouw, maar aan heel veel mensen zou willen stellen. Waarom ligt in onze breinprogrammering opgeslagen dat het zonde is om tijd vrij te maken voor onszelf? Waar is het mededogen voor onszelf gebleven? Waar is onze zelfliefde gebleven?

Het wordt tijd voor een andere wereld en een andere beleving van het leven. Die verandering begint bij een diepere connectie met onszelf. Pas als ons hart en brein weer met elkaar zijn verbonden, kunnen we ons geluk vinden, energetisch in een hogere frequentie komen en in een heerlijke flow belanden. De kennis en praktische stappen in dit boek kunnen je hier erg bij helpen. Ik wens je veel plezier en vooral veel geluk tijdens onze gezamenlijke reis.

Welkom bij *Overprikkeld brein, meer rust en balans in 10 weken*.

INLEIDING

In het voorwoord vroeg ik wanneer je voor het laatst echt gelukkig was. Maar ik had net zo goed kunnen vragen wanneer je voor het laatst uitgerust was. Een heldere geest had. Lekker in je vel zat. Of het idee had de hele wereld aan te kunnen.

Miljoenen mensen lijden vandaag de dag aan klachten zoals angst, vermoeidheid, hyperventilatie, mentale lusteloosheid, hersenmist, een opgejaagd gevoel, negatieve gedachten, slecht slapen, onverklaarbare fysieke klachten en ga zo maar door. Hoewel dit na verloop van tijd bijna 'normaal' lijkt, is het dat natuurlijk niet. Ook hoeft dit zeker niet zo te blijven, want je kunt uit deze fysieke en mentale staat ontwaken. Je kunt een ander pad kiezen en leven vanuit geluk, passie, energie en levenslust. Zelfs wanneer je in het leven voor grote uitdagingen staat en je het soms even niet meer weet. Een positieve staat is de basis die je helpt om flexibel en weerbaar om te gaan met elke situatie. Dit vraagt wel een flinke aanpassing in je breinprogrammering, denkwijze en lifestyle. Ik kan je echter uit ervaring vertellen: deze aanpassing is het dubbel en dwars waard. Want stel je eens voor dat je niet langer worstelt met al deze negatieve gevoelens. Dat je kunt vertrouwen op je lichaam, brein en de connectie met jezelf. En dat je kunt leven zonder overmatige stress, ongezonde voeding en verslavende gewoonten. In dit toekomstscenario maak je je niet druk over het verleden en ben je niet bang voor wat komen gaat. Je hebt geen last van de mening van anderen en leeft jouw leven volledig zoals jij dat wilt. Zou dat niet heel goed voelen? Laten we daar samen aan werken.

Om jouw persoonlijke verandertraject in goede banen te leiden, heb ik het boek verdeeld in verschillende levels:

Level 1 – Handige weetjes en inzichten over het brein
Level 2 – Meer theorie over het overprikkelde brein
Level 3 – Uitleg over wat je brein nodig heeft
Level 4 – 10-wekenplan om alle kennis toe te passen

Blader na het lezen van dit overzicht nu niet direct naar level 4 om te beginnen met het 10-wekenplan. Dit is namelijk niet hoe je veranderingen teweegbrengt. Je moet eerst genoeg relevante kennis opdoen en ervaringen van anderen herkennen om je brein bewust te maken van de urgentie om verandering toe te laten. Pas dan zullen de hersenen zich daarvoor openstellen. Lees dit boek dus vanaf het begin en sla geen hoofdstukken over. Ik begeleid je stap voor stap en geef regelmatig voorbeelden van mensen die reeds mooie stappen hebben gezet. Ook gebruik ik niet te veel wetenschappelijke termen, zodat het boek toegankelijk blijft voor iedereen.

Het is een flink boek geworden, maar ik heb alle informatie met plezier voor je uitgewerkt. Wat ik me daarbij realiseer, is dat er nog zo veel meer te vertellen valt. Ik heb daarom geprobeerd om in dit boek de highlights voor je te verzamelen. Dit zijn de belangrijkste stappen om overprikkeling tegen te gaan en je brein meer rust en balans te brengen.

Ik ben ervan overtuigd dat je tot in lengte van jaren profijt kunt hebben van de praktisch toepasbare informatie in dit boek. Maar uiteindelijk zijn we voor onze gezondheid, geluk en balans afhankelijk van de keuzes die we zelf maken. Jij staat aan het roer van je leven en het is tijd om dit roer weer in eigen handen te nemen. Dat doe je niet door het gebruik van medicatie die klachten tijdelijk remt maar jou niet gezonder maakt. (En ja, natuurlijk is het een geschenk uit de hemel dat we medicatie hebben en kunnen inzetten. Soms is het ook nodig, maar vaker kunnen we op een andere manier helen en onszelf echt gezond maken). Sterker nog, de medicatie die ik ken, maakt ons alleen maar ongezonder. Het preventieve medicijn dat lifestyle heet, is veel krachtiger en effectiever. Hiermee zijn talloze gezondheidsklachten op een veilige manier te voorkomen, maar de enige die dit kan doen ben jij. Een gezonde levensstijl geeft je lichaam en brein de juiste signalen, zodat je weer kunt functioneren zoals het oorspronkelijk bedoeld is. Dit wordt niet alleen onderschreven door eindeloos veel ervaringen, maar ook door de wetenschap en door eeuwenoude kennis die we allemaal bezitten. In een tijd met zo veel verschillende informatie weet je soms niet meer wat je kunt geloven en wat je niet moet geloven. Dan is het belangrijk om terug te kunnen vallen op deze innerlijke wijsheid.

'De snelheid waarmee de wereld in de afgelopen dertig jaar is veranderd, ligt vele malen hoger dan de evolutie van het brein kan bijhouden'

LEVEL 1
HANDIGE WEETJES EN INZICHTEN OVER HET BREIN

BASISKENNIS OVER JOUW EIGEN BREIN

Jouw brein, maar ook dat van mij, is een systeem dat al miljoenen jaren oud is. In de enorme tijdlijn van de evolutie heeft het zich ontwikkeld tot het geavanceerde hersensysteem dat jij nu elke dag gebruikt. Dat het brein zich zo succesvol heeft kunnen ontwikkelen, komt doordat een van de belangrijkste functies overleven is. Jou laten overleven, zodat de mens zich kan voortplanten en kan blijven bestaan. Deze primaire overlevingsdrang kwam in de prehistorie van pas om keuzes te maken die onze overlevingskansen vergrootten. Dit zijn echter niet altijd de beste keuzes in de huidige wereld, die snel verandert en waarin we zeker in de laatste jaren voor grote uitdagingen kwamen te staan.

Een fundamentele overlevingsstrategie van het brein is onder meer het zich aanpassen aan de omgeving. Dit is ook de reden dat de meeste mensen graag in de smaak vallen bij anderen. Evolutionair gezien was de kans op overleven in de oertijd immers vele malen groter wanneer je goed in de groep lag, dan wanneer je verstoten werd en alleen achterbleef. Ook nu nog passen we ons daarom aan; aan de wensen van de groep en aan de verwachtingen van onze naasten. Ons brein snakt continu naar goedkeuring van anderen, zeker wanneer deze personen dicht bij ons staan of een voorbeeldfunctie hebben zoals ouders. Wat deze rolmodellen doen en ons vertellen, wordt in onze hersenen opgeslagen als voorbeeld. Ook andere externe invloeden gebruikt het brein om kennis op te doen die onze overlevingskansen bevordert. Zo werkt het brein van iedereen; of je nu geboren bent in China, Amerika, Engeland of Zweden. De hersenen zuigen informatie in de kindertijd op als een spons en nemen deze de rest van je leven als breinwaarheid met zich mee. Meer over deze programmering van het brein lees je in het volgende hoofdstuk.

Drie hersenlagen

Hoewel je brein één holistisch systeem is, maken wetenschappers onderscheid tussen verschillende delen met specifieke functies. Hier zijn al talloze boeken over geschreven, dus voor dit hoofdstuk houd ik het bij een beknopte uitleg die je helpt om de rest van dit boek te lezen en goed te kunnen begrijpen. In totaal zijn er drie hersendelen, die in de evolutie als het ware op elkaar zijn gestapeld naarmate het brein groeide en zich ontwikkelde:

1. Het reptielenbrein (de hersenstam)

Het reptielenbrein is het oudste gedeelte van onze hersenen, het zogenaamde oerbrein, en is volledig gericht op overleven. Dit deel ziet bedreigingen eerder dan kansen en activeert ons stresssysteem bij mogelijk gevaar. Dit was noodzakelijk in de oertijd, maar leidt bij veel mensen in de moderne en veilige wereld tot doemdenken en negatieve gedachten. Gelukkig zijn er manieren om beter met je reptielenbrein om te gaan, zodat je vaarwel kunt zeggen tegen gepieker en een overprikkeld brein.

> *'We zijn als mens gemaakt om te doemdenken, te piekeren en negatieve gedachten te hebben'*

2. Het limbisch systeem (ons emotionele brein)
Het limbisch systeem is later in de evolutie ontwikkeld en ligt boven het reptielenbrein. Dit deel wordt ook wel het zoogdierenbrein of emotionele brein genoemd, aangezien het in belangrijke mate verantwoordelijk is voor onze menselijke gevoelens en emoties.

3. De neocortex (ons rationeel denkende brein)
De neocortex is als laatste in de evolutie ontwikkeld en bevindt zich boven het reptielenbrein en limbisch systeem. In de neocortex huist ook de prefrontale cortex, een essentieel deel dat ervoor zorgt dat we met elkaar kunnen communiceren, intelligent kunnen nadenken, complexe problemen kunnen oplossen en rationele beslissingen kunnen nemen. Ook speelt dit breindeel een belangrijke rol bij het verwerken van prikkels. Een overbelaste prefrontale cortex kan dan ook leiden tot mentale klachten en een overprikkeld brein.

Zenuwcellen en zenuwstelsel
Het brein bestaat uit miljarden neuronen (zenuwcellen), die via signaalstofjes (neurotransmitters) onderling met elkaar communiceren. Bij je geboorte bevat het brein ongeveer 150 miljard neuronen, maar op latere leeftijd neemt dit aantal af tot circa 90 miljard. Dit komt door *pruning*: een fenomeen waarbij weinig gebruikte en dus overbodige zenuwcellen door de hersenen worden weggesnoeid.

Elke zenuwcel heeft een cellichaam waarin informatie wordt verwerkt die vanuit andere cellen is doorgegeven. Dit proces van onderlinge communicatie zorgt ervoor dat de hersenen kunnen functioneren. Dat werkt ongeveer zo:

- Uitsteeksels aan het cellichaam (dendrieten) vangen een signaal (neurotransmitters) op via de lange zenuwvezel (axon).
- De axon vervoert deze neurotransmitters naar een knooppunt aan het uiteinde van de axon (synaps).
- De synaps geeft de neurotransmitters door aan de dendrieten van een andere zenuwcel.
- Dit proces herhaalt zich.

Het totale netwerk van zenuwcellen die informatie opnemen en verwerken, staat ook wel bekend als het zenuwstelsel. Het zenuwstelsel verbindt alle delen van het lichaam met elkaar en wisselt informatie uit tussen de hersenen en andere delen in het lichaam. Op deze manier communiceert het brein onder meer met spieren, klieren en organen.

Net als de hersenen bestaat het zenuwstelsel uit verschillende delen. Samen met het ruggenmerg vormt het brein je centrale zenuwstelsel. Dit deel van het zenuwstelsel wordt beschermd door een benig omhulsel in de vorm van je schedel en ruggengraat. Omdat deze bescherming van groot belang is, ga ik in level 4 dieper in op de rol van de ruggengraat. Behalve het centrale zenuwstelsel is er ook het perifere zenuwstelsel. Hiertoe behoren het sympathische en parasympathische zenuwstelsel, die het lichaam in een toestand van respectievelijk activiteit en alertheid brengen of juist in een toestand van rust en herstel.

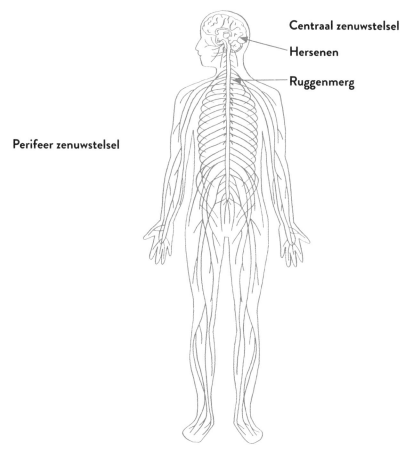

Het zenuwstelsel verbindt alle delen van het lichaam

Nervus vagus: de tiende hersenzenuw
Behalve zenuwcellen en het zenuwstelsel zijn ook hersenzenuwen belangrijk om kort uit te lichten. In totaal zijn er twaalf hersenzenuwen, die rechtstreeks uit de hersenen en het reptielenbrein ontspringen. De belangrijkste is zonder twijfel de nervus vagus, die ook wel bekendstaat als de tiende hersenzenuw of zwervende hersenzenuw. Deze zenuw loopt vanuit het reptielenbrein helemaal door tot in het onderlichaam en verbindt onder andere de maag, darmen, genitaliën, hart, longen, middenrif, gezicht, hals, nek, ogen en oren.

De innige verbondenheid van de nervus vagus met de rest van het lichaam laat zien dat het gaat om een fundamentele zenuw, die ons dag en nacht op de hoogte houdt van alles wat er in het lichaam en onze omgeving gebeurt. Deze zenuw zoekt constant naar signalen van mogelijk gevaar en activeert in dat geval het sympathische zenuwstelsel. Is de situatie echter veilig? Dan activeert de nervus vagus het parasympathische zenuwstelsel, waardoor er in het brein meer ruimte ontstaat voor rust, herstel en sociaal contact. Dit vergroot de aanmaak van gelukshormonen zoals dopamine en serotonine en verlaagt de aanmaak van stresshormonen zoals cortisol en adrenaline. In level 4 vertel ik nog veel meer over de cruciale rol van de nervus vagus bij ontspanning en het maken van waardevolle connecties met anderen.

Overprikkeling van het brein en zenuwstelsel
Het zenuwstelsel en de nervus vagus zijn niet alleen zeer geavanceerde, maar ook fragiele systemen. Een verstoring in deze mechanismen kan dan ook resulteren in een overprikkeld brein. Wanneer de nervus vagus bijvoorbeeld niet meer goed functioneert, kun je allerlei klachten krijgen. Je hartslag en bloeddruk zullen stijgen en je spijsvertering, geheugen, ademhaling en zelfs je gehoor raken hierdoor verstoord. De kans op een overbelaste nervus vagus was in de oertijd verwaarloosbaar, maar dat is helaas anders in de moderne maatschappij. Want waar onze genen de afgelopen honderdduizenden jaren vrijwel hetzelfde zijn gebleven, is onze leefwijze in de afgelopen vijftig jaar ingrijpend veranderd.

De biochemie en fysiologie van onze hersenen is nog steeds afgestemd op een 'steentijdleven', dat bestond uit voeding als groenten, fruit, peulvruchten, zaden, noten, wild en vis. Een leven dat werd gekenmerkt door hevige maar incidentele en kortdurende momenten van stress, afgewisseld met lange periodes van rust, slaap en verbondenheid met de groep waarin we leefden. Hoe anders is ons huidige leefstijlpatroon, dat zich typeert door voortdurende stress, een opgejaagd gevoel, vet- en suikerrijke voeding, een slechte slaapkwaliteit, weinig momenten van echte ontspanning en een verminderde verbinding met onszelf en onze omgeving. Deze omstandigheden kunnen na verloop van tijd leiden tot een disbalans in het zenuwstelsel, een beschadigde nervus vagus en een overprikkeld brein. Kenmerkend hiervoor is dat de samenwerking tussen het brein en het lichaam steeds moeizamer verloopt, waardoor klachten zoals angst, depressie, hersenmist, psychose en geheugenverlies ontstaan.

Gelukkig is het brein flexibel en veerkrachtig en kan het herstellen van jaren van langdurige blootstelling aan stress en overprikkeling. Dat geldt ook voor het zenuwstelsel en de nervus vagus. Wanneer de hersenen en het lichaam goed voor je functioneren, kun je makkelijker afschakelen in stressvolle situaties, behoud je beter overzicht en kun je ontspannen. Dat is precies wat we nodig hebben in deze maatschappij, waarin veel mensen meedraaien in de ratrace en last hebben van overprikkeling. Aan de hand van de stappen verderop in dit boek leer je hoe je jouw zenuwstelsel en nervus vagus kunt kalmeren en zo een overprikkeld brein terug in balans brengt.

DE PROGRAMMERING VAN JE BREIN

We hebben allemaal een brein dat op een bepaalde manier is geprogrammeerd. Deze programmering is het gevolg van alle informatie die in onze hersenen is opgeslagen. Denk hierbij aan emoties, handelingen, overtuigingen, mensen, omgevingen, geuren, kleuren, pijn, ervaringen, beslissingen en nog veel meer. Het grootste deel van deze informatie verzamelen we onbewust in de eerste acht jaar van ons leven. Dat is de kern, die een grote invloed heeft op de rest van ons leven. De hersenen zien de opgeslagen informatie namelijk als waarheid. Ze gebruiken deze breinwaarheid als referentiekader bij alle keuzes die we maken. Hierdoor staat onze breinprogrammering aan de basis van alles wat we denken en voelen, maar ook van hoe we handelen, reageren, slapen en eten.

Het programmeren van het brein bespaart de hersenen en jouzelf veel tijd en energie. Doordat jij in veel situaties kunt terugvallen op de opgeslagen informatie, kun je snel en op de automatische piloot handelen en reageren. In sommige gevallen is het echter beter om ergens bewust over na te denken in plaats van primair te reageren. Onze programmering wordt namelijk overgedragen van generatie op generatie, waardoor het lang niet altijd het beste referentiekader is voor jouw situatie. Zo kun jij je vaak onzeker voelen, het idee hebben hard te moeten werken om gezien te worden en er altijd voor een ander te moeten zijn en jezelf daarmee voorbijlopen. Of je voelt je zeker en lekker in je vel, je kunt ontspannen wanneer je niet werkt, en kunt goed voor jezelf kiezen en daarmee je gezondheid en welzijn op nummer een zetten. Het mag duidelijk zijn dat de tweede reeks programmeringen positiever is en waarschijnlijk een betere invloed op je leven heeft. Gelukkig ontwikkelen hersenen zich continu en kun je je eigen programmering je leven lang veranderen. Dit is op latere leeftijd minder makkelijk dan wanneer je jong bent: want het brein is evolutionair zo ingericht dat het energie probeert te besparen. Dat is ook de reden dat je weerstand kunt voelen bij veranderingen en het vaak slim is om deze in kleine stapjes door te voeren.

HET VERHAAL VAN NATHALIE
'Voor de buitenwereld leefde ik het perfecte plaatje, maar in de praktijk was het dat verre van. Twaalf jaar lang cijferde ik mezelf compleet weg om alles en iedereen om mij heen tevreden te houden, uit angst er niet bij te horen of verlaten te worden. Dit uitte zich steeds vaker in enorme angsten, onzekerheden, paniekaanvallen, slecht slapen, vermoeidheid, wazig zicht, haaruitval, transpireren, hartkloppingen en hyperventilatie. Ik was mijn lichaam ziek aan het maken en voelde dat het niet goed met me ging. Maar doordat ik niet in mijn kracht stond, durfde ik niets te veranderen. Angst kreeg mij steeds meer in zijn greep. Uiteindelijk

*'Stel dat je alles
wat je leert in de eerste
8 jaar van je leven als
waarheid meeneemt
voor de rest van je leven.
Hoe zou dit jouw
toekomst beïnvloeden?'*

ging dit zo ver dat ik niet eens meer een kopje koffie in durfde te schenken voor iemand anders. Bang dat ik het niet goed zou doen of dat de ander misschien ziek zou worden. Ik ging mijn angsten steeds meer uit de weg en bleef het liefst thuis in mijn veilige cocon. Hierdoor werd mijn wereld steeds kleiner.

Mijn gezin begreep me en steunde me, maar dat gaf me weer een schuldgevoel. Ik bleef dan ook proberen om me zo goed mogelijk aan te passen, maar hierdoor wist ik uiteindelijk niet meer wie ik zelf was. Pijnlijk, maar waar.

Ik volgde verschillende therapiesessies, maar die brachten me geen steek verder. In deze sessies werd alleen gekeken naar het probleem waar ik toen mee worstelde, de paniekaanvallen. Als therapie hiervoor moest ik de confrontatie met mijn angst aangaan, zonder enige begeleiding. Dit putte me alleen maar verder uit en ik slikte inmiddels zware medicatie.

Op een gegeven moment besefte ik dat het zo niet verder kon. Ik besloot mijn probleem vanuit een holistische visie te benaderen en ging yin yoga beoefenen. Dit gaf mij meer rust in mijn hoofd en zelfs een beetje zelfvertrouwen. Naarmate ik vaker yoga ging beoefenen, durfde ik ook mijn medicatie af te bouwen. Toen ik twee jaar vrij was van medicatie, heb ik dit gevierd door een high tea te organiseren met een klein groepje dierbaren dat mij niet voor gek verklaarde of zweverig noemde als ik "weer een kopje koffie stond leeg te gieten" of rust vond op mijn yogamat. Deze mensen zijn bij me gebleven en hebben mij geaccepteerd om wie ik toen was. Ik gebruikte geen medicatie meer en hoefde niet meer naar psychiaters. Toch kreeg ik ondanks alle verbetering nog regelmatig een terugval. Ik voelde dat de fundering zwak bleef en dat er nog veel meer verbeterd kon worden.

Dit was het moment dat Charlotte op mijn pad kwam. Ik heb toen eerst een veertiendaagse online training gevolgd. Daar ging echt een wereld voor me open. Nooit had ik erover nagedacht hoeveel invloed zaken als mijn breinprogrammering en darmen op mijn hele staat van zijn hadden. Wat was het een fantastische ontdekking dat ik dit allemaal zelf kon veranderen! Toen mijn man zag hoe deze korte cursus mij hielp op een manier die de reguliere zorg jarenlang niet was gelukt, stimuleerde hij mij om de vervolgopleiding "Update je brein" te volgen. Dit was erg buiten mijn comfortzone, maar onderhand wist ik uit die eerste training dat verandering niet altijd fijn of makkelijk hoeft te zijn. Vanuit mijn nieuwe motto "weerstand is groei" besloot ik 100 procent voor de opleiding te gaan. Daar heb ik geen moment spijt van gehad. Ik zag dit als de laatste kans om de grip op mijn leven terug te krijgen en de ware Nathalie weer naar boven te laten komen. Tijdens de lesdagen gingen we intensief aan de slag met alle zeven pijlers van Brain Balance. Ik leerde over breinprogrammering, slaap, ontspanning, voeding en de toxische belasting die hier vaak in zit. Dit was voor mij zo indrukwekkend, dat ik mijn eigen groente begon te verbouwen met een klein moestuintje en een minikas. Wonder boven wonder lukte dit; voorheen liet ik een cactus nog doodgaan! Door deze ervaringen is mijn kijk op de natuur enorm veranderd. Ik geniet van de natuur en zie het echt als een medicijn voor onze gezondheid. Dit heeft ons doen besluiten om de kleine moestuin en kas in te ruilen voor grotere exemplaren. Dit is de plek waar ik genoeg gezonde eigen groente wil kweken en mensen hoop te ontvangen om mijn verhaal te vertellen en te inspireren.

Tijdens het volgen van "Update je brein" werd me al snel één ding duidelijk: we krijgen tegenwoordig overal een gebruiksaanwijzing bij, maar leren niet hoe we moeten zorgen voor ons belangrijkste bezit – ons eigen brein. Charlotte weet alles in de opleiding in begrijpelijke taal uit te leggen en motiveert je om de pijnpunten aan te pakken die je zelf liever negeert. Ze doet dit zonder je als slachtoffer te behandelen en maakt hierbij gebruik van onder meer meditatietechnieken die je een duidelijke spiegel voorhouden. Wat mij dit heeft gegeven is rust, maar – nog veel belangrijker – inzichten. Ik heb mijn interne kompas teruggevonden en weet nu welke programmeringen mij in de weg zitten en hoe ik hiermee om moet gaan. Ik ben een vrije, zelfverzekerde, gezonde en gelukkige vrouw geworden. En dat terwijl ik tijdens dit proces het contact heb verloren met bepaalde mensen die mij dierbaar waren. Houden van is soms ook loslaten. Ik ben ervan overtuigd dat iedereen hier op zijn of haar eigen manier weer van leert en uiteindelijk zelfs gelukkiger door wordt. Je kunt immers pas voor andere mensen zorgen als je eerst goed voor jezelf kunt zorgen. Misschien wel het belangrijkst is dat ik weer heb ontdekt wie Nathalie is en dat niets en niemand mij in dit proces kan helpen. Juist dat besef is bevrijdend; niets is fijner dan zelf het stuur in handen te nemen.

Door het integreren van de zeven Brain Balance-pijlers in mijn leven ben ik meer in balans gekomen en kan ik beter omgaan met tegenslagen. Ik weet wanneer ik bij moet sturen om weer in homeostase te komen. Dit hele avontuur heeft mij zo veel opgeleverd, dat ik er zelf wel een boek over zou kunnen schrijven. Voor nu heeft het mij vooral gemotiveerd om Brain Coach te worden. Ik hoop dat ik andere mensen kan helpen en hun mijn lange moeizame weg kan besparen. Er is zo veel wat je zelf kunt doen. Het klinkt cliché, maar als ik het kan, dan kun jij het ook! Charlotte geeft je het vertrouwen om dingen los te laten en wanneer nodig te kiezen voor jezelf. Sterker nog, dit zijn we allemaal verplicht aan dat prachtige

> huis (ons lichaam) en dat onvoorstelbaar bijzondere brein waar we heel zuinig op moeten zijn. Charlotte, ik kan het niet vaak genoeg zeggen: dank, dank, dank voor jouw missie. Bedankt dat jij me op een toegankelijke manier hebt geleerd om de gebruiksaanwijzing van mijn eigen "ik" weer te ontdekken. Door de veertiendaagse online cursus, de opleiding "Update je brein" en de opleiding "Brain Coach" ben ik, zoals dokter Juriaan het noemt, eindelijk weer "opgestaan uit de wachtkamer van mijn eigen leven". Daar kan ik alleen maar heel erg dankbaar voor zijn.'

Het onderbewuste en bewuste breinsysteem

Zoals je in het vorige hoofdstuk hebt gelezen, is het brein één holistisch systeem dat is op te delen in drie breingedeelten: het oerbrein (ook bekend als de hersenstam of het reptielenbrein), het limbisch systeem en de neocortex. Het oerbrein en limbisch systeem vormen samen jouw onderbewuste breinsysteem. Dit primitieve systeem reageert automatisch en direct vanuit de opgeslagen programmering, zonder hierbij bewust na te denken. In de oertijd hadden alle dieren alleen maar dit onderbewuste systeem. Pas later in de tijdlijn van de evolutie ontwikkelde zich in de vorm van de neocortex een bewust systeem boven op dit onderbewuste breingedeelte. Dit bracht dieren zoals walvissen en chimpansees, maar in het bijzonder de moderne mens, intelligentie, en daarmee het vermogen om tot op zekere hoogte na te denken over de eigen primaire reacties. Jouw bewuste systeem geeft je als het ware de handmatige controle over je eigen automatische piloot.

Het gebruiken van je bewuste intelligente breinsysteem kost het brein wel veel energie. De hersenen hebben per dag maar 120 volt aan energie te besteden, waardoor je brein hier selectief mee moet omspringen en liever je onderbewuste systeem gebruikt. Dit kan geen intelligente beslissingen nemen, maar is leidend in je handelen en gedrag. Dat komt omdat het onderbewuste systeem niet alleen energiezuiniger, maar ook een stuk sneller is. Zo verwerkt je bewuste systeem slechts 40 prikkels per seconde en je onderbewuste systeem maar liefst 40 miljóén prikkels per seconde. Binnen 250 milliseconden bepaalt je onderbewuste al direct wat je ergens bij voelt en hoe je vervolgens handelt en reageert. In de praktijk neem je hierdoor slechts 5 procent van je beslissingen met je bewuste breinsysteem.

Programmering in het onderbewuste
Je onderbewuste en bewuste systeem werken in de praktijk vaak met elkaar samen. Zo kun je in de auto op de automatische piloot naar die ene afspraak rijden, terwijl je intussen bewust een oplossing voor een probleem bedenkt met je intelligente

breinsysteem. Autorijden is echter niet altijd op de automatische piloot gegaan. Toen je het lang geleden voor de eerste keer deed, draaide je bewuste brein overuren bij het afwisselend gas geven, remmen, schakelen, richting aangeven, luisteren naar de rijinstructeur en kijken naar de weg en in de spiegel. Het duurde even voor het verrichten van al deze handelingen in je brein een gewoonte werd. Zo zijn er nog veel meer voorbeelden van hoe het bewuste brein het onderbewuste brein na verloop van tijd kan programmeren.

Het onderbewuste heeft het dus niet altijd voor het zeggen. Het bewuste brein kan ingrijpen in automatische processen waarvan je jezelf bewust bent. Hierdoor kun je een impulsieve reactie bijvoorbeeld stopzetten en intelligent een andere beslissing nemen. Met de juiste kennis van jezelf en je eigen breinprocessen kun je dan ook voorkomen dat je alleen maar aangestuurd wordt door je eigen programmering.

Grip krijgen op je onderbewuste processen is zeker in het begin geen makkelijke opgave. Het bewuste systeem kan immers terug in de tijd en vooruit in de toekomst denken, terwijl het onderbewuste systeem vanuit de opgeslagen 'regels' alleen maar in het huidige moment kan handelen en denken. Deze programmering uit de kinderjaren sluit echter niet altijd aan op de bewuste processen die je op dit moment wilt inzetten. Zo kun je rationeel bijvoorbeeld wel bedenken dat je positief in het leven wilt staan, maar een tientallen jaren oude negatieve programmatie kan je in de praktijk onderbewust anders laten handelen. Dit soort geprogrammeerde beperkingen zijn een van de grootste belemmeringen waar we als mens tegenaan lopen. Deze beperkingen beïnvloeden namelijk niet alleen ons gedrag, maar ook onze gezondheid, gevoelens, opvoeding en relaties.

> *'Ons onderbewuste systeem neemt de besturing over, zodra het bewuste systeem niet oplet'*

Je programmering als breinwaarheid

Het ontstaan van programmering in onze jeugd
De eerste jaren van ons leven zuigen de hersenen informatie op als een spons. We nemen alles wat we leren van leraren en ouders voor waarheid aan en bouwen hierdoor razendsnel aan ons onderbewuste breinsysteem. Dit biologische proces is vanuit evoluti-

onair perspectief ontwikkeld om de kans op overleving te vergroten. De mensen om ons heen hebben immers alles al een keer ervaren, waardoor we met deze kennis onze eigen ontwikkeling kunnen versnellen. Het onderbewuste is dan ook een soort archiefkast met data, zonder emotie en intelligentie. Het leest signalen uit de omgeving en maakt dan in een *split second* hormonen aan, waardoor we iets voelen en op een bepaalde manier reageren. Dit doen we zonder vragen te stellen en zonder goed te beseffen waar de opgeslagen data in het onderbewuste nu eigenlijk vandaan komt. Vaak is dat uit onze kindertijd, want de prikkels die we waarnemen worden in onze archiefkast direct gekoppeld aan data over de eerste keer dat we een vergelijkbare prikkel ervaarden. Dit kan twintig jaar geleden zijn geweest en in een totaal andere situatie. Dit geeft direct aan hoe het onderbewuste ons voor de gek kan houden en ons vaker niet dan wel de waarheid vertelt.

> *'Het onderbewuste is als een programmeerbare harde schijf waarop al onze levenservaring staat opgeslagen'*

Neurale netwerken en verbindingen
Volgens de nieuwste neurowetenschappelijke theorie is ons brein geordend alsof het een computer is. Een supercomputer welteverstaan. Alle informatie die we in de loop van ons leven opdoen, wordt opgeslagen in neuronen (zoals je eerder hebt gelezen zijn dit onze zenuwcellen). Denk hierbij aan de ervaringen die we hebben opgedaan met verschillende omgevingen, mensen en relaties. Maar ook aan de kennis die we hebben opgedaan op school en de regels die we vanuit onze opvoeding en jeugd hebben meegekregen. Niets ontgaat ons brein en alles wordt opgeslagen in het onderbewuste systeem dat 95 procent van onze primaire beslissingen beïnvloedt.

De hersenen bevatten ongeveer 90 miljard neuronen, die onderling informatie uitwisselen. Ze maken hiervoor synaptische verbindingen aan, die hun naam ontlenen aan de synaps (kloof) tussen de verbindingen. Gemiddeld is ieder neuron verbonden met duizenden andere neuronen. De data die in elke cel zitten, beïnvloeden dus duizenden andere cellen. Een hersengebied zoals de neocortex heeft ongeveer 10.000 tot 40.000 verbindingen per neuron.

Groepen van verbonden neuronen worden ook wel een neuraal netwerk genoemd. De interactie tussen deze cellen is adaptief. Dit betekent dat er constant nieuwe verbindingen in een netwerk kunnen ontstaan, maar ook dat bestaande verbindingen kunnen worden versterkt, verzwakt of zelfs verbroken. Zo zullen neurale netwerken met cellen

WAAROM PROGRAMMERING IN ONZE KINDERTIJD ZO SNEL GAAT

In de eerste acht jaar van je leven vormt je brein zich met de informatie, ervaringen en kennis die het opdoet. De hersenen maken dan bepaalde hersengolven aan die dit proces versnellen. In de eerste twee levensjaren maakt het brein vooral veel deltagolven aan. Hierdoor verkeren we in een staat die wordt geassocieerd met diepe meditatie. In deze deltastaat zijn we bijzonder ontvankelijk voor nieuwe informatie en verblijven we diep in ons onderbewuste systeem. In de daaropvolgende periode van twee tot zes jaar veranderen de hersengolven naar een thètastaat. Hierdoor kunnen we onze creativiteit ontplooien, openstaan voor ideeën, heel ontspannen zijn en alles absorberen wat we maar kunnen leren. Van 6 tot 12 jaar verkeren we vooral nog in de alfastaat. Dit geeft je de mogelijkheid om optimaal te leren en op een ontspannen manier alert te zijn. Vanaf je twaalfde levensjaar krijgt de bètastaat de overhand. We zijn dan steeds meer bezig met externe gebeurtenissen en verwachtingen in de wereld om ons heen, waardoor er minder aandacht overblijft voor onze interne processen.

De eerste drie staten die we doorlopen, delta, thèta en alfa, vormen samen het onderbewuste systeem waar onze programmatie plaatsvindt. In bètastaat daarentegen verkeren we in een bewuste toestand, waardoor we vanaf ons twaalfde minder met ons onderbewuste bezig zijn. Dit maakt het moeilijker om dan nog dingen aan je persoonlijkheid te veranderen. Juist in het onderbewuste vindt immers je programmering en daarmee ook een persoonlijke verandering plaats.

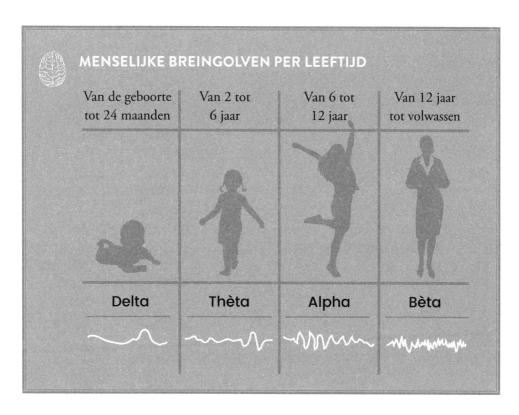

die regelmatig onderling communiceren steeds groter en krachtiger worden, terwijl het tegenovergestelde het geval is bij netwerken die nauwelijks nog worden gebruikt. Wanneer bepaalde groepen neuronen vaak in specifieke patronen informatie met elkaar uitwisselen en hierdoor nieuwe of sterkere verbindingen creëren, spreken we ook wel van het 'bedraden' van het brein.

'If they fire together, they wire together'

CARLA SHATZ

Hieronder zie je het verschil tussen een regelmatig gebruikt en een weinig gebruikt neuraal netwerk:

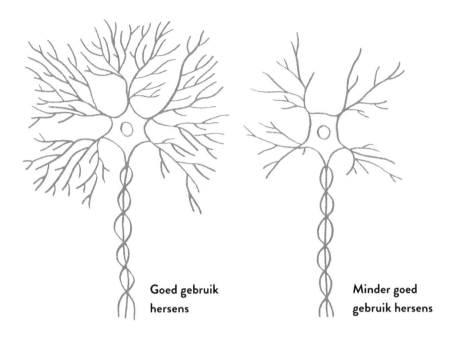

Goed gebruik hersens

Minder goed gebruik hersens

Programmering in neurale netwerken
De neurale netwerken in ons brein bepalen alles. Iedere hersencel bevat informatie die te allen tijde kan worden opgevraagd. In feite speelt ons brein dus continu een herhaling af van alles wat er in het verleden is gebeurd. Door input uit de omgeving activeert het brein de neurale netwerken die in ons onderbewuste aan een vergelijkbare prikkel, situatie of ervaring zijn gekoppeld. Maar is deze in onze jeugd opgeslagen informatie eigenlijk wel de waarheid? Of is er een andere waarheid die ons op dit moment in ons leven misschien beter dient?

Veelgebruikte neurale verbindingen voelen voor het brein veilig en vertrouwd. Het kost de hersenen simpelweg minder energie om deze gebaande paden te bewandelen. Helaas kan dit tegen ons werken als we bepaalde zaken in het leven willen veranderen. Wanneer we immers elke dag worden blootgesteld aan dezelfde omgeving en gedachten, worden ook altijd dezelfde neurale programma's (onze programmatie) afgespeeld. Het gevolg is dat ook ons gedrag en handelen grotendeels hetzelfde blijven, zelfs als we dat niet willen.

'Alles wat we denken, doen of voelen, komt voort uit verbindingen tussen neuronen'

Programmering op latere leeftijd
Ook op de leeftijd die je nu hebt, programmeer je jezelf nog steeds. Dag in, dag uit. Dat doe je onbewust door herhalingen van gedachten, handelingen, gedragingen en gevoelens. Met elke herhaling versterk je de neurale netwerken in het brein waarin deze gewoonten zijn geprogrammeerd. Deze vastgeroeste cyclus van biochemische processen wordt ook wel onze persoonlijkheid genoemd. Ook jij hebt automatische breinprogramma's die je dagelijks afspeelt. Zo heb je neurale netwerken om:

- te praten;
- te lopen;
- te douchen;
- naar je werk te gaan;
- te denken;
- je kinderen op te voeden;
- een gesprek te voeren;
- auto te rijden;
- te fietsen;
- te leren.

En ga zo maar door.

Zo rond je 35ste heeft je brein een volledige strategie bepaald op basis van al je ervaringen in het verleden. Dit is de programmering ofwel breinwaarheid waarmee jij door het leven gaat. Heb je een negatieve programmering? Dan zul je externe gebeurtenissen of dingen die jou in het leven overkomen vaak op een negatieve manier ervaren. Veel angstige gedachten leiden bijvoorbeeld tot nog meer angstige gedachten, omdat de neurale netwerken die hierbij betrokken zijn zichzelf door herhaling steeds versterken. Hierdoor beland je in een vicieuze cirkel van gedachten en gevoelens waar je niet zo makkelijk meer uit komt. Heb je een positieve programmering? Dan werkt ditzelfde systeem de andere kant op en zul je exact dezelfde dingen juist vanuit een positieve insteek benaderen. Jouw programmering is dus bepalend voor hoe jij de wereld en jouw leven ervaart.

'Nerve cells that no longer fire together, no longer wire together'

CARLA SHATZ

Veranderen van je programmering
Wanneer je volwassen bent blijft je breinwaarheid vaak hetzelfde, totdat je bewust besluit om er iets aan te veranderen. Probeer je eigen patronen en routines maar eens kritisch onder de loep te nemen. Waarschijnlijk kom je erachter dat bepaalde overtuigingen je flink in de weg zitten en je soms dingen doet die je liever zou veranderen.

Met de kennis die je in dit hoofdstuk hebt opgedaan, weet je dat de sleutel tot verandering in je eigen brein ligt en in de daarin opgeslagen programmering. Neurale verbindingen die je niet langer gebruikt, zijn niet meer nodig en worden zwakker. Nieuwe verbindingen die je dagelijks gebruikt, worden juist krachtiger en groter. Deze verbindingen zorgen voor een andere bedrading van je brein en daarmee ook voor een nieuwe programmatie. Het goede nieuws is dan ook dat jij zelf invloed kunt uitoefenen op deze vicieuze cirkel. Hoe meer aandacht je ergens aan schenkt, hoe belangrijker je brein denkt dat deze informatie is voor je overlevingskansen. Stel jij je brein vanaf nu dus dagelijks bloot aan andere informatie, dan zal het de eigen neurale netwerken en programmering langzaam maar zeker aanpassen. Dit simpele maar doeltreffende systeem zorgt ervoor dat jij jezelf je leven lang kunt veranderen en ontwikkelen.

Een nieuwe programmering begint bij relevantie
Voor de hersenen is het pas interessant om te veranderen wanneer het relevant genoeg is. Alleen als de meerwaarde van de verandering duidelijk is, zal je brein energie vrijmaken om te besteden aan programmering (of herprogrammering) van onderbewuste patronen. Deze meerwaarde wordt voor de hersenen duidelijk door beloning. Indien de beloning die volgt op bepaald gedrag groot genoeg is, ziet het brein de relevantie om oude neurale verbindingen en bijbehorende patronen te vervangen door nieuwe. Dit maakt het vaak

lastig om doorgevoerde veranderingen op lange termijn vast te houden. Niet alleen de relevantie, maar ook de energiebesparende functie van het brein maakt het moeilijk om te veranderen. In het onderbewuste ingesleten patronen kosten immers weinig energie, omdat je ze op de automatische piloot kunt uitvoeren. Je brein blijft om energie te sparen liever doen wat je altijd al deed.

Door je eigen processen aan de hand van de kennis in dit hoofdstuk goed te observeren, kun je meer relevantie creëren om patronen die je niet dienen te veranderen. Hierdoor krijg je meer grip op je interne processen en klachten van overprikkeling. Dit proces kost tijd, aandacht, geduld, energie en vooral veel passie. Zie het maar als een puzzel van 10.000 stukjes; die leg je ook niet binnen een dag. Verderop in dit boek leg ik uit hoe je dit gepuzzel met jouw neurale verbindingen leuk kunt gaan vinden en er een spel van kunt maken, zodat het je makkelijk afgaat en je er zo veel mogelijk uit haalt.

'Hoe we denken, voelen en handelen, programmeert automatisch onderbewust onze hersenen. Pas wanneer je dit verandert, verander jij als mens'

Neurotransmitters
In het vorige hoofdstuk heb je gelezen dat de cellen in jouw brein onderling informatie uitwisselen. Hiervoor zijn speciale signaalstofjes nodig, die in het brein neurotransmitters heten en in de rest van het lichaam 'hormonen'. Deze stofjes verzorgen in synapsen de overdracht van zenuwimpulsen tussen cellen, waardoor je ze kunt zien als de boodschappers van je zenuwstelsel. Je hebt ze nodig om nieuwe verbindingen tussen hersencellen te creëren en daarmee om nieuwe dingen te leren en je eigen programmatie te veranderen. In totaal zijn er meer dan 70 verschillende neurotransmitters, die betrokken zijn bij al je breinprocessen en gezamenlijk meer dan 100.000 signalen per seconde afhandelen. Nu begrijp je waarom ik het brein eerder een supercomputer noemde! Eigenlijk is je brein zelfs nog veel meer dan dat. Volgens wetenschappers

zijn onze hersenfuncties zo bijzonder dat we nog lang niet weten hoe alles precies in elkaar steekt. Maar met dat wat we al wel weten, kunnen we ons leven enorm positief beïnvloeden.

Zo weten we bijvoorbeeld dat neurotransmitters de reden zijn dat jouw brein kan denken, handelen, voelen en reageren. Ze beïnvloeden hoe je je voelt, hoe je geheugen functioneert en of je energiek, gestrest, gelukkig of juist depressief bent. Functioneren jouw neurotransmitters goed, dan doet je brein dat ook. Denk aan meer mentale kracht, een beter geheugen en een positievere staat van zijn.

Heb jij een kort lontje? Een geheugen dat je in de steek laat? Of last van pijn die volgens je dokter 'tussen de oren' zit? Dat kan veroorzaakt worden door een disbalans in neurotransmitters. Zo vermindert chronische stress de beschikbaarheid van een pijndempende neurotransmitter als GABA. Neurotransmitters zoals serotonine en dopamine zijn vaak betrokken bij psychische klachten als angst of depressie. Medicatie, waaronder antidepressiva, probeert deze balans te herstellen, maar veelal met vervelende bijwerkingen en een afhankelijkheid tot gevolg. In veel gevallen wordt de onderliggende oorzaak door medicatie bovendien niet eens verholpen, maar plakken we slechts pleisters op een open wond.

De invloed van voeding en lifestyle op neurotransmitters
Wist jij dat je de neurotransmitters in jouw brein zelf kunt aansturen met de voeding die je eet? Je brein heeft namelijk voedingsstoffen nodig om neurotransmitters aan te maken en te activeren. In dit proces spelen je darmen en spijsvertering een belangrijke rol. Een goede inname en opname van basisstoffen als water, B-vitaminen (vooral B1, B2, B6, B11 en B12), vitamine C, zink, ijzer, magnesium, eiwitten en omega 3 is bijvoorbeeld essentieel. Als je deze voedingsstoffen niet voldoende binnenkrijgt, kunnen je neurotransmitters hun werk niet meer goed doen. Je kunt dan klachten ervaren zoals vermoeidheid, stress, vergeetachtigheid en depressieve gevoelens. Je gedachten kunnen veranderen en dat geldt ook voor hoe je in bepaalde situaties handelt en reageert.

Naast voeding zijn ook andere factoren voor je neurotransmitters van belang. Denk aan je beweging, ontspanning, stressniveau, sociale omgeving en het gebruik van alcohol, drugs of medicijnen. Verderop in het boek komen al deze aspecten aan bod in een praktisch 10-wekenplan waarmee jij de balans in je neurotransmitters en overprikkelde brein kunt herstellen.

Welke neurotransmitters zijn er?
Van de vele neurotransmitters die er zijn, hebben wetenschappers nog lang niet allemaal de precieze functie ontdekt. Hoewel bepaalde neurotransmitters ongeveer hetzelfde lijken te doen, zijn ze allemaal uniek en hebben ze elkaar nodig om goed hun werk te kunnen doen. Over sommige neurotransmitters is inmiddels al behoorlijk wat bekend en hieronder bespreek ik dan ook mijn persoonlijke top 5:

1. GABA
GABA heeft een remmende invloed op het centrale zenuwstelsel en is hierdoor betrokken bij gevoelens van stress, angst en pijn. Een goede aanmaak en activatie van deze neurotransmitter heeft dan ook tal van positieve effecten. Denk alleen al aan een betere slaap, rust, balans, stressbestendigheid, bloeddruk en gemoedstoestand.

2. Serotonine
Serotonine wordt ook wel het 'gelukshormoon' genoemd en dat heeft een goede reden. Iemand die in een depressie verkeert, maakt vaak te weinig serotonine aan. Een goede aanmaak en activatie van deze stof is nodig voor een gezonde slaap, eetlust, een gezond seksleven, aanpassingsvermogen en een gevoel van geluk en welbevinden.

3. Dopamine
Dopamine is een van de bekendste neurotransmitters en speelt net als serotonine een belangrijke rol bij je gevoel van plezier en geluk. Bovenal is dopamine een 'beloningshormoon'. Het zorgt voor het voldane gevoel waarmee je op de bank ploft na een lange werkdag, maar ook voor het fijne gevoel van een knuffel. Deze neurotransmitter stimuleert je dan ook om belonend gedrag te herhalen. Dopamine zal vaker terugkomen in dit boek, aangezien het ons brein aanstuurt in verslavende patronen die kunnen leiden tot overprikkeling. Het goed begrijpen van je eigen dopaminesysteem is een belangrijke stap om geprogrammeerde negatieve gewoonten te doorbreken.

'Verander je lifestyle, verander je neurotransmitters, verander je brein en je gevoel'

4. Anandamine
Heb je weleens gehoord van de runner's high – het gelukkige gevoel dat je kunt krijgen na een tijd rennen? Verantwoordelijk hiervoor is anandamine, dat ook belangrijk is voor je motivatie, vruchtbaarheid, geheugen, denkvermogen en het vergeten van onaangename herinneringen en trauma's. Daarnaast zorgt deze neurotransmitter voor balans bij overprikkeling van het zenuwstelsel.

5. Acetylcholine
Misschien is acetylcholine wel de belangrijkste neurotransmitter voor de hersenen. Deze stof is bij alle processen in het geheugen betrokken en ondersteunt je leervermogen en ontwikkeling. Ook helpt acetylcholine je om je socialer en optimistischer te voelen en meer in het moment te leven. Onze nervus vagus heeft veel belang bij deze neurotransmitter. Daarover later meer!

HET VERHAAL VAN LAILA

'Ik was 18 jaar oud toen ik mijn toekomstige ex-man leerde kennen. Hij liep achter mij aan, waardoor ik me speciaal voelde. We kregen een knipperlichtrelatie met een vast patroon; het ging telkens aan, waarna ik mijn twijfels kreeg en het weer uitging. Op mijn 23ste kwamen we toch weer samen en dit werd bekroond met een zwangerschap. Niet gepland, maar zeer gewenst. Hierdoor werd onze relatie ineens een stuk serieuzer en in de 12 jaar erna volgden nog twee kinderen.

Onze relatie kenmerkte zich in deze jaren door extreme ups en downs en verbaal en fysiek huiselijk geweld. Vanaf de buitenkant waren deze problemen niet te zien, want we leefden ogenschijnlijk het perfecte plaatje: een villa, mooie kinderen, goede connecties en financiële stabiliteit. Maar de waarheid was verre van perfect. Ik voelde me alleen in de relatie en twijfelde constant aan mezelf. Na verloop van tijd kreeg ik last van hyperventilatie, paniekaanvallen en angsten. Gevoelsmatig speelde mijn leven zich constant af in de hoogste versnelling. In gedachten praatte ik de uitbarstingen van mijn partner altijd goed. Vanbinnen wist ik wel dat het goed fout zat, maar hieraan toegeven wilde ik niet. Het voelde dan alsof ik faalde. Dat ik niet sterk genoeg was om deze last te dragen, werd na zes jaar duidelijk. Ik kreeg twee keer een burn-out, ontwikkelde een angststoornis en uiteindelijk zelfs een chronische auto-immuunziekte. Nog steeds was ik niet bereid om op te geven.

Tot de dag dat mijn nachtmerrie werkelijkheid werd en het geweld zich ook tegen een van mijn kinderen keerde. In dat ogenblik werd alles helder. Ik kon er niet meer omheen; dit lag niet aan mijn kind, hij kon onmogelijk de aanleiding zijn geweest voor deze onrechtvaardige uitbarsting. Ineens besefte ik dat het al die jaren dus ook niet aan mij had gelegen. Ik pakte wat spulletjes en vertrok met de kinderen om nooit meer terug te keren. Wat volgde waren tijden van angst, woede, verdriet, onmacht en vooral emotionele schommelingen. Ik was bang om alleen verder te gaan, maar ontdekte stap voor stap dat ik niemand nodig heb. Je grootste angst is vaak je breekpunt. Maar als er iets breekt, ontstaat er ook ruimte om er licht door te laten schijnen, zodat er weer nieuwe dingen voor terug kunnen groeien.

De grote stap om mijn relatie na twaalf jaar te beëindigen, zette ik tijdens het jaarprogramma van Charlotte Labee. Ik nam deel aan het programma om inzicht te krijgen in mijn eigen breinprocessen en mijn angsten te overwinnen. Want wat was er mis met mij? Waarom voelde ik me zoals ik me voelde? Waarom stond ik continu doodsangsten uit? En was ik alleen een slachtoffer van de situatie of kon ik er zelf ook iets aan doen? Mijn lichaam gaf al langer aan dat er iets mis was. De ontstekingen in mijn constant koude lijf, de oververmoeidheid, de buikpijn en de ongezonde stoelgang. En dat waren alleen nog maar de fysieke klachten. Ik voelde me gevangen, eenzaam en onbegrepen en wilde niet langer bijrijder zijn in mijn eigen leven. Daarom moest ik dit uitzoeken voor mezelf.

Al op de eerste dag van het programma ontdekte ik dat mijn relatie voor mij een obstakel vormde. In de weken die volgden vond de genoemde gebeurtenis met mijn kind plaats. Toen kon ik de situatie niet langer ontkennen. Mede door Brain Balance zag ik in dat ik niet alleen mezelf, maar ook mijn kinderen voor de gek hield. Aan de hand van Charlottes tips en adviezen heb ik mijn onderbewuste breinprogrammatie doorbroken en bewust weten te veranderen. Ook heb ik geleerd hoe emoties en vastgehouden ervaringen uit het verleden chronische ziekte kunnen veroorzaken. Mijn fysieke klachten kwamen voort uit het niet luisteren naar en verwerken van deze emoties.
Soms zijn er nog steeds momenten dat de stress heel intens is en ik dreig terug te vallen in mijn oude breinprogrammatie. Gelukkig weet ik nu wat ik dan moet doen. Zodra ik Charlottes technieken inzet, verminderen de klachten. Het blijft me fascineren hoe lichaam en brein met elkaar samenwerken.

Ik kom van ver en heb daarom nog wel wat stappen nodig. Charlotte heeft me uitgelegd dat alles zijn tijd nodig heeft, het is een proces. Inmiddels vind ik het leuk om met mijn proces bezig te zijn! Het jaarprogramma is dan ook het mooiste cadeau dat ik ooit aan mezelf heb gegeven. Nog steeds leer ik iedere dag bij en ontdek ik meer over mezelf en mijn eigen lijf. Inmiddels weet ik dat je nooit te oud bent om te veranderen. Sterker nog; verandering is de enige constante in ons leven.'

LEVEL 2
HET BREIN EN OVERPRIKKELING: WAARDEVOLLE INZICHTEN

WAT IS EEN OVERPRIKKELD BREIN?

Iedereen heeft weleens een overprikkeld brein. Jij, ik, mijn man, ouders, kind, collega's, vrienden en ga zo maar door. Dit hoort nu eenmaal bij de wereld en tijd waarin we leven. We moeten overprikkeling daarom niet alleen proberen te voorkomen, maar ook leren om ermee om te gaan als het eenmaal zover is. De signalen leren oppikken die ons lichaam en brein ons sturen en daar de juiste keuzes op maken, wat niet altijd even makkelijk is. Natuurlijk betekent dit ook niet dat je altijd maar zen door het leven moet gaan. Verre van dat zelfs, want dit is niet eens mogelijk. Wat je hopelijk wél bereikt met de informatie in dit boek, is dat je meer connectie vindt met jezelf, anderen en de wereld om je heen. Dit is nodig om cognitief, emotioneel en spiritueel de stappen te zetten die je verder helpen op dit moment in het leven.

Een overprikkeld brein is een brein dat interne en externe prikkels niet meer goed kan verwerken. Prikkels zijn stukjes informatie die binnenkomen in de hersenen. Denk hierbij aan zintuiglijke prikkels zoals dat wat je ziet, hoort, ruikt, proeft en voelt, maar ook aan de emoties en gedachten die het brein hieraan koppelt om betekenis te geven aan je waarneming. Wetenschappers maken dan ook onderscheid tussen zintuiglijke overprikkeling, cognitieve overprikkeling en emotionele overprikkeling. Deze vormen van overprikkeling kun je los van elkaar, maar ook gecombineerd ervaren.

Lange tijd werd de term 'overprikkeling' in de context van het brein alleen gebruikt bij hersenaandoeningen of hersenletsel zoals Niet Aangeboren Hersenletsel (NAH). In dit boek bespreek ik echter vooral de overprikkeling van het brein die tot stand komt door epigenetische invloeden, zoals je lifestyle en andere keuzes in het leven. Ook als je NAH of een hersenaandoening hebt, kun je echter baat hebben bij de tips en kennis in dit boek. Anderen in jouw situatie hebben namelijk al mooie stappen gezet met Brain Balance en de technieken die ik met je ga delen.

Ik geloof dat elk brein anders is en aandacht nodig heeft om optimaal te functioneren. Het zou daarom fantastisch zijn als dit boek zo veel mogelijk mensen bereikt. Overprikkeling van het brein kan iedereen overkomen en helaas gebeurt dat in de moderne maatschappij steeds vaker. De snelheid waarmee veranderingen zich voltrekken en de hoeveelheid informatie die over ons wordt uitgestort, is voor onze oeroude hersenen nauwelijks nog bij te benen. Dit gaat verder dan alleen het niet meer goed kunnen verwerken van prikkels. Het gaat over het continu aanstaan van je stresssysteem, dat een grote invloed heeft op hoe jij geestelijk en lichamelijk in je vel zit.

'Het brein van ieder mens kan overprikkeld raken wanneer de omgeving ernaar is'

Klachten bij een overprikkeld brein
Een overprikkeld brein is vanbuiten niet te zien. Net als bij de meeste mentale ziektebeelden of vormen van disbalans, is het voor een buitenstaander nauwelijks zichtbaar als jij niet lekker in je vel zit. Je hebt geen open wond of gezwel en daardoor zijn je klachten voor anderen soms lastig te begrijpen. Zo vertelde een van de deelnemers aan mijn 9-daagse training laatst dat ze door een burn-out van een jaar al haar vrienden was verloren. Haar vrienden vonden de klachten te lang duren, aangezien er fysiek niets met haar aan de hand leek te zijn. Dit is het lastige van breinklachten. Ze kunnen bij anderen niet altijd op begrip rekenen, maar kunnen naarmate ze langer duren alsmaar erger worden. Zo kan overprikkeling van het brein na verloop van tijd uitmonden in een serieuze angststoornis, burn-out of depressie.

Hoe je overprikkeling herkent
Het herkennen van een overprikkeld brein is lastiger dan je op basis van de eerdergenoemde symptomen zou denken. De hersenen proberen deze klachten namelijk waar mogelijk te negeren, zodat je op de korte termijn kunt blijven functioneren. Helaas levert dit op de lange termijn alleen maar meer klachten op, zelfs tot beschadigingen in de hersenen aan toe die voor altijd merkbaar kunnen blijven.

Door deze negeerstand van het brein is er bij veel mensen onderbewust meer aan de hand dan op het eerste gezicht lijkt. Als we in kaart zouden brengen hoeveel Nederlanders er op dit moment overprikkeld zijn, zou dit waarschijnlijk schrikbarende inzichten opleveren. Omdat zo'n grootschalig onderzoek nu eenmaal onmogelijk is, kunnen we het beste beginnen bij jouzelf. Kijk eens naar het lijstje met omschrijvingen hieronder:

- Heb jij weleens het gevoel alleen maar aan het overleven en watertrappelen te zijn?
- Heb jij weleens het idee niet te kunnen ontsnappen aan de drukte of ratrace van je leven?
- Heb jij weleens het gevoel continu 'aan' te moeten staan?
- Heb jij weleens het idee niet alles te kunnen doen wat je graag zou willen doen?

- Heb jij weleens het gevoel dat je meer aandacht aan jezelf zou willen besteden, maar dat dit simpelweg niet lukt?
- Heb jij weleens het idee dat je net even te veel stress hebt?
- Heb jij weleens het gevoel een korter lontje te hebben dan normaal

Herken jij jezelf in een of meer van deze omschrijvingen? Dan is de kans aanwezig dat je last hebt van een overprikkeld brein. Belangrijk om nogmaals te benadrukken is dat dit weliswaar niet hetzelfde maar wel het voorstadium is van een burn-out of depressie. Het zijn de eerste tekenen van hersenen die niet meer naar behoren functioneren.

WAT ZIJN DE SIGNALEN VAN EEN OVERPRIKKELD BREIN?

- mentale vermoeidheid
- spanningsklachten
- kort lontje
- geheugenverlies
- minder focus
- minder aandacht voor dingen die je normaal leuk vindt
- uitstelgedrag
- slaapproblemen
- obsessief-compulsieve stoornis (ocd)
- rusteloosheid
- spierspanningen
- stress
- angststoornissen
- paniekaanvallen
- hyperventilatie
- kortademigheid
- hoofdpijn
- piekeren
- negatieve gedachten
- mentaal vermoeid en uitgeput zijn
- fysieke onverklaarbare klachten
- opgejaagd en onrustig gevoel
- boosheid en frustratie
- ontstekingen
- haaruitval
- darmklachten

Oorzaken van een overprikkeld brein
Een overprikkeld brein is vaak het resultaat van ontstekingen in je systeem. Hierdoor verloopt de communicatie tussen cellen met behulp van neurotransmitters en hormonen niet meer zo optimaal als je zou willen. Ook de darmen en nervus vagus – een essentiële hersenzenuw die vanuit het reptielenbrein helemaal doorloopt tot in je onderlichaam – spelen hierin een belangrijke rol. Ontstekingen maken ons hele systeem van slag en niet alleen de hersenen. Daarom bespreek ik verderop in dit boek de rol van onder meer het centrale zenuwstelsel, de darmen en de nervus vagus.

Oorzaken van een overprikkeld en ontregeld brein:

- toxinen (giftige stoffen)
- ontregelde nervus vagus
- tekort aan voedingsstoffen
- programmering van ons brein
- minder functionerend breinfilter (zie blz.45)
- stress
- angst
- ontstekingen
- slechter functionerende darmen
- te weinig afschakelmomenten
- persoonlijke weegschaal lange tijd in disbalans (zie blz. 136)
- de snel veranderende wereld
- verslavende omgeving waarin we leven

MIJN PERSOONLIJKE VERHAAL VAN OVERPRIKKELING

Ik weet uit ervaring hoe het is om een overprikkeld brein te hebben. Het voelt benauwend, alsof er een olifant op je borst zit die er niet vanaf wil gaan. Dit kan zich uiten in paniekaanvallen, angstaanvallen, hyperventilatie, een korter lontje en slapeloze nachten. Persoonlijk kan ik deze klachten stuk voor stuk afvinken. Ik heb ze allemaal gehad, soms afwisselend en vaak ook allemaal tegelijk. Van zwetend en in paniek wakker worden midden in de nacht tot perioden van heftige hyperventilatie en het gevoel alsof je het leven gaat laten. Nu ik erover schrijf, merk ik dat ik onwillekeurig die inadem. Hyperventilatie is eng, het is enorm beangstigend om over zoiets fundamenteels als je ademhaling totaal geen controle te hebben. Pas jaren na het begin van mijn klachten ontdekte ik dat ze voortkwamen uit een overactief zenuwstelsel. Dit maakte mij continu alert en op mijn hoede en hierdoor was echte ontspanning onmogelijk. Meditatie? No way! Ik begon er niet eens aan, omdat ik dacht dat het toch niet zou helpen.

Elke dag probeerde ik mezelf te kalmeren en kleine geluksmomentjes te creëren door afleiding te zoeken in kalmeringstabletten, snoep en wijn. De wijn zorgde ervoor dat ik even niets hoefde te voelen en eindelijk kon ontspannen. Althans, dat dacht ik. Ironisch genoeg kreeg ik juist door deze middelen steeds meer moeite om de connectie te vinden met mezelf en mijn interne processen. Al watertrappelend dobberde ik in de grote oceaan van mijn overprikkelde brein en wachtte ik op de verdrinkingsdood. Ik had geen oplossing voorhanden, wist niet hoe ik met mijn klachten om moest gaan. Dus verhoogde ik de dosis kalmeringstabletten, in de hoop weer normaal te kunnen ademhalen. Het ging van kwaad tot erger. Er kwamen zelfs momenten dat ik niet meer wilde leven. Wat had het nog voor zin?

Wat ik met mijn persoonlijke verhaal wil aangeven, is dat ik begrijp wat jij nu voelt als je met vergelijkbare klachten worstelt. Maar gelukkig weet ik ook dat er altijd een weg is die de andere kant opgaat. Je kunt in het leven altijd een andere richting inslaan, ook vandaag. Dat begint eenvoudig, door simpelweg iets anders te doen dan wat je altijd doet. Want juist datgene wat je altijd doet, zorgt ervoor dat je blijft waar je nu bent. Het allerbelangrijkst is daarom om in beweging te komen. Een brein in beweging zorgt voor de mooiste resultaten, al kan het in het begin pijnlijk en heftig aanvoelen. Samen met jou wil ik in dit boek ontdekken wat overprikkeling met jouw brein en lichaam doet en hoe je hiermee aan de slag kunt gaan. Op basis van mijn eigen ervaringen zal ik met je delen hoe overprikkeling zichzelf in stand houdt en zelfs verslavend kan zijn. Indien je deze cirkel niet doorbreekt, zul je steeds verder afdrijven van het doel dat je voor ogen hebt.

HET BREINFILTER DAT JOUW PRIKKELS VERWERKT

In de huidige wereld worden we bedolven onder gigantisch veel prikkels. De hoeveelheid informatie die het brein tegenwoordig in één dag moet verwerken, verwerkte de oermens naar schatting in zijn hele leven (30 tot 40 jaar lang). Gelukkig hoeven we al deze data niet bewust te verwerken. Dankzij een aangeboren breinfilter – ook wel de *central executive* genoemd – wordt slechts een klein gedeelte van alle prikkels doorgelaten naar ons bewuste en intelligente breinsysteem. De rest wordt opgeslagen in het onderbewuste deel van de hersenen. Zo heb je later, wanneer het nodig is, altijd toegang tot deze informatie.

Je breinfilter is 24/7 voor je aan het werk om onderscheid te maken tussen relevante en irrelevante informatie. Een belangrijke functie heeft de prefrontale cortex, want dit evolutionair gezien jonge deel van de neocortex is nauw betrokken bij het verwerken en doorsturen van prikkels naar andere breindelen. Ook de hippocampus speelt hierin een rol en bepaalt of een prikkel moet worden opgeslagen, doorgelaten of afgeremd. Wanneer jouw breinfilter minder goed functioneert, zoals bij mensen met een burn-out, worden binnenkomende prikkels in de hippocampus en prefrontale cortex minder goed verwerkt. Hierdoor raakt de samenwerking met andere hersengebieden verstoord en ontstaat er een overload aan informatie. Het wordt voor het brein dan lastiger om onderscheid te maken tussen relevante en irrelevante prikkels. Geluiden, kleuren en beelden komen dan extra heftig binnen en kunnen leiden tot fysieke en mentale problemen of hyperactief en impulsief gedrag.

Het cocktailpartyeffect
In het vorige level heb je geleerd dat je het brein kunt zien als een supercomputer met allerlei verschillende mappen, die via neurale verbindingen met elkaar verbonden zijn. Ook weet je inmiddels dat het brein neurotransmitters als signaalstofjes gebruikt om deze verbindingen te creëren en informatie uit te wisselen tussen cellen. Maar wat heeft dit nu te maken met je breinfilter?

Stel je eens voor dat je bij een verjaardagsfeestje of borrel van je werk aanwezig bent. Het is er druk en veel mensen praten door elkaar heen. Dan ineens hoor je ergens in de verte jouw naam. Je bent direct alert, want je breinfilter heeft uit het geroezemoes op de achtergrond je naam gefilterd en doorgegeven aan je bewuste en intelligente breinsysteem. Daarbij worden meteen de juiste neurotransmitters geactiveerd om jou in een staat van alertheid te brengen, zodat je je aandacht kunt richten op deze nieuwe en relevante prikkel. Dit fenomeen staat ook wel bekend als het cocktailpartyeffect en laat goed zien hoe jouw breinfilter in de praktijk voor je werkt.

Niet alleen op een feestje, maar ook in een omgeving zoals een drukke studiezaal, aula of volle treincoupé filtert je brein minder relevante geluiden weg ten faveure van relevante prikkels. Door dit filterproces kun jij je aandacht houden bij datgene waar je op dat moment mee bezig bent. Hoe minder goed je breinfilter voor je werkt, hoe meer prikkels je bewust moet verwerken en hoe vatbaarder je bent voor overprikkeling. Aandacht is dan ook een van de eerste dingen die wegebt bij een overprikkeld brein.

De dikte van jouw breinfilter
De ene persoon heeft een dikker breinfilter dan de andere. Als je lekker in je vel zit, genoeg rust neemt, goed slaapt, gezond eet, chronische stress beperkt, positief in het leven staat en dingen doet die je leuk vindt, dan is jouw filter in figuurlijke zin dikker dan wanneer je dit alles niet op orde hebt. In dat laatste geval raakt je filter overbelast, wordt het als het ware steeds dunner en laat het steeds meer prikkels door. Dit kan in eerste instantie leiden tot relatief onschuldige symptomen zoals vermoeidheid, een kort lontje, een onrustig of opgejaagd gevoel, concentratieproblemen, vergeetachtigheid of problemen met je spijsvertering. In een later stadium van overprikkeling kun je echter ook een serieuze angststoornis, burn-out of depressie ontwikkelen.

Een verminderde functie van jouw breinfilter kan onder andere komen door:

- te veel stress
- iets doen waar je niet blij van wordt
- toxische belasting
- te weinig ontspanning
- te weinig momenten om je brein weer op te laden
- te veel informatie die je tot je neemt
- piekeren
- gedachtestroom
- negatieve programmeringen
- slecht slapen
- tekorten aan voedingsstoffen
- verstoringen in de darmflora
- kortademigheid of hyperventilatie
- angst
- geen doel hebben in je leven

Hoewel ieder brein anders is, laat elk brein slechts een fractie van alle binnenkomende prikkels door naar het bewuste breingedeelte. In de praktijk betekent dit dat van de miljoenen prikkels die binnenkomen, je bewuste brein elke seconde van de dag gemiddeld 30-40 prikkels moet verwerken. Dat zijn er dus nog steeds heel veel! Mensen bij wie het aangeboren filter van nature wat dunner is – denk bijvoorbeeld aan het brein van hoogsensitieve mensen (HSP) – krijgen zelfs nog meer prikkels binnen. Met deze informatie in het achterhoofd is het dan ook raadzaam om preventief te blijven werken aan de dikte van jouw breinfilter. Want ook als je op dit moment lekker in je vel zit, kan dat veranderen. Vroeg of laat krijg je in het leven te maken met periodes waarin je minder goed voor jezelf kunt zorgen. Chronische stress kan dan leiden tot een dunner breinfilter, waardoor er meer prikkels binnenkomen en je brein zwaarder belast wordt. Dit kan flinke gevolgen hebben, zeker na de afgelopen coronajaren, waardoor waarschijnlijk ook jouw brein minder prikkels gewend is. Ga je bijvoorbeeld naar een festival of een andere extreem drukke omgeving, zul je merken dat je gevoeliger bent voor zintuiglijke prikkels zoals geuren, geluiden en licht. Zeker in deze tijd is het dan ook essentieel om je breinfilter goed voor je te laten werken.

EXTERNE PRIKKELS:
- geluid
- temperatuur
- kleuren
- smaak
- geuren
- woorden
- mensen
- trillingen
- bewegingen

INTERNE PRIKKELS:
- gedachten
- hormonen
- verstoring in neurotransmitters
- temperatuur (kou of warmte)
- vermoeidheid
- honger of verzadiging
- angsten
- piekeren
- darmen die niet goed functioneren

Steeds meer ongelukkige mensen

Wat ik zie in de maatschappij is dat steeds meer mensen ongelukkig zijn. Om bepaalde leegtes te vervullen en zich weer even happy te voelen, verdoven ze zichzelf met prikkels zoals eten, alcohol, sigaretten, medicijnen of social media. Alles om op korte termijn maar geen ongemak te hoeven voelen. Het verliezen van jezelf in dit soort middelen en activiteiten geeft een kortstondige boost van de belonende neurotransmitter dopamine en zorgt hiermee voor een tijdelijk geluksmomentje. Zodra dit voorbij is, willen de hersenen echter nog meer shotjes dopamine. Hierdoor verzinnen ze voor jou telkens nieuwe excuses om ongezond en verslavend gedrag te herhalen. Zo ontstaat er een vicieuze cirkel en blijft het probleem dat aan jouw onrustige of ongelukkige gevoel ten grondslag ligt onopgelost.

Veel mensen die zich moe of ongelukkig voelen, worstelen zonder dat ze het weten met een overprikkeld brein. Het zoeken naar afleiding in plaats van ontspanning zorgt echter voor alleen maar meer prikkels en kan overprikkeling hierdoor juist verergeren. Met stimulerende stoffen zoals koffie, alcohol en suiker bedek je de oorzaak van jouw onrustige gevoel als het ware onder een laagje zand. Dit kan uiteindelijk een hele berg zand worden, waardoor de onderliggende oorzaak steeds dieper komt te liggen en je de oplossing voor je klachten steeds lastiger kunt vinden.

Het oerbrein in de moderne wereld
Waarom zoeken we eigenlijk zo graag afleiding als we niet lekker in ons vel zitten? De reden is dat ons brein zich liever richt op externe zaken, zodat het interne zaken en de hieraan gekoppelde emoties niet hoeft te voelen. In onze huidige maatschappij is hier niet alleen bij volwassenen, maar ook bij kinderen in toenemende mate sprake van. Afleiding ligt immers overal en altijd op de loer. Alles om ons heen is gebouwd om de aandacht van jouw brein te trekken. Van scholen tot werkplekken en van musea tot technologieën. Denk alleen al aan socialmedia-apps op telefoons, die zijn ontworpen om het brein maximaal te prikkelen en zo verslavend gedrag (namelijk het zo vaak mogelijk gebruiken van de app) te stimuleren. Elke like, elk commentaar of elke nieuwe volger op social media activeert het beloningscentrum in de hersenen en zorgt zo voor een shotje geluk in de vorm van dopamine.

Het brein is evolutionair echter niet gebouwd op deze situatie. De oeroude hersenen denken vanuit overlevingsoogpunt in schaarste, wat van pas kwam in de prehistorische wereld waarin voedseltekorten geregeld voorkwamen. Hoewel zulke tekorten in een groot deel van de westerse wereld al lang tot het verleden behoren, zijn onze hersenen en samenleving nog altijd ingericht op het verkrijgen van meer, meer, meer. Verslavende ervaringen zijn in de moderne wereld overal toegankelijk. Denk aan snacks, fastfood, alcohol, televisieseries, apps, games, winkels en een online wereld waarin je compleet kunt verdwalen. Ons brein, dat is ingericht op schaarste, duizelt van de prikkels in dit tijdperk van overdaad. Het is dan ook niet zo gek als je aandacht soms alle kanten opgaat en je je onrustig, overprikkeld, ongezond of ongelukkig voelt. Jouw brein is immers niet gebouwd om jou je te laten ontspannen, je gezond en gelukkig te laten voelen, maar om voor je te presteren zodat jij je kunt aanpassen aan je leefomgeving en zo kunt overleven. Dit is de reden dat de hersenen destructieve prikkels blijven opzoeken en vatbaar zijn voor verslavend gedrag dat leidt tot overgewicht, ziekte, slapeloosheid, angststoornissen en depressiviteit. Maar wanneer we ons verliezen in afleiding en prikkels, verliezen we ook de connectie met onszelf, elkaar en de wereld. Het gevoel van onrust en overprikkeling wordt dan alleen maar groter, wat blijkt uit het alsmaar toenemende gebruik van medicijnen zoals slaappillen en kalmeringstabletten.

Gelukkig kun je je hersenen trainen om minder gevoelig te worden voor prikkels en afleiding. Hier gaan we in level 3 mee aan de slag, zodat je brein minder snel overprikkeld raakt en je meer introverte bewustwording creëert voor jezelf. Jouw ware geluk vind je namelijk niet in afleiding in de externe wereld, maar juist in jezelf en de interne wereld van je eigen processen.

Verslaving en afleiding voor het brein
Denk je dat jij geen verslaving hebt die je brein in de weg zit? Denk dan nog een keer. Verslaving is veel breder dan social media, alcohol, gokken of drugs. Je kunt het ook zien als een vervelende of nare gewoonte waar je vanaf wilt, maar wat je maar niet lukt. Deze gewoonten zijn zo verslavend omdat ze je brein op korte termijn afleiding en een beloning geven. Maar daar waar een klein beetje dopamine de eerste keer nog genoeg is, heb je daarna steeds meer nodig voor hetzelfde fijne gevoel. Hierdoor ga je verslavende routines vaker herhalen en stel je je hersenen aan steeds meer prikkels bloot. Veel mensen lopen dan ook al tijden rond met een overprikkeld brein, omdat de gewoonten die hiertoe leiden zichzelf in stand houden en versterken. Pas wanneer hier fysieke klachten bij komen kijken, volgt de bewustwording dat er iets niet goed zit. Hieronder een aantal voorbeelden van voor het brein schadelijke en verslavende routines die voor veel mensen heel normaal zijn:

- Structuur. Jij bent een structuurjunkie, alles moet perfect. Dat heeft bepaalde voordelen, maar hierdoor verliest je brein ook een stukje wendbaarheid en flexibiliteit. Want wat doe je wanneer iets niet volgens plan gaat? Dit kan inslaan als een bom en je volledig uit je doen brengen.
- Adrenaline. Jij zoekt altijd de kick op en zul je niet snel vervelen. Maar kun je zonder het fijne gevoel van adrenaline eigenlijk nog wel gelukkig zijn? Zo niet,

dan zal je brein altijd aansturen op activiteiten die adrenaline stimuleren en zit je vast in een vicieuze cirkel.
- Eten. Jij houdt van eten en kunt moeilijk stoppen als je eenmaal begonnen bent. Maar eten mag nooit een middel zijn om jezelf voor even gelukkig te voelen. Dit kan leiden tot overgewicht, diabetes en tal van andere problemen.
- Piekeren. Kan piekeren verslavend zijn? Jazeker, jouw brein kan zo geprogrammeerd zijn dat het piekeren nodig denkt te hebben om nuttig of oplossingsgericht bezig te zijn. In werkelijkheid is piekeren vaak juist datgene wat je vasthoudt in je huidige situatie.
- Toxische relaties en vriendschappen. Je blijft vastzitten in die ene toxische relatie die je meer kost dan oplevert. Jouw programmering vertelt je dat bepaalde zaken er nu eenmaal bij horen en daarom neem je ze maar voor lief. Met deze instelling gedoog je te veel van de ander in een relatie die je eigenlijk ongelukkig maakt.

Natuurlijk zijn er nog veel andere gewoonten die op lange termijn niet goed zijn voor jou en je brein:

- netflixen en doorklikken naar de volgende aflevering;
- koffie;
- chocolade;
- shoppen, online en offline;
- nieuws bijhouden – jij wilt altijd op de hoogte zijn en scrollt meerdere malen per dag door nieuwssites;
- studeren – je bent de beste van de klas en wilt dat ook zo houden (zelfs wanneer je niet meer op school zit blijf je graag tijd besteden aan studeren);
- gamen;
- werken;
- beter zorgen voor anderen dan voor jezelf;
- stress;
- negatieve gedachten en gevoelens;
- alcohol drinken, wat voelt als ontspanning maar zorgt voor innerlijke stress, wat je bewust niet merkt. Je maakt cortisol aan en komt in een verhoogde staat van alertheid.

Hoe jouw brein je voor de gek houdt
Een continue zoektocht naar instant bevrediging leidt op termijn tot een neerwaartse spiraal. Dit komt doordat het brein ons voor de gek houdt met wat ons echt gelukkig maakt. Onze omgeving heeft daar veel invloed op. Stel je maar eens voor dat je op een geweldig feestje bent met leuke mensen, fantastische gesprekken, heerlijke muziek en een

'Een probleem kan niet worden opgelost door hetzelfde bewustzijn dat het heeft gecreëerd'

ALBERT EINSTEIN

fijne energie. Dat glas wijn smaakt verrukkelijk en dat stuk taart zo mogelijk nog beter. Je geniet enorm en je brein maakt veel geluksstofjes in de vorm van neurotransmitters aan.

Dan is het een week later. Het is zaterdagavond en je zit alleen thuis. Er is geen feestje en je voelt je wat verveeld en eenzaam. Je brein denkt even terug aan dat glas wijn van vorige week, wat je zo gelukkig maakte. Dus neem je nu ook een wijntje in de hoop dat gevoel weer even terug te krijgen. Helaas blijkt dit glas wijn je niet te vervullen met geluk en ook niet te helpen tegen je eenzaamheid en verveling. Wat een domper, nu voel je je nog slechter.

Wat er gebeurt in dit voorbeeld, is dat je brein de emotie van een complete ervaring (het hele feestje met de mensen, gesprekken, muziek, taart, wijn en energie) heeft gekoppeld aan één onderdeel daarvan: het glas wijn. Dit gebeurt vaak al op jonge leeftijd, bijvoorbeeld met het eten van taart. De fijne associatie die je brein hiermee heeft, komt echter niet zozeer door de taart, maar door de complete ervaring op verjaardagsfeestjes. De muziek, mooie ballonnen, het spelen met andere kinderen; iedereen is blij en gelukkig. Eet je op een doorsnee dag een stukje taart, dan zul je merken dat je hier een veel minder fijn en feestelijk gevoel door krijgt.

Het bovenstaande voorbeeld kun je toepassen op alle gewoonten uit het voorgaande lijstje. Je brein associeert deze dingen met een ideale situatie, die in werkelijkheid weinig te maken heeft met de gewoonte zelf. Denk hieraan wanneer je weer eens een fles wijn opent, taart aansnijdt, Netflix start, die ene game speelt of andere verslavende prikkels zoekt. Dit keer zonder dat je vrienden of geliefden erbij zijn, maar nu alleen in een kamer. Het gevoel dat je hieraan overhoudt, kan nog weleens tegenvallen...

De oneindige stroom van informatie

We leven in een wereld waarin een continue stroom van informatie op ons afkomt. Deze informatie is niet alleen overweldigend, maar vaak ook nog eens tegenstrijdig. Als je op Google naar een onderwerp zoekt, vind je honderdduizenden resultaten. Maar wat moeten we voor waar aannemen en wat naast ons neerleggen? Voor het brein wordt het steeds lastiger om het toenemende aantal prikkels op de juiste manier te filteren. Hoe meer tegenstrijdige prikkels een intelligent breindeel zoals de prefrontale cortex moet verwerken, hoe meer twijfel en onzekerheid er in je interne processen sluipt. Onderbewust levert dit stress op die – zoals je inmiddels weet – je breinfilter kan overbelasten. Hierdoor komen er alsmaar meer prikkels binnen en ontstaat de welbekende vicieuze cirkel van onrust en overprikkeling.

Wat kun je nu doen om een informatieoverload te beperken en je breinfilter gezond te houden? Belangrijk is om selectief om te gaan met de informatie waaraan je je brein blootstelt. Dit kun je doen door:

- minder of geen nieuws meer te volgen;
- alleen nog artikelen te lezen die passen bij hoe jij in het leven staat;
- het gebruik van social media te beperken tot maximaal 1 uur per dag. Je kunt je brein trainen om dit dagelijks te verdelen over 3 tijdsvakken van 20 minuten;
- vaker tijdsblokken en dagen in te plannen waarop je je telefoon;
- op social media mensen te ontvolgen die voor jou geen echte waarde bieden. Je hoeft niet alle adviezen te volgen die experts zoals ik met je delen. Filter eruit wat bij jou past en kies je eigen pad;
- momenten van rust in te plannen waarop je heel doelbewust je prefrontale cortex de ruimte geeft om te herstellen. Ondersteun je brein met echte ontspanning in plaats van afleiding.

De gevolgen van technologie
Niets anders speelt zo'n belangrijke rol in de alsmaar toenemende informatiestroom als de moderne technologieën waar we inmiddels volledig op vertrouwen. Hierdoor zijn we anders gaan winkelen, reizen, bankieren en studeren. Ook onderhouden we via social media op een andere manier onze sociale contacten en vinden we via internet in een handomdraai informatie en entertainment.

Nieuwe technologieën brengen ons dus veel gemak, maar tegelijkertijd ook afleiding en onrust. Doordat we altijd in contact staan met de externe wereld, vinden we steeds moeilijker de interne verbinding met onszelf. Zoals je in het vorige hoofdstuk hebt gelezen, is dit precies het mechanisme dat kan leiden tot verslavend gedrag en overprikkeling van ons breinsysteem. Ook onze levenstevredenheid daalt naarmate we meer digitale technologieën gebruiken. Verschillende onderzoeken suggereren dat dit te maken heeft met significante veranderingen in breinstructuren. Een hersengebied dat bijvoorbeeld zou veranderen door het gebruik van internet is de *anterior cingulate*. Dit breindeel heeft een verbinding met zowel het limbisch systeem (gevoel en emotie) als de prefrontale cortex (prikkelverwerking en planning). Bij overmatige internetgebruikers is de anterior cingulate niet alleen kleiner, maar blijkt ook de connectie tussen het limbisch systeem en de prefrontale cortex een stuk zwakker dan bij gematigde internetgebruikers.

Ook op sociaal gebied heeft moderne technologie invloed. Helaas is die lang niet altijd positief. Zo laat onderzoek zien dat als er een telefoon op tafel ligt tijdens een etentje met vrienden, iedereen meer afgeleid is en minder geniet van elkaars gezelschap en het eten. Zelfs het empathisch vermogen voor elkaar vermindert. Hetzelfde onderzoek laat een tegenovergesteld effect zien als er geen telefoon aanwezig is. In de vriendengroep ontstaat dan juist meer onderlinge connectie en hierdoor ook een hechtere vriendschap.

Vriendschap en sociale verbindingen zijn enorm belangrijk voor het brein. Dan heb ik het over echte vriendschappen, geen online connecties. Bij een echte vriendschap ruik je elkaar en voel je elkaars energie. Je ziet de blozende wangen en sprankeling in de ogen van de ander. Emotionele verbinding met een ander zorgt voor de aanmaak van de gelukshormonen oxytocine en endorfine. Hierdoor ontstaat een veel diepere relatie dan online mogelijk is. Het toenemende gebruik van internet en de opkomst van ontwikkelingen zoals online vergaderen en lesgeven baren me ondanks de praktische voordelen dan ook zorgen. Zeker in de afgelopen coronaperiode hebben talloze mensen, van jong tot oud, zichzelf eenzaam en ongelukkig gevoeld. Online contact zorgt nu eenmaal niet voor de gelukshormonen en de verbinding waar het brein zo naar snakt. Met name de jeugd is niet anders gewend dan de afleiding en het gebruik van internet en social media, waardoor echte sociale interactie en emotionele bonding met elkaar geleidelijk verdwijnen. Dat dit op korte termijn slecht is voor het brein, is inmiddels lang en breed bekend. Maar wat de mentale en fysieke gevolgen zijn op lange termijn, daar kunnen we alleen maar naar raden.

De invloed van social media
Als je dit boek leest, dan is de kans groot dat je weet dat ik heel actief ben op social media. Op het moment van schrijven bereik ik daarmee meer dan 130.000 mensen. Dit is natuurlijk fantastisch en zorgt ervoor dat ik met Brain Balance veel meer mensen kan helpen dan ik ooit voor mogelijk hield. Toch merk ik dat het gebruik van social media niet alleen dingen toevoegt, maar ook dingen bij me wegneemt:

- aandacht voor het hier-en-nu;
- aandacht voor de omgeving waarin ik me op dat moment bevind;
- aandacht voor mijn interne processen;
- aandacht voor wat echt belangrijk is;
- aandacht voor diepgaande gesprekken;
- focus en energie;
- tijd en aandacht voor gezondere activiteiten zoals een mindfulle boswandeling, bewuste ademhaling, meditatie en qualitytime met vrienden.

Herken jij dingen uit het voorgaande lijstje bij jezelf? Misschien merk je dan net als ik dat je smartphone en social media niet alleen handige hulpmiddelen, maar vooral ook stoorzenders kunnen zijn in je leven. Wanneer je er grip op hebt, zijn het geweldige middelen om informatie razendsnel te vinden en te delen. Helaas hebben we meestal minder controle over ons eigen telefoon- en mediagebruik dan we graag zouden willen. Hierdoor wordt het brein blootgesteld aan een eindeloze stroom van binnenkomende e-mails, berichten, likes en nieuwsartikelen. Als we snel iets denken op te zoeken, blijven we vervolgens eindeloos scrollen. En bij elke nieuwe like of klik zorgen de hersenen weer voor een verslavend shotje dopamine.

Een chronisch verhoogde dopamineaanmaak kan het beloningssysteem in het brein beschadigen. Dit vergroot de hunkering naar ongezonde en verslavende patronen. Niet alleen de aanmaak van dopamine, maar ook die van het stresshormoon cortisol stijgt bij het gebruik van internet en media. Zo zorgt het brein ervoor dat je alert blijft en je aandacht kunt houden bij alle binnenkomende prikkels. Omdat veel van deze prikkels een negatieve lading hebben (denk alleen maar aan de nieuwsberichten in de krant), kan er overactiviteit ontstaan in de amygdala. Dit is het angstcentrum in het brein, dat bij een verhoogde activiteit de aanmaak van – wederom – het stresshormoon cortisol verhoogt om je alert te houden op mogelijke bedreigingen. Deze vicieuze cirkel van een veranderde afgifte van neurotransmitters is verantwoordelijk voor disbalans in het brein en voor het onrustige, vermoeide en overprikkelde gevoel dat steeds meer mensen tegenwoordig ervaren.

Overprikkeling bij de jeugd
Gevoelens van onrust en overprikkeling blijken met name schrikbarend in opkomst onder jonge mensen. In een rapport uit 2017 zien onderzoekers een verband tussen het gebruik van de mobiele telefoon en angsten, stress, depressies en suïcidale gedachten bij jongeren. Maar liefst een op de vier jongeren tussen de 12 en 18 jaar geeft aan weleens te denken aan zelfmoord en 80 procent van de jongeren zegt zich regelmatig depressief of down te voelen. De komende jaren zullen we er steeds meer achter komen in hoeverre er een verband is met overmatig smartphonegebruik. In China en Zuid-Korea zijn er al bootcamps en retreats voor kinderen om van hun telefoonverslaving af te komen en hun verbinding met de echte wereld te herstellen. Deze ontwikkelingen zijn niet vreemd, want mensen zijn sociale wezens. We hebben elkaar nodig om te kunnen overleven en floreren. Juist dit maakt ons brein kwetsbaar voor de aantrekkingskracht van social media. We zoeken de connectie met elkaar, maar doen dat steeds vaker op de verkeerde manier. Jonge mensen tussen de 16 en 24 jaar zitten gemiddeld drie uur per dag op social media. Dit betekent drie uur waarin er geen connectie is met de echte wereld. Dat is te veel, zeker voor het brein dat op deze leeftijd nog volop in ontwikkeling is. Zo is een voor

prikkelverwerking cruciaal hersengebied als de prefrontale cortex pas op 25- tot 27-jarige leeftijd volgroeid. Technisch gezien is je brein dus pas rond deze leeftijd volwassen.

Onthoud dat het brein altijd handelt vanuit schaarste. Hierdoor neemt het liever meer dan minder prikkels tot zich. Juist dit houdt veel mensen in de greep van verslavend gedrag. Onderzoek wijst echter uit dat mensen die vaak social media gebruiken zich drie keer eenzamer voelen dan mensen die helemaal geen social media gebruiken. Ook stijgt het geluksgevoel van mensen als ze een week lang geen social media gebruiken, en verminderen hun gevoelens van eenzaamheid en depressiviteit.

Wees je daarom bewust van de valkuilen die social media met zich meebrengen, zelfs als je ze voor je werk gebruikt zoals ik. Laat social media vóór in plaats van tegen je werken door zelf te bepalen hoe en wanneer je ze inzet. Dit proces begint met bewustwording. Hoe meer inzicht je krijgt in je eigen breinprocessen en verslavende patronen, hoe gezonder je omgang met social media en moderne technologie zal worden.

BEWUST OMGAAN MET SOCIAL MEDIA

Gebruik jij internet en social media op een manier die gezond is voor jouw brein? Of merk je dat het soms ten koste gaat van andere dingen? In het tweede geval zul je baat hebben bij de volgende tips voor een bewustere omgang met social media.

- Probeer bewust op te merken wat het gebruik van social media met je doet en observeer je eigen gedrag en emoties.
- Onthoud dat jij de bestuurder bent van je brein en niet de ontwikkelaars van de verslavende apps.
- Zet een wekker voor 10 minuten voordat je online gaat en leg je telefoon weg zodra de wekker gaat.
- Stel jezelf na gebruik van social media de vraag wat het je concreet heeft opgeleverd en wat je had verwacht te vinden als je nog langer was doorgegaan.

HOE GEDACHTEN JE BREIN VERANDEREN

De stroom van prikkels en informatie die we dagelijks binnenkrijgen, zorgt voor veel gepieker en negatieve gedachten. Deze gedachten kunnen ons behoorlijk in hun greep houden en het zenuwstelsel en brein overprikkelen. Elke dag hebben we tot wel 70.000 gedachten, waarvan 90 procent een herhaling is van de dag ervoor. Maar wanneer we continu hetzelfde denken, dan voelen en doen we waarschijnlijk ook hetzelfde. Onze gedachten worden immers handelingen en onze handelingen worden in het brein geprogrammeerde gewoonten. In het hoofdstuk over breinprogrammatie heb je al gelezen hoe je met gedachten in de hersenen neurale verbindingen creëert. Hoe vaker je aan iets denkt, hoe dieper de neurale programmering wordt. Blijf je bijvoorbeeld steeds maar denken aan een probleem? Dan kan er in het brein een gewoonte van piekeren en doemdenken ontstaan en zullen ook je emoties en gedrag negatief veranderen.

Gedachten zijn in de basis een biochemische reactie. Zodra de processen in jouw interne biochemische fabriek veranderen (denk hierbij aan de aanmaak van hormonen en neurotransmitters), veranderen ook jouw gedachten en emoties. Dit kan bijvoorbeeld komen door chronische stress, een voedingsstoffentekort, een overactieve amygdala of een niet goed functionerende nervus vagus. Andersom werkt dit hetzelfde. Zo zorgt één negatieve gedachte al voor een verhoogde aanmaak van de stresshormonen cortisol en adrenaline, die je alert maken en hierdoor zelfs verslavend kunnen werken. Je blijft negatieve gedachtenpatronen dan continu herhalen en overprikkelt zo je organen, hersenen en complete biochemische fabriek.

Het goede nieuws is dat je deze cyclus van gedachten en gewoonten zelf kunt doorbreken. Wanneer je denkpatronen verandert, verandert het brein namelijk mee. Daar is meer voor nodig dan één positieve gedachte, want die verandert niets aan de programmering van je onderbewuste systeem. Ook is het voor de hersenen onmogelijk om zich positief en happy te voelen als je biochemische fabriek van neurotransmitters en hormonen negatief staat afgesteld. Daarom is het vaak een dooddoener als iemand tegen je zegt: 'Kop op joh, denk gewoon wat positiever, het komt allemaal goed!' De negatieve emoties die jij op dat moment voelt, zijn het gevolg van een externe trigger (gebeurtenis) die in de hersenen gekoppeld wordt aan een eerdere en vergelijkbare ervaring. Deze in de archiefkast van jouw brein opgeslagen data beïnvloeden de aanmaak van hormonen en neurotransmitters, waardoor jij je gestrest, eenzaam of verdrietig voelt. Pas wanneer je de in neurale netwerken opgeslagen data vervangt door relevantere informatie op basis van nieuwe en positieve ervaringen, kun je een nieuwe programmatie creëren en je vicieuze cirkel van negatieve gedachten doorbreken.

'Gedachten zonder bijbehorende data zijn neutraal en zonder waarde. Een gedachte wordt pas negatief als er in het brein negatieve data zijn. Probeer daarom altijd om de programmering te herkennen die onder een gedachte ligt'

Piekeren en negatieve gedachten

Recent onderzoek laat zien dat minimaal 70 procent van onze gedachten negatief is. Veel negatieve gedachten komen automatisch op, zonder dat je er bewust om vraagt. Dit betekent dat ze inhoudelijk vaak niet eens te maken hebben met de situatie op dat moment, maar simpelweg getriggerd worden door een kleine tegenslag of irritatie. Voorbeelden van dit soort gedachten zijn:

- Het heeft toch allemaal geen zin.
- Dit werkt bij mij toch niet.
- Het lukt me toch niet.
- Waarom zou ik me druk maken?
- Ja maar…

Dit soort gedachten lijkt misschien onschuldig, maar is het zeker niet. Observeer maar eens wat er gebeurt met je stemming wanneer je op deze manier denkt. Je humeur verslechtert, je bent bang om te falen en ziet overal beren op de weg. Dat komt doordat je brein, zenuwstelsel en stresssysteem een mogelijke bedreiging detecteren en hierdoor geactiveerd en waakzaam worden. Keren de negatieve gedachten telkens terug, zoals bijvoorbeeld tijdens piekeren, dan kan dit een cyclus van overactiviteit en overprikkeling in gang zetten.

Ongetwijfeld pieker jij ook weleens. Hoewel je waarschijnlijk weet dat dit niet gezond is, kan piekeren op het moment dat je het doet heel nuttig voelen. Het geeft je brein namelijk het idee oplossingsgericht bezig te zijn, waardoor het piekergedrag gaat programmeren als een gewoonte. Helaas lost piekeren problemen in werkelijkheid vrijwel nooit op, omdat het angst, stress en onrust veroorzaakt. Dit leidt alleen maar tot nog meer gepieker en brengt de hersenen in een overlevingsstand die jouw creativiteit en probleemoplossend vermogen juist belemmert. Zelfs wanneer er eigenlijk niets aan de hand is, ziet het brein door de aangeleerde programmatie kans om te piekeren over nutteloze dingen. Ik hoor dan ook van veel mensen over piekeren dat ze ermee opstaan en naar bed gaan. Hierdoor kan het brein overprikkeld raken en het gevoel ontstaan dat je bijna geen controle hebt over deze eindeloze gedachtenloops. Gelukkig is dat zeker niet zo!

Jij bent niet je gedachten
Eindeloze gedachtenloops laten het soms lijken alsof jij je gedachten bent. Sommige van deze gedachten zijn logisch en lijken goed bij je te passen en andere juist niet. Sommige gedachten zijn schaamteloos en andere correct. Sommige zijn neutraal en andere emotioneel geladen. Juist emotioneel geladen gedachten dringen meestal naar de voorgrond. Dat komt doordat er vaak een angst of andere sterke lading achter schuilgaat, die het brein alert en waakzaam maakt. Hierdoor lijken emotionele gedachten van al je gedachten het meest waar, of echt. Maar onthoud: gedachten zijn geen feiten. Vaak zijn het niet meer dan oude patronen en programmeringen, die telkens weer dezelfde soort gedachten oproepen. Het lijkt dan soms alsof je weinig controle hebt over het ontstaan van deze gedachten. Maar als je er bewust voor gaat zitten, dan merk je dat gedachten simpelweg gebeurtenissen zijn die komen en gaan. De kunst zit hem in het selecteren van de gedachten waar je mee verder wilt en het loslaten van de rest. Dit is in het begin een proces van bewustwording en observatie. Door je eigen gedachten kalm te obser-

'Wie je vandaag bent, is het resultaat van je vroegere en huidige denken, doen en voelen'

JOE DISPENZA

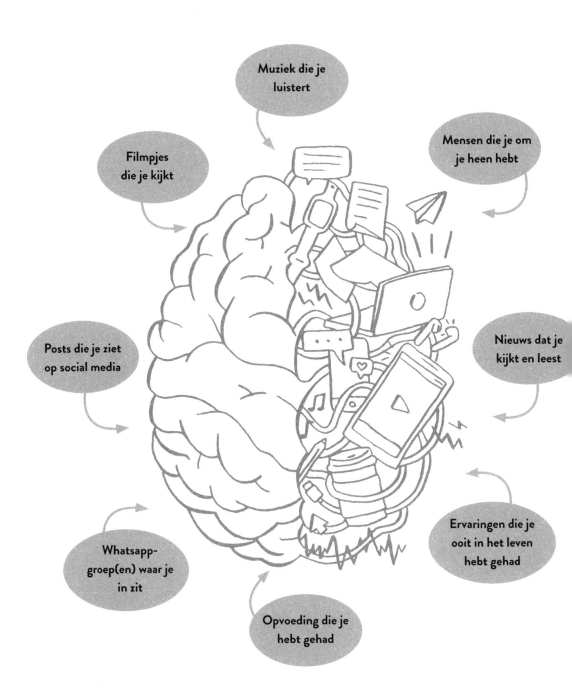

veren en te herkennen wanneer ze ondermijnend zijn, kun je ze bijsturen en vervangen door nieuwe en betere varianten. Heel geschikt hiervoor zijn bijvoorbeeld herinneringen waar je altijd een goed gevoel van krijgt. Denk aan die fijne vakantie met je familie, dat gezellige etentje met vrienden, die knuffel van een dierbare of het mooie compliment dat je onlangs kreeg. Zodra je negatieve gedachten leert laten voor wat ze zijn, merk je dat er meer ruimte ontstaat voor positieve gedachten die je dienen. Dit proces van het selecteren en loslaten van gedachten is goed te trainen. Dat is niet altijd makkelijk en behoeft iedere dag herhaling, maar is de moeite meer dan waard en levert je op lange termijn veel op.

> *'Pas als je stopt, observeert, afstand neemt en je intelligente brein gebruikt, merk je op waar het brein mee bezig is en kun je de interne connectie maken'*

Gedachtenfilmpjes
Als mens ben je visueel ingesteld. De ervaringen die je hebt meegemaakt, spelen zich af als filmpjes in je hoofd. Dat geldt ook voor dingen die nog niet zijn gebeurd. Je brein gebruikt zijn eigen fantasie om zich deze dingen voor te stellen. Dat noemen we ook wel 'visualiseren'. De filmpjes die zich constant in je hoofd afspelen, hebben een grote invloed op wat je voelt en doet. Ben je bijvoorbeeld heel bang dat je een slechte dag zult hebben? Dan zie je filmpjes hiervan voorbijkomen in je hoofd. Hierdoor voel je steeds meer angst en stelt je brein zich erop in dat de dag niet leuk gaat worden. De kans dat het wel een geslaagde dag wordt, is dan een stuk kleiner.

Andersom werkt dit echter ook. Fantaseer je over iets wat heel goed gaat, dan wordt de kans een stuk groter dat het je lukt. Een wielrenner die van tevoren visualiseert dat hij een geweldige race rijdt, presteert vaak een stuk beter. Net zoals een gevallen peuter gelooft dat het kusje van zijn moeder op de zere plek echt helpt tegen de pijn. Dit staat ook wel bekend als het placebo-effect.

Het geweldige is dat jij door te visualiseren je eigen toekomst kunt beïnvloeden. Hierdoor ben je niet overgeleverd aan de gedachten die zich in je hoofd afspelen, maar kun je met je fantasie zelf nieuwe en positievere gedachtenfilmpjes maken. Als je iets

'Als ik blijf kijken zoals ik altijd heb gekeken, blijf ik denken zoals ik altijd dacht.
Als ik blijf denken zoals ik altijd heb gedacht, blijf ik geloven zoals ik altijd heb geloofd.
Als ik blijf geloven zoals ik altijd heb geloofd, blijf ik doen zoals ik altijd heb gedaan.
Als ik blijf doen zoals ik altijd heb gedaan, blijft mij overkomen wat me altijd overkwam'

ONBEKEND

WAT IS HET PLACEBO-EFFECT?

Het placebo-effect is een positief psychisch effect, dat optreedt door vertrouwen in de uitkomst van een bepaalde handeling. Dit fenomeen vindt zijn oorsprong in de geneeskunde, waar wetenschappers observeerden dat geneesmiddelen zonder werkzame bestanddelen bij patiënten toch kunnen leiden tot verbetering van klachten. Omgekeerd kan een placebo klachten ook verergeren doordat er juist bijwerkingen ontstaan. In beide gevallen komt dit niet door het medicijn zelf (het bevat immers geen werkzame bestanddelen), maar door de positieve of negatieve verwachting die de patiënt heeft gekoppeld aan de inname ervan. Door deze uitkomst onderbewust te gaan visualiseren, wordt de kans een stuk groter dat de verwachting ook daadwerkelijk uitkomt.

Dit betekent niet dat een patiënt die het placebo-effect ervaart zich alleen maar dingen inbeeldt. Onderzoek laat namelijk zien dat een placebo daadwerkelijk tot fysieke veranderingen kan leiden. Zo komen er bij inname van een placebo vaak lichaamseigen pijnstillende stoffen vrij. Het precieze mechanisme hierachter is nog onbekend, maar alles wijst erop dat dit te maken heeft met de verbondenheid tussen lichaam en brein. Je weet inmiddels dat gedachten jouw neurale netwerken en de aanmaak van neurotransmitters beïnvloeden. Dit heeft een enorme invloed op alles wat je denkt, voelt, doet en ervaart.

Buiten een medische context kun jij het placebo-effect dan ook inzetten om jezelf op een positieve manier voor de gek te houden. Hoe vaker je een bepaalde uitkomst visualiseert en hoe helderder je verwachting hiervan is, hoe groter de kans dat deze uitkomt. Je brein en lichaam zijn evolutionair ontwikkeld om zich zo goed mogelijk aan te passen aan de toekomst die jij verwacht. Stop daarom met piekeren en focus je op een positieve uitkomst om het placebo-effect optimaal voor jezelf te laten werken.

maar vaak genoeg visualiseert, wordt de kans zelfs groter dat je fantasie werkelijkheid wordt! Zo programmeer jij je brein om anders en positiever te gaan denken. Deze manier van denken wordt ook wel 'omdenken' genoemd. Zodra je bijvoorbeeld iets vervelends over jezelf of een ander denkt, zet je daar het tegenovergestelde tegenover. Hiermee train je je hersenen om niet meer op de automatische piloot te denken en bepaal jij zelf hoe je handelt en wat je voelt. Hieronder vind je een aantal voorbeelden van omdenken.

VOORBEELDEN VAN OMDENKEN

Ik ben niet goed genoeg.	Versus	*Ik ben goed zoals ik ben. Mensen vinden me leuk.*
Ik denk niet dat ik dat kan. Dat lijkt me veel te moeilijk.	Versus	*Ik heb het nooit gedaan, maar ik ga het gewoon doen en het gaat me lukken.*
Ik ben niet slim genoeg om dat te kunnen.	Versus	*Ik ben slim genoeg om dat te kunnen en anders leer ik het.*
Ik ben niet zo knap als andere mensen.	Versus	*Ik ben leuk en goed zoals ik ben. Ik ben blij met mezelf.*
Ik moet altijd alles perfect doen, anders is het niet goed.	Versus	*Als ik mijn best doe, is het meer dan genoeg.*
Dit zit zo tegen en het lukt niet, ik zie het niet meer zitten.	Versus	*Wat een toffe uitdaging. Ik ga dit experiment aan en het gaat me lukken.*
Ik heb zo veel stress, het kost me al mijn energie en ik vind het vervelend.	Versus	*Ook al heb ik stress, dit is niet negatief. Het maakt me alert en geeft me focus en kracht.*

HET ANGSTIGE BREIN

Het brein raakt sneller overprikkeld in tijden van angst. Een recent voorbeeld hiervan is de coronapandemie. Vanaf het begin, in 2020, raakte het brein van veel mensen in een staat van angst en onzekerheid. Die angst werd continu geprikkeld door experts in talkshows, kranten, radio en social media. Ook van invloed waren ongetwijfeld de gesprekken met je partner, kinderen, ouders, vrienden en buurvrouw. Iedereen had en heeft een mening, wat de hersenen in verwarring brengt en bijdraagt aan stress, angst en overprikkeling. Wanneer het brein informatie tot zich neemt, maakt het namelijk geen onderscheid tussen een mening of de waarheid. Hierdoor word je tegen wil en dank beïnvloed door meningen van anderen en ga je hier onbewust naar leven. Je wordt voorzichtiger, angstiger, vermijdt sociale contacten en gaat misschien niet veel meer naar buiten. Ook veroordeel je eerder mensen die er anders over denken. Door alle stress, angst en negativiteit wordt je breinfilter steeds dunner en raak je vatbaarder voor overprikkeling. Voordat je het weet, zit je in een neerwaartse spiraal die jou je mentale energie kost.

Wanneer je angst of stress ervaart, dan is er meer breinactiviteit in de *posterior cingulate cortex*. Dit hersengebied is betrokken bij alertheid en het bijhouden van persoonlijke ervaringen. Onderzoek laat zien dat meditatie en mindfulness al binnen enkele seconden kunnen leiden tot een vermindering van de activiteit in dit breindeel. Een meditatiesessie kan al zo simpel zijn als een kalmerende ademhalingsoefening. Ook een bodyscan, een oefening waarover je meer leest in level 3, brengt de posterior cingulate cortex tot rust. Je kunt deze oefening dagelijks inzetten om overprikkeling tegen te gaan.

Er zijn nog diverse andere breingebieden betrokken bij angst:

- De thalamus regelt bewustzijn en waakzaamheid bij schrik of angst.
- De prefrontale cortex regelt bewustwording van hoe te handelen bij angst.
- De amygdala is het emotiecentrum van de angst.
- De hippocampus is het geheugen van jouw angstcentrum (de amygdala).

Beelden die ons angstig maken
Je zou kunnen stellen dat er in het moderne leven drie hoofdoorzaken zijn van angst. Om te beginnen kun je fysiek kwetsbaar zijn, wanneer je ziek bent of een blessure hebt. Ook een ingrijpende gebeurtenis kan leiden tot angst op korte of langere termijn. Je kunt dan spreken van een trauma. Tot slot kunnen boodschappen uit media en maatschappij voor angst zorgen. Denk maar aan slecht economisch nieuws en terreurdreiging.

ANGST EN DE DORSALE VAGUS
Een specifiek gedeelte in het brein dat bereikt wordt door stressvolle prikkels en informatie, is de dorsale vagus. Samen met de ventrale vagus is deze zenuwbaan onderdeel van de nervus vagus (zie blz. 71). De dorsale vagus zorgt ervoor dat je bij gevaar of heftige stressreacties ineenkrimpt (freeze-reactie) om energie te conserveren en te overleven. De zenuwbaan loopt vanuit de oudste hersendelen achter in het hoofd door naar de blaas en beïnvloedt alle organen in de onderkant van het lichaam, waaronder de maag en darmen. Bij te veel chronische stress en angst overprikkelen we het oudste en grootste deel van de dorsale vagus, dat zich bevindt in onze darmen. Dit kan zich in de praktijk uiten in vergeetachtigheid of in een black-out tijdens die belangrijke presentatie op je werk. Goed om te weten, is dat de activiteit in de dorsale vagus vergroot bij weinig beweging. Verderop in het boek zal ik daarom bespreken hoe je beweging kunt inzetten om overprikkeling van het brein tegen te gaan en weerbaarder te worden bij tegenslagen.

De nieuwsberichten waaraan we dagelijks worden blootgesteld, zijn zelden positief of geruststellend. Op social media, Netflix, in bioscoopfilms en het achtuurjournaal zien we regelmatig verschrikkelijke beelden. Al deze informatie wordt door het brein verwerkt en opgeslagen in je zenuwcellen (neuronen). Deze cellen beïnvloeden hoe je je voelt, hoe je in het leven staat en hoe je reageert in bepaalde situaties. Dit verklaart waarom je je na het kijken van een droevige film soms dagenlang verward, boos of verdrietig kunt voelen. Het brein maakt geen onderscheid tussen een filmscène en de werkelijkheid, waardoor het kan voelen alsof je er zelf bij was.

Het zien van een beeld is zeker zo intens als het horen van woorden of lezen van artikelen. Je ogen zijn letterlijk een uitstulping van de hersenen. Hierdoor zijn ze verantwoordelijk voor maar liefst 80 procent van alle binnenkomende prikkels. Wanneer je je ogen dichtdoet, sluit je dan ook heel veel prikkels buiten. Probeer het maar eens uit. Leg dit boek aan de kant en sluit vijf minuten je ogen. Je kunt eventueel een wekker zetten. Adem rustig in en uit, volg je ademhaling en ervaar wat er gebeurt in de vijf minuten voor je je ogen weer opent.

Hoe angst jouw ontwikkeling belemmert
Bij het ontstaan van angst speelt je breinprogrammering een belangrijke rol. Ben jij bijvoorbeeld heel beschermd opgevoed, omdat je ouders vroeger snel gestrest en angstig waren? Dan zijn de data over deze rolmodellen uit je jeugd opgeslagen in de archiefkast

van jouw brein. De kans is hierdoor groter dat ook jij in een situatie zoals een pandemie angstig reageert. Dit doe je niet bewust, het komt doordat jouw breinprogrammering de aanmaak van neurotransmitters en hormonen beïnvloedt. Hiermee bepaalt je programmering voor een groot deel wat je voelt bij gesprekken, krantenartikelen en alle informatie die je tot je neemt.

Angst is dan ook vooral een programmering van de hersenen, vanuit nature (aangeboren) en nurture (aangeleerd). Van nature weten we van kleins af aan dat een slang en tijger gevaarlijk zijn. Andere angsten zijn aangeleerd, zoals de angst om fouten te maken. Deze programmering houdt ons tegen bij het veranderen van persoonlijke processen. Zo durven we bijvoorbeeld bepaalde keuzes niet te maken, geen nee te zeggen of een toxische relatie niet te verbreken. Zelfs als we diep vanbinnen weten dat deze zaken ons geen goed doen. De hersenen blijven liever in de vertrouwde situatie, die niet zozeer ons geluk, maar wel onze overleving garandeert. Vanuit dit ingebouwde beschermingsmechanisme vertaalt het brein angsten vaak naar negatieve gedachten, waarover je in het vorige hoofdstuk hebt gelezen. Zo kunnen we angstgedachten ervaren als:

- Ik ben niet goed genoeg.
- Ik kan dit niet.
- Ik ben niet slim genoeg.
- Ik sta vast voor gek.
- Ik ben bang om mijn naasten kwijt te raken.
- Ik ben bang om eenzaam en alleen te zijn.
- Ik ben bang voor het onbekende.
- Ik ben bang voor de liefde, of om die kwijt te raken.
- Ik ben bang om het niet goed te doen.
- Ik ben bang om die wereldreis te maken.
- Ik ben bang om mijn baan te verliezen.
- Ik ben bang om in geldnood te komen.
- Ik ben bang voor mijn gezondheid.

De positieve kant van angst
Ieder van ons ervaart weleens angst, de een wat meer dan de ander. Angst is dan ook heel normaal en gezond, behalve wanneer we ons niet bewust zijn van de herkomst en functie. Helaas is dit laatste vaak het geval, waardoor we de situatie niet meer rationeel kunnen bekijken en ons door onze angsten laten drijven. Zeker in de afgelopen jaren van de pandemie zijn de gevolgen hiervan zichtbaar. Bij jong en oud nemen zelfdoding, depressies, faalangst, burn-outs en angststoornissen in schrikbarend tempo toe. En ik vrees dat dit nog maar het topje van de ijsberg is.

Het is dan ook niet zo gek dat angst vaak wordt gezien als negatief. Toch zitten er ook heel positieve kanten aan. Evolutionair gezien is angst een essentiële biologische functie, die we als mens nodig hebben om alert te blijven en onze overlevingskansen te vergroten. Daarom zullen we angst nooit helemaal kunnen elimineren uit ons leven. Wat we wél kunnen, is onze angsten herkennen, erkennen en ermee aan de slag gaan. Door ze alleen functioneel te gebruiken, verbeteren we onze alertheid op de momenten dat het nodig is. Op andere momenten kunnen we irrationele angsten loslaten en zo overprikkeling voorkomen.

'Wat wij "denken" noemen, is in werkelijkheid vooral een selectieproces'

5 REDENEN WAAROM ANGST POSITIEF KAN ZIJN

Net als stress heeft angst in het leven een belangrijke functie. Angst is een krachtige drijfveer die je stimuleert om anders te handelen. Dit kan je soms danig in de weg zitten, maar het kan juist ook een enorme kracht zijn. Dit zijn 5 redenen waarom angst in het leven positief voor je kan werken:

1. Angst is een signaal. Angstgevoelens zijn er in essentie vóór jou en niet tegen jou. Het zijn waarschuwingssignalen dat je in het leven het verkeerde pad bewandelt of dingen doet die je niet dienen. Angst zet je aan het denken en ligt daarmee aan de basis van persoonlijke ontwikkeling. Analyseer de oorzaak van je angstgevoelens en ontdek de boodschap die erin verscholen ligt.
2. Angst motiveert. Een beetje angst kan helpen om je productiviteit te verhogen en optimaal te presteren. Denk aan de spanning die je voelt voor een examen op school of een belangrijke deadline op je werk. De angst om op deze gebieden te falen, motiveert je om jezelf goed voor te bereiden en meer werk te verzetten dan waar je zin in hebt. Dit vergroot de kans dat je in het leven bereikt wat je wilt.
3. Angst maakt empathisch. Mensen die zelf worstelen met angst of andere negatieve gevoelens, kunnen zich vaak beter inleven in de gevoelens en problemen van anderen. Dit leidt tot minder vooroordelen, meer begrip en een bepaalde mildheid die nodig is om elkaar in moeilijke tijden te ondersteunen.
4. Angst verbindt. Niet toevallig worstelen mensen in deze maatschappij vaak met dezelfde angsten en problemen. Wanneer jij hier voor jezelf mee aan de slag gaat, leer je veel over de oorzaken en oplossingen. Het delen van jouw inzichten en strategieën met anderen zorgt voor meer onderlinge verbinding en vaak hechte en betekenisvolle relaties.
5. Angst hoort bij leiderschap. Uit onderzoek blijkt dat angst een karaktertrek is van effectieve leiders. Om de beste beslissingen te nemen, moet je als leider immers alle mogelijke consequenties overzien en tegen elkaar afwegen. Angst is het instrument dat je scherp houdt op alle denkbare uitkomsten. Het zorgt ervoor dat de mensen om jou heen 's nachts rustig kunnen slapen, omdat jij nog ligt te piekeren.

Voor alle 5 bovenstaande punten geldt dat angst alleen positief is als deze niet te groot is. Angstgevoelens moeten je niet overweldigen, want dan kun je er niet mee omgaan en ze niet optimaal voor je laten werken. Te veel angst is per definitie niet goed en zorgt voor disbalans.

DE NERVUS VAGUS EN DE HERSEN-DARM-AS

Soms moet je in het leven belangrijke keuzes maken. Maar is het dan je brein, je hart of zijn het je darmen die de knoop doorhakken? Hoewel het af en toe lijkt alsof deze drie elkaar tegenspreken, hebben ze op een psychologisch niveau meer met elkaar te maken dan je misschien denkt. De wetenschap heeft in de laatste tientallen jaren ontdekt dat er een belangrijke link is tussen het zenuwstelsel en de darmen. De darmen bevatten zo veel zenuwcellen, dat ze bekendstaan als je 'tweede brein'. Niet toevallig zijn er veel verbanden gevonden tussen stress- en stemmingsstoornissen en gastro-intestinale stoornissen (alle aandoeningen die te maken hebben met de digestieve organen).

De communicatieroute tussen de cellen in je darmen, de daar aanwezige bacteriën (het darmmicrobioom) en de hersenen noemen we de hersen-darm-as. Om te communiceren gebruikt deze tweerichtingsweg signaalstofjes in de vorm van neurotransmitters, die je kunt zien als stoplichten op de weg. Zoals je in level 1 hebt gelezen, beïnvloeden neurotransmitters alles wat je doet en voelt. Dat geldt indirect ook voor de bacteriën die in je darmen leven, want deze beïnvloeden weer de aanmaak van neurotransmitters. Hoewel vaak wordt gedacht dat neurotransmitters vooral in het brein worden geproduceerd, wordt een verrassend groot deel in de darmen aangemaakt. Zo wordt bijvoorbeeld 90 procent van alle serotonine – het 'gelukshormoon' dat onze stemming reguleert – geproduceerd door de bacteriën in de darmen. Ook de helft van alle dopamine – het 'beloningshormoon' dat betrokken is bij motivatie – wordt in de darmen aangemaakt. Wanneer de gezondheid van de darmen is aangetast, heeft dit dan ook een groot effect op de productie van neurotransmitters en daarmee op de gezondheid en het functioneren van je gehele zenuwstelsel.

HET DARMMICROBIOOM EN VITAMINE B12

Gezonde darmbacteriën zijn nodig voor de productie van vitamine B12. Deze vitamine speelt een cruciale rol in je mentale gezondheid. Een tekort aan vitamine B12 ligt vaak ten grondslag aan neurologische, psychiatrische en cognitieve problemen, maar ook is er een verband aangetoond met depressie. Daarnaast kan een tekort leiden tot problemen bij de aanmaak van rode bloedcellen en daarmee tot klachten zoals bleekheid, weinig eetlust of een slap en moe gevoel. Belangrijk is de rol van vitamine B12 bij de aanmaak van neurotransmitters. Wanneer je deze vitamine niet goed opneemt en verteert, is de kans groot dat je ongezonde serotonine- en dopamineniveaus hebt. Net als andere neurotransmitters spelen serotonine en dopamine een rol bij de prikkeloverdracht in de hersenen. Verderop in dit level ga ik nog veel dieper in op de darmen en de invloed hiervan op een overprikkeld brein.

De nervus vagus
Behalve je darmmicrobioom, is ook de nervus vagus een belangrijke speler in de hersen-darm-as. De nervus vagus is de langste en meest complexe hersenzenuw van de in totaal 12 hersenzenuwen die we hebben. Hiermee is het de primaire route waarover de darmen en het brein met elkaar communiceren. De nervus vagus staat ook bekend als de tiende hersenzenuw of zwervende hersenzenuw en heeft de controle over het parasympathisch zenuwstelsel, dat het lichaam in een toestand van rust en herstel kan brengen. Zo helpt het parasympathisch zenuwstelsel ons onder meer om te ontspannen, uit te rusten en eten goed te verteren.

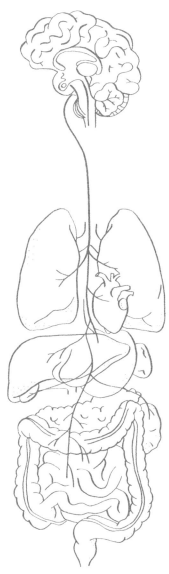

De nervus vagus loopt vanaf het brein naar de dikke darm en verbindt de meerderheid van onze belangrijkste organen. Ongeveer 80 procent van alle signalen die in het lichaam worden rondgestuurd, zijn signalen van onze organen naar ons brein (afferente signalen). Ongeveer 20 procent zijn signalen die ons brein naar onze organen stuurt (efferente signalen). De nervus vagus is voor het grootste gedeelte verantwoordelijk voor deze communicatie. De zenuw bestaat uit twee sensorische paden: de somatische (de sensaties die we voelen in onze spieren en huid) en de viscerale (de sensaties die we voelen in onze organen). Daarnaast heeft de nervus vagus motorische paden die een rol spelen in het stimuleren van de spieren in onze mond en keel, de spieren van het hart en de bewegingen van de darmen. Hierover vertel ik straks nog meer.

Wat doet de nervus vagus?
De nervus vagus heeft voornamelijk drie belangrijke functies:

1. De nervus vagus verspreidt informatie
De belangrijkste functie van de nervus vagus is het uitwisselen van informatie tussen het brein en organen zoals de lever, het hart en de longen. De zenuw verspreidt berichten tussen al deze organen en zorgt er zo voor dat de hartslag en ademhalingsfrequentie vertragen, dat er gal vrijkomt en

dat de aanmaak van enzymen en maagzuur wordt gestimuleerd. Ook speelt de nervus vagus een sleutelrol in het reguleren van de hypothalamus-hypofyse-bijnier-as (HPA-as). Deze hormoonroute communiceert met het middenrif en beïnvloedt hoe we op stress reageren. De HPA-as stimuleert een diepe ademhaling, die ons meer ontspannen maakt.

De nervus vagus houdt het brein dag en nacht op de hoogte van alle gebeurtenissen in het lichaam en de omgeving. Via deze weg worden de hersenen razendsnel geïnformeerd over alles wat onze veiligheid intern of extern bedreigt. De nervus vagus is continu op zoek naar signalen van veiligheid of gevaar en fungeert daarmee als een soort antenne van ons menselijk overlevingssysteem. Ook is de zenuw essentieel voor het aangaan van menselijke connectie. Wanneer er namelijk genoeg signalen zijn dat de situatie veilig is, kunnen we ons veel makkelijker openstellen voor een ander. Dit onderbewuste proces zorgt ervoor dat we verbindingen aan kunnen gaan en onze sociale vaardigheden ontwikkelen.

2. De nervus vagus reguleert onderdelen van het maag-darmstelsel
De nervus vagus stimuleert de samentrekkingen van onderdelen van het spijsverteringskanaal. Hiertoe behoren onder meer de slokdarm, maag en darmen. Zo zorgt de zenuw dat voedsel op de juiste manier door de darmen kan bewegen. De vagale efferente vezels (deze horen bij de nervus vagus) werken hierbij samen met hormonen die ons hongergevoel reguleren, zoals ghreline en leptine. Hiermee beïnvloedt de nervus vagus onze controle over onder meer de inname van voedsel, opname van voedingsstoffen en lediging van de maag.

3. De nervus vagus reguleert het immuunsysteem en ontstekingsreacties
Een essentiële functie van de nervus vagus is het reguleren van het immuunsysteem en ontstekingsreacties in het lichaam. De zenuw stuurt ontstekingsremmende signalen naar andere lichaamsdelen via drie verschillende routes. De eerste route is de eerdergenoemde HPA-as en de tweede route is de ontstekingsremmende route in de milt. Hier stimuleert de nervus vagus de sympathische zenuw, die zorgt voor het vrijkomen van de neurotransmitters noradrenaline en acetylcholine. De derde route heet de cholinerge ontstekingsremmende route. Deze stimuleert het vrijkomen van acetylcholine, zodat deze neurotransmitter ontstekingsmoleculen kan remmen.

Hoe weet je of de nervus vagus beschadigd is?
De nervus vagus wordt gelinkt aan depressie, angststoornissen, PTSS (posttraumatische stressstoornis) en gastro-intestinale infecties waaronder *colitis ulcerosa* en de ziekte van Crohn. Er zijn dan ook verschillende signalen die erop kunnen wijzen dat je nervus vagus beschadigd of chronisch verzwakt is:

- spraakproblemen of stemverlies
- een schorre stem
- verlies van kokhalsreflex
- moeite met drinken
- oorpijn
- verstoorde hartslag
- verstoorde bloeddruk
- lage maagzuurproductie
- misselijkheid en/of overgeven
- trage gastro-intestinale motoriek en maaglediging
- verzwakt immuunsysteem
- auto-immuunziekten zoals artritis
- stemmingsstoornissen
- chronische pijn of ontstekingen
- angststoornissen

In het volgende level gaan we aan de slag met de nervus vagus en deel ik tips en oefeningen om deze tiende hersenzenuw weer in balans te krijgen. Zoals je op dit punt in het boek zult begrijpen, werkt een holistische aanpak hierbij vaak het beste. Jouw darmen, breinprogrammering, stressniveau, voedingsstoffentekorten en manier van leven zijn immers allemaal via de nervus vagus met elkaar verbonden.

STRESS ALS OORZAAK VAN OVERPRIKKELING

Een van de belangrijkste stoorzenders van het brein en de nervus vagus is stress. De stress in ons moderne leven is vele malen anders dan de stress van de oermens of onze overgrootouders. We krijgen tegenwoordig zelden nog te maken met levensbedreigende situaties, maar vinden in het leven steeds moeilijker rust. Wanneer we proberen te ontspannen, staan we nog steeds 'aan' en voelen we ons alert en onrustig. Hierdoor kunnen we weliswaar presteren op momenten dat het nodig is, maar blijven we ons brein en centraal zenuwstelsel continu overprikkelen.

Stress hoeft niet altijd een probleem te zijn, zolang stress maar acuut en kortstondig van aard is. Stressvolle prikkels activeren de amygdala, een klein hersendeel ter hoogte van de linker- en rechterslaap. De amygdala is een soort alarmbel, die ons lichaam in tijden van gevaar waarschuwt en in een staat van paraatheid brengt. Dat is handig als we in de jungle een tijger tegenkomen, zodat er bloed naar de spieren stroomt en we heel hard weg kunnen rennen. Of wanneer we in een vijver met koud water vallen, zodat het bloed naar onze vitale organen gaat en we minder snel onderkoeld raken. Dit soort korte intensieve inspanningen en acute temperatuurwisselingen zijn voorbeelden van stressprikkels die onze innerlijke balans – ook bekend als homeostase – kortstondig verstoren. Het zijn evolutionair bekende stressprikkels waar de mens een goed werkend programma voor ontwikkeld heeft.

Tegenwoordig zijn er ook allerlei moderne stressprikkels waarop het brein evolutionair minder goed berekend is. Stressprikkels die langdurig en chronisch aanwezig zijn en vaak met veel tegelijk. Denk hierbij aan de continue aanwezigheid van kunstlicht, beeldschermen en social media in ons leven, maar ook aan onze alsmaar toenemende werkdruk, deadlines, dingen die we kunnen en willen doen, geen nee zeggen en bereikbaarheid. De momenten waarop we kunnen afschakelen en de dag van ons af kunnen laten glijden, worden steeds schaarser. Hierdoor maken we chronisch meer van het stresshormoon cortisol aan en verkeren we in een toestand van constante alertheid. Dit verstoort onze homeostase niet kortstondig, maar langdurig. De nadelige gevolgen hiervan zijn alle signalen van een overprikkeld brein.

Stress en het zenuwstelsel

Bij overprikkeling van het brein door stress speelt het zenuwstelsel een belangrijke rol. Zoals je in level 1 hebt gelezen, bestaat het menselijk zenuwstelsel uit het centraal zenuwstelsel en het perifeer zenuwstelsel. Het centraal zenuwstelsel omvat de hersenen en het ruggenmerg, terwijl het perifeer zenuwstelsel vanuit het centraal zenuwstelsel verbindingen vormt van en naar de weefsels en organen. Is het tot zover duidelijk?

Dan duiken we nog wat dieper in de materie. Onderdeel van het perifeer zenuwstelsel zijn het somatisch zenuwstelsel en het autonoom zenuwstelsel. Het somatisch zenuwstelsel reguleert bewuste waarneming, willekeurige bewegingen en de verwerking van opgenomen informatie. Het autonoom zenuwstelsel is verantwoordelijk voor onbewuste functies zoals de spijsvertering, ademhaling en hartslag. Dit is waar het interessant wordt. Tot het autonoom zenuwstelsel behoren namelijk het sympathische zenuwstelsel en het parasympathische zenuwstelsel. Het sympathische zenuwstelsel fungeert als een soort gaspedaal. Het activeert in stressvolle situaties je fight-flight-freeze-reactie (vechten, vluchten of bevriezen) en brengt het lichaam in een toestand van activiteit en alertheid. Het parasympathische zenuwstelsel werkt daarentegen als een soort rempedaal. Het stimuleert een toestand van rust en herstel zodra de stressvolle prikkel voorbij is en je niet meer alert hoeft te zijn. Deze toestand van rust en herstel is nodig om jezelf na een periode van stress op te laden en weer in balans te komen.

Het sympathische en parasympathische zenuwstelsel zijn dan ook nauw betrokken bij stressprocessen. Ze bepalen of je alert moet zijn op mogelijk gevaar of dat je juist kunt ontspannen. Gedurende de evolutie heeft het brein zich aangepast aan incidentele en hevige momenten van stress die niet langer dan twintig minuten duren. Dit geeft het parasympathische zenuwstelsel na afloop meer dan voldoende tijd om de innerlijke balans te herstellen. In de moderne maatschappij is het probleem dat ons gaspedaal veel vaker en langer actief is, terwijl de rem zelden nog wordt ingetrapt. Hierdoor is er nauwelijks nog ruimte voor herstel en krijgen de meeste mensen vroeg of laat te maken met een overprikkeld brein.

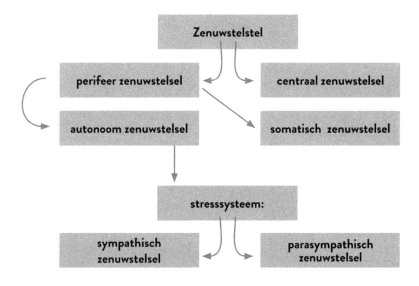

JOUW GASPEDAAL

Het sympatische zenuwstelsel:
- remt de aanmaak van speeksel;
- stopt de vertering en voedingsstoffen komen niet meer op de juiste plek;
- verhoogt de hartslag;
- versnelt de ademhaling, cellen komen zuurstof te kort;
- remt de maagsappen;
- remt de alvleesklier;
- stimuleert de afgifte van fructose;
- remt de darmen;
- activeert het alert zijn;
- schakelt bepaalde breinonderdelen tijdelijk uit.
- remt de werking van het geheugen;
- blokkeert de toegang tot herinneringen
- verhoogt de zweetproductie;
- verwijdt de pupillen;
- veroorzaakt kippenvel;
- veroorzaakt een opgejaagd gevoel;
- verhoogt de spierspanning (om te kunnen vluchten of vechten);
- zorgt ervoor dat je overschakelt op de automatische piloot en je intelligente brein niets meer te vertellen heeft.

JOUW REMPEDAAL

Het parasympatische zenuwstelsel:
- zorgt voor aanmaak speeksel;
- vernauwt pupillen;
- verlaagt de hartslag;
- vertraagt de ademhaling;
- zorgt voor een goed functionerend maag-darmstelsel;
- remt glucoseafgifte van de lever;
- verlaagt de spierspanning;
- zorgt voor ontspannen gevoel;
- zorgt voor optimaal functioneren van de hersenen;
- zorgt ervoor dat het centrale zenuwstelsel alle organen naar behoren kan aansturen.

Afleiding als compensatie voor stress
Stress heeft tegenwoordig bijna iedereen. We hebben geen totale controle over onze omgeving en daarom zijn stressvolle prikkels nooit helemaal te vermijden. Waar we wel invloed op hebben, is hoe we met stress omgaan. De meest logische manier is om op ons innerlijke rempedaal te trappen, wanneer ons gaspedaal te vaak en te lang is ingedrukt. Het parasympathische zenuwstelsel kan de disbalans dan herstellen die door stress en de bijbehorende activatie van het sympathische zenuwstelsel is veroorzaakt. Helaas doen we vaak het tegenovergestelde en trappen we ons gaspedaal nog eens extra hard in. We zoeken afleiding in nog meer prikkels en compenseren onze stress met genot in plaats van rust. Hierdoor lopen ons stressniveau en de overprikkeling van het brein alleen maar verder op.

Afleiding en genot zoeken we vaak in activiteiten zoals:
- emotie-eten
- drinken, even dat glas wijn om 'beter' te ontspannen
- shoppen
- seksverslaving
- gamen
- socialmediaverslaving
- suikerverslaving
- drugs of medicijnen

Helaas zorgen deze activiteiten voor nog meer prikkels en problemen. Denk aan:
- hartkloppingen
- maagzuur
- migraine
- onrust
- vermoeidheid
- slecht slapen
- slecht eten
- hoofdpijn
- overgevoelige zintuigen
- vastzitten in je processen, wel willen veranderen maar niet kunnen
- angststoornissen
- gebrek aan motivatie

Voor alle stresssymptomen is wel een medicijn of quick fix beschikbaar. Hiermee pak je echter niet de oorzaak aan en verliezen we alleen maar meer het contact met ons eigen brein. Wanneer onze hersenen door stress te veel worden belast, sluiten we ons namelijk af. Van onszelf en onze gevoelens, maar ook van de buitenwereld. Hierdoor worden we steeds onverschilliger en raken we verstrikt in een vicieuze cirkel van overprikkeling.

Stress en een terugval in oude patronen
Wanneer je stress ervaart, lijkt veranderen ineens een stuk lastiger. Het kan dan voelen alsof je stilstaat of zelfs terugvalt in je gezondheid of persoonlijke ontwikkeling. Dit komt doordat het brein om te kunnen overleven altijd prioriteit geeft aan stress, en veel energie vrijmaakt om deze te verwerken. Het valt dan terug op de vertrouwde breinprogrammering met de daarin opgeslagen oude patronen en gewoonten. Dit bespaart energie ten opzichte van het aanleggen van nieuwe neurale netwerken en verbindingen in de hersenen. Belangrijk is dan om niet het geloof in jezelf en je eigen veranderprocessen te verliezen, maar om te beseffen dat stress datgene is wat je tegenhoudt. Je kunt je hiervan bewust worden door op te schrijven wat er in een stressvolle periode verandert in jouw gewoonten en interne processen. Stress houdt je namelijk niet alleen gevangen in je oude programmering, maar zorgt er ook voor dat andere prikkels heftiger binnenkomen in je reeds overbelaste brein. Hierdoor kun je bijvoorbeeld meer en intensere angsten, negatieve gedachten, gevoelens van moeheid, rugpijn, nekpijn, migraine en buikpijn ervaren. Zodra de stress afneemt of verdwijnt, zul je merken dat ook deze klachten verminderen en je nieuwe gewoonten makkelijker oppakt.

Natuurlijk kan het ook zo zijn dat jij stress als iets positiefs ziet. Ben je bijvoorbeeld een echte adrenalinejunkie en geeft stress jou de kracht om altijd maar door te gaan en te presteren? Dan is het logisch dat je stress als overwegend positief ervaart. Realiseer je echter dat positieve stress ook op een kantelpunt kan komen en kan omslaan naar negatieve stress. Je ervaart de druk dan ineens als minder prettig, wordt uitgeput of met flinke rugpijn wakker en het huilen staat je nader dan het lachen. Luister daarom altijd goed naar de signalen die het gestreste brein je geeft. Wat probeert het je te vertellen?

'Wanneer je gestrest bent, kan je brein je doen geloven dat al je processen en doelen gaan mislukken. Zo houdt stress je wil om te veranderen tegen'

STRESSWEETJES
- Na 20 minuten kan stress al schadelijk zijn.
- Stress maakt ons brein minder intelligent.
- Bij stress schakelen bepaalde breinonderdelen uit.
- Stress zorgt voor blinde vlekken, je mist essentiële dingen.
- 85 procent van de ziektebeelden die we kennen in het Westen wordt veroorzaakt door stress.
- Denken aan een stressvolle situatie levert ons brein al stress op.
- Een ruimte, een persoon, een geur of een smaak kan al stress veroorzaken.
- Jouw mindset over stress bepaalt de mate waarin stress negatief wordt.
- Stress is niet alleen negatief, maar ook positief: we hebben het nodig.
- Bewerkte voeding eten zorgt voor de aanmaak van cortisol, wat een stressreactie veroorzaakt.
- Stress is net zo besmettelijk als een verkoudheid.

De negatieve invloed van stress op het brein

Doordat stress een grote invloed heeft op de hersenen, heeft het ook ingrijpende gevolgen voor je leven. Een chronisch verhoogd stressniveau kan het brein enorm ontregelen en zelfs doen krimpen. Dit gaat ten koste van zaken als je intelligentie en cognitieve functies. Zoals je inmiddels weet, is alles in de hersennetwerken met elkaar verbonden en kan het een niet zonder het ander. Een hersengebied als de hippocampus is bijvoorbeeld betrokken bij zowel je geheugen als het reguleren van je stressniveau. Moet de hippocampus constant hard werken omdat je chronische stress ervaart, dan heeft je geheugen hier ook onder te lijden. Door een chronisch verhoogd stressniveau vergroot bovendien de amygdala, het angstcentrum in de hersenen.

Een grotere amygdala zorgt dat je eerder angsten ontwikkelt, negatief denkt, piekert, in emoties blijft hangen en je hierdoor neerslachtig gaat voelen. Ook in de darmen – ons tweede brein – gebeurt er een hoop als je stress hebt. Het brein ziet overleven als prioriteit en zet jouw verteringsapparaat daarom op een laag pitje in stressvolle situaties. Hierdoor verslechtert de opname van voedingsstoffen, verdwijnt je energie en hunker je ineens naar suiker- en energierijk voedsel.

Herken jij dit laatste uit je eigen leven? Dan kan het zomaar zijn dat je onderbewuste stress ervaart. Tegenwoordig voelen veel mensen zich onrustig en opgejaagd, terwijl hiervoor geen concrete aanleiding lijkt te zijn. Dit betekent niet dat je deze signalen van het brein moet negeren. Het gaat hier namelijk om stress op celniveau, ook wel oxidatieve stress genoemd, wat jou op zowel korte als lange termijn kan beïnvloeden. Naast de genoemde symptomen op korte termijn zijn er aanwijzingen dat chronische stress op lange termijn de kans op breingerelateerde ziekten zoals depressie, burn-out en alzheimer vergroot. De invloed van stress is zo groot, dat het in het brein vaak een kettingreactie in gang zet. Hierdoor kunnen een burn-out en een depressie bijvoorbeeld in elkaar overlopen. Dit maakt het extra belangrijk om je bewust te zijn van je eigen stressniveau en dit goed te reguleren.

Early life stress

Een vorm van stress waar nog weinig aandacht aan wordt besteed, is early life stress. Dit heeft echter een enorme invloed op ons brein, maar ook op ons functioneren op latere leeftijd. Early life stress is iets waar ik zelf mee te maken heb gehad, zowel bij mijzelf als bij mijn zoon Sky. Die verhalen wil ik graag met je delen, om inzicht te geven in hoe divers de oorzaken van early life stress kunnen zijn. Hierdoor ontwikkelen we steeds meer mentale maar ook fysieke gezondheidsproblemen, zoals burn-outs, depressie, hart- en vaatziekten, ontstekingen, overgewicht en diabetes. Inmiddels zie ik zo veel mensen die hiermee rondlopen, zonder dat er ooit een hulpverlener, arts of coach op heeft doorgevraagd. Dat is een gemiste kans, want early life stress beïnvloedt hoe je in het leven staat, hoe je brein is ontwikkeld in je jeugd en hoe je hormonen zich ontwikkelen wanneer er stress ontstaat. Jouw stressreacties kunnen bijvoorbeeld veel heviger zijn of langer aanhouden dan die van iemand die geen early life stress heeft meegemaakt.

Wat is early life stress?
Wanneer chronische stress aanwezig is geweest in de eerste 1000 dagen van je leven, dus van conceptie tot en met je tweede levensjaar, kun je spreken van early life stress. Ook de adolescentie is een periode waarin dit soort constante stress een enorme invloed heeft op de ontwikkeling van je brein. Volgens onderzoekers ontwikkelt het microbioom (de basis van jouw immuunsysteem, hormoonsysteem en brein) zich vanaf de conceptie tot het derde levensjaar. Volgens andere onderzoekers duurt dit zelfs tot minimaal het zevende levensjaar. Laten we het laatste aannemen, dat je microbioom zich ontwikkelt in de eerste 7 jaar van je leven. Daarmee bepaalt het in deze jaren voor de rest van je leven jouw weerstand, de mate waarin ontstekingen ontstaan, intoleranties zich ontwikkelen en stress doorlaatbaar is. Blootstelling aan langdurige stress beïnvloedt je microbioom en kan het veranderen in een 'stressbioom'.

Ook voorafgaand aan de conceptie kan early life stress zich al ontwikkelen. Wanneer het zaad en de eicel van de vrouw cortisol meenemen, zal de foetus zich direct in een stressvolle situatie ontwikkelen. De periode van de eerste 1000 dagen en de adolescentie zijn voor ons brein cruciaal in de ontwikkeling. Wanneer daar extreme stress bij komt kijken, zie je direct schadelijke resultaten voor de rest van iemands leven.

Wat jou gemaakt heeft in het leven, wie je nu bent, is een mix van jouw genen, je omgeving, je ouders en dat wat je allemaal hebt meegemaakt. Niet alleen vanaf het moment dat je geboren bent, maar al vanaf het moment dat je in je moeders buik aan het groeien was. Zelfs de periode rondom de bevruchting heeft invloed op hoe jij als mens nu in het leven staat en hoe je brein is ontwikkeld. Laat ik bovenstaande toelichten met mijn eigen verhaal.

HET VERHAAL VAN MIJ EN MIJN ZOONTJE SKY

Ik kom uit een gezin met vier kinderen, met een geweldige vader en moeder. Ik ben het tweede kind en heb een oudere zus boven me. Mijn uitgerekende datum was 24 december, maar ik bleef heerlijk zitten tot 13 januari. Ik werd dus een stuk later geboren dan eigenlijk de bedoeling was. In die tijd speelde er veel bij mijn ouders. Mijn vader had voor zijn carrière een mooie stap gemaakt en moest hiervoor rond 20 december in Iran gestationeerd zijn. Iets wat stress opleverde, want ik kwam maar niet. Keer op keer stelde hij zijn vertrek naar het buitenland uit, terwijl zijn werkgever hem ongeveer iedere dag vroeg om naar Iran te vertrekken. Mijn moeder was dus hoogzwanger en het was voor haar niet makkelijk, een man die naar het buitenland moest, de zorg voor haar eerste kind en de onrust van elk moment kunnen bevallen. Ze was gestrest en dat is niet echt optimaal als je een kindje in je buik hebt.

Op 13 januari kwam ik eindelijk, tijdens een heel heftige bevalling. Ik werd geboren met de navelstreng om mijn nek en was helemaal blauw door zuurstoftekort. Ik werd direct afgevoerd en de kans dat ik het niet zou redden was groot. Op het moment dat je dit meemaakt als baby, wat helaas wel vaker gebeurt, ontwikkel je direct een ander stresssysteem dan een baby die na de geboorte direct bij mama wordt neergelegd, kan wennen en zich veilig voelt door de geur, de hartslag en de hormonen van de moeder.

De bevalling en het afgevoerd worden waren voor mij al momenten van early life stress. Maar er volgde nog meer stress... Toen ik eenmaal geboren was, vertrok mijn vader na twee dagen dan eindelijk naar Iran. Een maand later dan oorspronkelijk de planning was. Hij kwam drie maanden later pas terug. Met de zorg voor twee kleine kinderen en twee honden was dit een uitdagende periode voor mijn moeder, die er alleen voorstond. Daarbij kwam het feit dat haar man in een gebied zat dat op dat moment redelijk onder spanning stond.

Ieder kind, hoe jong of hoe oud het ook is, staat enorm open voor de gevoelens van zijn ouders. Zeker wanneer het op stress aankomt, is ieder levend wezen geprogrammeerd om met die input direct aan de slag te gaan. Ik was een huilbaby en huilde aan een stuk door; alleen als ik veilig bij mijn moeder was kalmeerde ik. Toen mijn vader terugkwam uit Iran, moest ik niets van hem hebben. Wanneer hij me maar oppakte, begon ik al te krijsen. Mijn vader begon zich toen onderbewust af te vragen (hier hebben we nog regelmatig mooie gesprekken over) waarom hij überhaupt was teruggekomen. Zijn kinderen wilden niets van hem weten, hij zat met zijn hoofd bij zijn carrière en voelde zich daar dan weer schuldig over. Hij had het idee het nooit goed te doen.

Dit schuldgevoel en de twijfels die een ouder dan kan hebben, worden weer direct opgepikt door het kleine babybrein dat zich op dat moment als een speer aan het ontwikkelen is.

De hierboven beschreven situatie heeft voor mij een stresssysteem gecreëerd dat veel sneller, vaker en langer aanstaat, waardoor ik regelmatig een opgejaagd en onrustig gevoel heb.

Ik heb nog een verhaal, namelijk dat van mijn eigen zoontje.

Mijn zwangerschap was niet vanzelfsprekend. Twee jaar lang probeerden we zwanger te worden. Ik was gestopt met de pil en had al tijden een onrustig gevoel, een gevoel dat er iets mis was met mijn baarmoeder. De huisarts wuifde dit weg, want ik had toch nergens last van? Het zou tussen mijn oren zitten. Dat het wat langer duurde voor ik zwanger raakte was logisch na het gebruik van de pil. Na drie keer weggestuurd te zijn, heb ik een second opinion aangevraagd. Ergens zei een stemmetje in mijn hoofd namelijk dat er iets niet goed zat. Ik kon het niet duiden, maar luisterde gelukkig naar mijn gevoel. Bij de andere huisarts bleek de uitslag van het uitstrijkje niet goed te zijn. Ik moest voor onderzoek naar de gynaecologe en daar bleek dat ik baarmoederhalskanker had. Ik werd diezelfde week nog geopereerd. Vlak voor de operatie werd me verteld dat ze misschien mijn baarmoeder moesten weghalen. Dan zou ik dus nooit kinderen krijgen. Dit was iets waar ik enorm van schrok. Hier had ik nog niet bij stilgestaan, en we wilden zo graag een kindje…

Gelukkig verliep de operatie goed en was het niet nodig om mijn baarmoeder te verwijderen. Vier maanden later was ik zwanger van Sky. In die tijd ging het met mij persoonlijk iets minder goed, ik had enorm veel stress. In eerste instantie van het hele traject, van het niet zwanger kunnen worden, van het ziek-zijn en van de problemen met mijn werk. In diezelfde periode verbouwden we een oude boerderij tot onze droomplek. Ik was zwanger, runde een bedrijf en we zaten midden in een verbouwing. Natuurlijk voelde ik veel stress, maar ik wilde dit niet erkennen en bleef maar gaan.

Zo ben ik mijn hele zwangerschap doorgegaan, met werkdagen van soms wel 15 uur. In die tijd was ik mentaal, door alles wat er speelde, nog helemaal niet klaar voor een kleintje. Ik had mezelf niet eens op de rit: het ging snel, het was veel, ik was aan het overleven. Op dat moment voelde het gewoon als een druk leven, met alles wat daarbij hoort. Achteraf gezien weet ik echter dat ik mezelf in die periode langzaam kwijtraakte.

Op de dag dat Sky geboren werd, een week na de uitgerekende datum, was ik nog tot 20.00 uur aan het werk. Om 22.00 uur begon de bevalling, maar zoals je begrijpt was ik allesbehalve ontspannen. Ik zag op tegen de geboorte en was bang voor wat het moederschap me zou gaan brengen.

Sky werd geboren en alles ging goed. Hij was een perfecte baby, maar net na zijn geboorte voelde ik niet direct een klik. Hierdoor voelde ik me verdrietig en schuldig. Ik vond mezelf geen goede moeder en merkte niets van een roze wolk. Ik voelde me zo leeg, zo ongelukkig... Na een aantal uren trok dat wat bij, maar wat moeten die hormonen in mijn lichaam wel niet met die kleine Sky gedaan hebben? Ik had last van torenhoge stress terwijl hij groeide in mijn buik.

Toen Sky nog geen maand oud was, waren we net een dag op Ibiza om bij te komen van de verbouwing, de drukte en om te wennen aan ons nieuwe leven als gezin. Die dag zal ik nooit meer vergeten. We kregen een telefoontje uit Nederland: ons huis stond in brand. De brand was zo hevig dat alles vanbinnen verwoest was. We hadden niets meer... Zo begon een nieuwe periode vol onrust, stress, onmacht en verdriet. Als pasgeboren baby voelde Sky mijn verdriet en onmacht aan, waardoor hij zich 's nachts onveilig voelde, niet kon slapen en bleef huilen. Natuurlijk kreeg ik daardoor nog meer stress. Ik liep echt op mijn tandvlees. Toch zette ik door. Pas in januari, nadat ik het faillissement van mijn bedrijf had aangevraagd, stortte ik fysiek en mentaal volledig in. Was ik overspannen? Had ik een heel heftige burn-out? Het bleek nog erger. Door chronische en hevige stress belandde ik in het ziekenhuis met ernstige verlammingsverschijnselen.

> Deze periode moet voor Sky enorm heftig zijn geweest. Pas toen hij anderhalf jaar oud was, hervond ik mezelf weer een beetje. In de die belangrijkste periode waarin zijn hersenen zich ontwikkelden, was zijn omgeving een en al stress, onzekerheid en verdriet. Wat een veilige haven had moeten zijn, was een soort moeras gebleken.
>
> Wat ik echter zie is dat Sky een strijder is, dat hij niet opgeeft en doorgaat. Daarin herken ik veel van mezelf, maar het heeft ook zeker te maken met zijn roerige start. Daar zal hij later ongetwijfeld nog zijn weg in moeten vinden. Ik ben blij dat ik hem, met de kennis die ik inmiddels heb, kan helpen om wendbaar en flexibel met tegenslagen om te gaan en om hier breintechnisch anders naar te kijken. Wanneer je early life stress hebt gehad, betekent het namelijk niet dat je voor de rest van je leven getekend bent en dat je het daar maar mee moet doen. Je kunt hier absoluut stappen in zetten en jezelf resetten, al klinkt dat makkelijker dan het is.

Een veilige plek, liefde, en aandacht voor wie jij bent, verbinding voelen met een ander, het liefst je ouders of opvoeders. De ruimte krijgen om te kunnen zijn wie je bent, is daarin belangrijk. Dan geven we het kinderbrein mee wat het nodig heeft: dat stress geen actieve staat van zijn hoeft te zijn.

Stress en ontwikkeling van het kinderbrein
Tot zover de ervaringen met early life stress in mijn privéleven. In de praktijk zie ik early life stress echter ook bij heel veel andere mensen. Bij Brain Balance werken we met acht therapeuten, die cliënten ondersteunen in allerhande fysieke en mentale problemen. Wij beginnen altijd met het stellen van de volgende vragen:

- Hoe is de zwangerschap gegaan, kun je dit nagaan bij je ouders?
- Hoe was de relatie van je ouders?
- Was je moeder gelukkig?
- Hoe is de bevalling gegaan?
- Hoe is de eerste twee jaar van je leven verlopen? Zijn er bijzonderheden geweest?
- Hebben jij of je naasten een ziekenhuisopname meegemaakt?
- Hebben jij of je naasten in armoede geleefd?
- Ben je in je jeugd vaak verhuisd?
- Zijn je ouders gescheiden?
- Is er in je jeugd iemand overleden die dicht bij je ouders stond?

Ik krijg enorm veel vragen van mensen die het idee hebben altijd aan te staan, vaak een onrustig gevoel hebben en daarmee het idee hebben ook hun omgeving te beïnvloeden. Niet alleen worden we zelf door stress beïnvloed, dat geldt ook voor onze privé- en werkrelaties, de opvoeding van onze kinderen en hoe we omgaan met carrièredruk en werkdruk.

Kinderhersenen ontwikkelen zich in relatie tot hun omgeving, dus tot andere hersenen om hen heen. Onze hersenen blijven zich een leven lang ontwikkelen, maar in die eerste paar dagen, maanden en jaren worden de meeste verbindingen gevormd. Als er die eerste periode over het algemeen is voldaan aan je behoefte aan geborgenheid en zorg, groei je waarschijnlijk op met het idee dat mensen en de omgeving waarin je leeft goed voor je zijn. Dit betekent dat je mensen kunt vertrouwen, je veilig voelt en je kunt ontspannen. Een veilig gevoel is een vereiste voor een brein en zenuwstelsel om te kunnen ontspannen. Dit zal ertoe leiden dat je meestal optimistisch en positief bent, wat weer bijdraagt aan een prettig leven. Als je denkt zelf oké te zijn, mensen om je heen te hebben die oké zijn en een omgeving te hebben die oké is, dan is dat een fijne leefomgeving voor je brein. Je voelt je veilig, je voelt je gezien en er is ruimte voor jou als mens. Op de momenten dat het nodig is, kun je dan ook makkelijker ontspannen. Dit houdt je brein wendbaar en flexibel en maakt je weerbaar tegen alle prikkels van buitenaf.

Het is als met een vakantie; je komt ergens, die plek is mooi, de energie is goed, het voelt er fijn, de temperatuur is aangenaam, het eten is er lekker en de mensen die je ontmoet zijn allemaal lief en aardig voor je. Dat maakt dit een fijne en veilige plek voor je brein. Een plek waar je graag wilt zijn en jezelf kunt zijn. Je krijgt dan veel fijnere associaties met deze plek in je brein en je bedraadt je brein met goede programmeringen over deze plek.

Precies zo verloopt het leven voor een baby en een jong kind. Wanneer de omgeving als deze vakantieplek is, is dat de eerste indruk die je van de wereld krijgt en waarmee je je brein ontwikkelt. Wanneer het tegenovergestelde gebeurt, je stress ervaart, er geen goede energie is en geen of weinig liefde, dan zal dit de associatie met de wereld zijn die je bouwt in je brein. De rest van je leven kan dit jouw waarheid blijven over hoe de wereld in elkaar zit, hoe je met mensen omgaat en hoe je met jezelf omgaat. Je blijft altijd maar alert op mogelijk gevaar in je leven, waardoor je continu aanstaat. Hiermee activeer je je brein en zenuwstelsel, waardoor je niet meer goed kunt herstellen. Een gebrekkig herstel betekent ontstekingen en een overactief stresssysteem, waardoor er ziektes en disbalans ontstaan.

Als iets niet langer voor je werkt, is het zaak om dat te veranderen. Dit begint met het vinden van de oorzaak. Indien we de oorzaak van early life stress niet aanpakken, zal dit altijd de basis blijven waarop je brein handelt en reageert. In level 3 ga ik je helpen om de oorzaak te vinden en jouw proces en valkuilen hierin te herkennen.

Oorzaken en gevolgen van early life stress
Het vrouwenlichaam is gemaakt om zwanger te zijn. Een placenta vangt normaal gesproken dan ook de stress van de moeder op. Als de stress echter te veel of te lang aanwezig is, dan passeert deze de placenta en komt de stress bij de foetus terecht. Hieronder een aantal voorbeelden van mogelijke oorzaken van early life stress:

- Een vader en moeder die veel stress hebben voorafgaand aan de zwangerschap. Deze stress wordt direct bij de bevruchting doorgegeven aan de baby.
- Een voedingsstoffentekort. Het systeem van je baby wordt hierdoor alert gemaakt op een omgeving waarin niet alle voedingsstoffen beschikbaar zijn en wordt hier evolutionair op voorbereid.
- Een onrustige omgeving zoals een opvang waar een leidster niet lekker in haar vel zit.
- Een scheiding.
- Armoede.
- Ouders die er nooit zijn.
- Een oppas die je geen liefde geeft.
- Mishandeling.
- Gepest worden.

Alleen al regelmatig denken aan iets wat je stress opleverde kan leiden tot chronische stress. Chronische stress tijdens het opgroeien kan de ontwikkeling van het brein op verschillende manieren enorm beïnvloeden. Ook ernstige stress tijdens de zwangerschap kan invloed hebben op de ontwikkeling van een kind. Voorbeelden daarvan zijn:

- Bepaalde breindelen ontwikkelen zich minder goed. Denk aan de aanmaak van het gelukshormoon serotonine, waardoor depressie eerder zou kunnen optreden.
- Door enorme stress kan de prefrontale cortex zich op een andere manier ontwikkelen. Dit heeft invloed op je veerkracht, wendbaarheid en executieve vaardigheden.
- Mishandeling of verwaarlozing. Fysieke en emotionele verwaarlozing hebben beide een even slechte invloed op de ontwikkeling van het brein. Dit kan ervoor zorgen dat je intellectueel minder goed kunt functioneren. Het geheugen kan hierdoor minder goed ontwikkeld raken, waardoor leerachterstanden een logisch gevolg zijn.
- Als fysieke of emotionele mishandeling op jonge leeftijd plaatsvindt, zien we de

volumes van bepaalde breingebieden enorm afnemen. Hierdoor kunnen zich later depressies of angststoornissen ontwikkelen.

Early life stress heeft een grote impact op de groei en ontwikkeling van ons lichaam, brein, immuunsysteem, hart- en vaatstelsel en stofwisseling. Steeds meer onderzoeken laten dan ook zien dat chronische aandoeningen hun oorsprong kunnen hebben in early life stress. Dit werken we in de huidige maatschappij onderbewust vaak zelf in de hand:

- altijd overal bij willen zijn
- de beste willen zijn
- niets willen missen – FOMO
- overal op willen reageren
- altijd aanstaan
- social media
- smartphone
- schooldruk
- prestatiedruk
- digitalisering

Omgaan met druk lijkt voor veel mensen een terugkerend probleem te zijn, we voelen ons daardoor regelmatig ongelukkig en ongezond. Hoe kan dat toch? Hoewel er veel kennis is over de gevolgen van onder druk staan, leren we hierover niets op school. Met Stichting Brain Balance probeer ik hier samen met een team van professionals verandering in te brengen en deze kennis in het onderwijs te introduceren. Meer informatie hierover vind je op www.stichtingbrainbalance.nl.

Waar je vroeger als kind na school vaak vrij was om buiten kattenkwaad uit te halen, ligt de druk nu bij jonge kinderen om beter te presteren enorm hoog. Denk bijvoorbeeld aan social media, waarin jonge kinderen, maar ook volwassenen, willen voldoen aan een beeld dat niet realistisch is. Of aan WhatsAppgroepen, waarin sociale druk en pestgedrag vanuit de klas ook thuis doorgaan. Voortdurende alertheid op dit soort prikkels zorgt voor uitputting van onze biologische en biochemische systemen. Dit maakt ons vermoeid, depressief en kan ons de zin in het leven ontnemen.

Early life stress beïnvloedt voor een belangrijk deel hoe iemand in de toekomst om zal gaan met stress. Het bepaalt of de stress enorm belastend en ziekmakend is of dat iemand er juist heel flexibel en wendbaar mee weet om te gaan. Dit wordt genetisch van ouders op kind al doorgegeven. Zo geven we de volgende generaties onze stress mee al voordat ze geboren zijn. Deze veranderingen die we doorgeven, noemen we ook wel epigenetische veranderingen (zie blz. 120). Early life stress kan op latere leeftijd niet alleen een verhoogde vatbaarheid voor stress, maar ook verschillende psychische en lichamelijke klachten veroorzaken:

- depressie
- burn-out
- PTSS
- verslavingen
- bipolaire stoornissen
- drugsverslaving
- alcoholverslaving
- angststoornissen
- ADHD
- prikkelbaredarmsyndroom (PDS)
- longziekten
- hart- en vaatziekten
- diabetes
- overgewicht
- reumatische aandoeningen
- lage weerstand
- astma
- slecht slapen door verstoorde melatonineaanmaak
- overprikkeld brein

Als we early life stress bij jongere generaties willen minimaliseren, is het enorm belangrijk dat kinderen al op jonge leeftijd leren omgaan met uitdagingen in het leven. Wellicht heeft onze generatie dit niet voldoende geleerd in onze opvoeding en op school. Uiteindelijk werkt ons stresssysteem net zoals de eerder in dit hoofdstuk genoemde vakantie. Regel je alles rondom je vakantie goed, dan ervaar je alleen de positieve kanten ervan. Is de vakantie echter niet goed geregeld, dan wordt het met een beetje pech een horrorvakantie die je uitput in plaats van ontspant. Zo werkt het met je stresssysteem net zo. Een bepaalde mate van stress hoort bij het leven en is zelfs hartstikke goed. Het zijn jouw mindset en de manier waarop je brein zich in je jeugd ontwikkeld heeft, die bepalen hoe belastend en ziekmakend stress voor je kan worden.

ONTSTEKINGEN EN HET BREIN

Ik kijk naar het lichaam en brein vanuit een holistische visie. In deze zienswijze is niets opzichzelfstaand en is alles met elkaar verbonden. Zo blijkt uit steeds meer onderzoeken dat ontstekingen een oorzaak kunnen zijn van mentale klachten. Dit kan komen doordat ontstekingen een verminderde connectie veroorzaken tussen de amygdala en prefrontale cortex. Hierdoor wordt de prefrontale cortex niet meer betrokken bij impulsieve en emotionele reacties zoals angst, stress, overbelasting en overprikkeling. Wanneer we continu in de overlevingsstand staan en de verkeerde voeding binnenkrijgen, vergroot de kans op het ontstaan van ontstekingen aanzienlijk. Als mens zijn we immers een biochemische fabriek. Wanneer er maar een klein percentage van onze biochemische reacties niet goed functioneert, verhogen onze ontstekingswaarden als signaal dat we het rustiger aan moeten doen. In de huidige maatschappij hebben we helaas niet geleerd naar deze signalen te luisteren en blijven we maar doorgaan.

Onze bescherming tegen indringers

Het lichaam heeft natuurlijke barrières als oplossing om pathogenen en toxinen buiten te houden. Een belangrijke barrière is niet alleen de huid, maar ook de slijmvliezen. Deze beslaan een groot lichaamsoppervlak van mond tot kont. Alleen al de darmen met daarin het darmslijmvlies, hebben een oppervlakte van rond de 600 vierkante meter, zijn 8 meter lang en huisvesten 80 procent van het immuunsysteem. Samen vormen de slijmvliezen de eerste verdedigingslinie van het immuunsysteem. De slijmvliezen bedekken behalve het hele stuk van mond tot kont ook de luchtwegen en bij vrouwen de vagina. Verder zijn ook openingen van de neus, oren en ogen voorzien van stofjes die je beschermen tegen indringers. Denk hierbij aan lactoferrine, een stofje dat je vindt in speeksel, traanvocht, zweet, gal, vaginale afscheiding en in de neusholte, longen en borstvoeding. Ook lysozymen en immuunglobulines zijn afweerstoffen in de barrières. Het deel van het immuunsysteem dat in de slijmvliezen actief is, heet het *mucosal immune system*. Onder normale omstandigheden kan het lichaam er dan ook heel goed voor zorgen dat de buitenwereld ook echt buiten blijft. De micro-organismen die via voedsel en drinken binnenkomen, worden door het maagzuur onschadelijk gemaakt. In je mond en de keelneusholte zitten ook heel veel immuuncellen, waarbij je speeksel een belangrijke rol speelt.

Stresshormonen zoals adrenaline en cortisol, bepaalde voedingsmiddelen of pathogenen kunnen de lichaamsbarrières openzetten, waardoor bacteriën en bacteriesten zich kunnen verplaatsen naar de bloedbaan. Het immuunsysteem heeft dit in de gaten en reageert hierop. Als gevolg hiervan ontstaat laaggradige ontsteking, die ten grondslag ligt aan vele ziekten. Bij een disbalans in de darmflora zijn er in verhouding meer ziekte veroorzakende bacteriën (gramnegatieve bacteriën). Via de darmwand kunnen deze het lichaam binnenkomen en dit is potentieel gevaarlijk. Het immuunsysteem reageert hierop met het aanbrengen van extra vetcellen om de openingen in de darmwand te dichten. Hiermee hoopt het immuunsysteem ervoor te zorgen dat er niet nog meer bacteriën uit de ontlasting in de bloedbaan kunnen komen. De afvalstoffen van deze bacteriën zijn echter giftig en veroorzaken een tijdelijke ontstekingsreactie. Blijft deze situatie te lang duren, dan ontstaat er een chronische en laaggradige ontsteking. Dit wordt op de lange termijn onder andere gelinkt aan overgewicht, hart- en vaatziekten en depressie.

Gezond in je mond
Wellicht sta je er niet snel bij stil, maar bij het ontstaan van een overprikkeld brein speelt je mond een belangrijke rol. Dit is de eerste plek waar je met indringers te maken krijgt en daarom is het essentieel dat de mondbarrière netjes gesloten is. Zoals je ziet op het plaatje hieronder, zitten je mond en brein enorm dicht bij elkaar en lopen de zenuwen vanuit onze kaak direct naar onze hersenen.

Zenuwbanen van mond naar brein

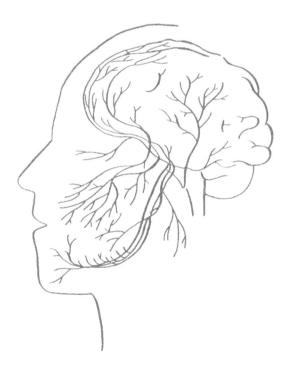

De zenuwen uit je mond lopen direct naar je brein en zijn daarmee een belangrijke bron voor het ontvangen van prikkels in de hersenen. Veel mensen hebben tegenwoordig een *leaky mouth*, een aandoening waarbij de barrières in de mond open komen te staan. Langdurig bloedend tandvlees is hiervan een symptoom en geeft ruimte aan slechte bacteriën om de bloedbaan binnen te dringen. Hierdoor ontstaan er ontstekingen en moet het immuunsysteem continu hard aan het werk. De energie die dit kost, kan niet meer naar je breinprocessen en kan dan ook zorgen voor een overprikkeld brein.

Zelfs licht ontstoken tandvlees leidt al tot activatie van het immuunsysteem, omdat de barrière dan niet meer intact is. Je kunt dit bij jezelf ontdekken door te flossen of tandenstokers te gebruiken. Als het tandvlees bloedt, is het ontstoken. Steeds meer tandartsen zien dan ook een verband tussen een verstoorde darmflora en een verstoorde mondflora en andersom. Je verteringsmachine begint al in de mond, die weer onderdeel is van je microbioom. In de mond vind je microben (bacteriën), enzymen en voedingsstoffen die allemaal via je mond naar je darmen gaan. Je mondgezondheid heeft dan ook een grote rol in jouw algehele gezondheid. Afvalstoffen van de bacteriën in je mond kunnen in je bloedbaan terechtkomen, wat tot ontstekingen in de rest van je lichaam leidt, tot zelfs breinontstekingen aan toe.

Het belang van ontstekingen

Hoewel het belangrijk is om te waarschuwen voor de gevaren van ontstekingen, hebben ze ook een functie. Zo zijn ontstekingen cruciaal om infecties tegen te gaan en worden ze ingezet voor bijvoorbeeld wondgenezing. Een ontsteking geeft in het begin zwelling, warmte, roodheid en pijn. Dit is een signaal dat je lichaam naar behoren functioneert. Als het lichaam dit niet zou doen, zouden we aan hele kleine verwondingen kunnen doodgaan. Verwondingen kunnen ook aan de binnenkant zitten, denk aan kneuzingen of breuken. De ontstekingsreactie duurt normaal gesproken ongeveer 4 tot 6 dagen en kan gepaard gaan met koorts. Als het hoogtepunt is bereikt, geeft het lichaam resolvines (ontstekingsremmende stoffen zoals EPA en DHA uit omega 3) af.

Er kunnen ook andere zaken zijn die een ontsteking uitlokken, maar te zwak zijn voor een echte ontstekingsreactie met een duidelijk begin en einde. Denk hierbij aan verkeerde vetten, ontstekingsstofjes uit te veel buikvet, bewerkt voedsel, toxinen en psycho-emotionele stress die het immuunsysteem activeert. De onmiskenbare signalen van een 'hete' ontsteking met koorts of verhoging zijn er dan niet, waardoor we spreken van een 'koude' of laaggradige ontsteking. Hoe het immuunsysteem bij een ontsteking precies reageert, heeft onder andere te maken met de kwaliteit van je voeding, darmflora en hoe vaak je eet.

Een laaggradige ontsteking (LGI, lagegraadinflammatie) kan maanden- of jarenlang duren en kost het lichaam heel veel energie. Het immuunsysteem krijgt als primaire overlevingsfunctie in het lichaam immers altijd voorrang als het gaat om de energieverdeling.

De energie die een overactief immuunsysteem gebruikt, gaat ten koste van andere processen in het lijf. Als deze situatie heel lang duurt, raakt ook de dorsale vagus overactief en kan er ziekte en een overprikkeld brein ontstaan. Systemen die als eerste opgeofferd worden, zijn bindweefsel (huid, pezen en banden), de spijsvertering en voortplanting. Een verstoorde spijsvertering en doffe huid zijn dan ook waarschuwingssignalen van een overprikkeld brein. Dit geldt ook voor bijvoorbeeld moeilijk zwanger raken, omdat jouw brein bij een energietekort redeneert dat het niet handig is om in deze onzekere en onveilige omgeving nieuw leven voort te brengen. Ook gaat LGI ten koste van je mentale processen. Hersenprocessen kosten veel energie, maar die gaat bij LGI grotendeels naar het immuunsysteem om de schade te beperken. Het gevolg is bijvoorbeeld dat je hersenmist krijgt en niet meer zo snel kunt schakelen. Ook is je besluitvorming minder dan normaal en krijg je het gevoel dat je je wilt terugtrekken uit sociale situaties. Dit spaart energie en is dan ook heel natuurlijk gedrag bij een infectie. De infectie krijgt prioriteit en de rest is bijzaak voor het brein.

Het volledig doorlopen van een ontstekingsreactie naar een antiontstekingsreactie gaat in het lichaam via verschillende controlepunten. In de beginfase van een ontsteking moeten ontstekingsstofjes een bepaalde hoogte bereiken om het eerste controlepunt te behalen. Hierna volgt de dempingsfase, waarin antiontstekingsstofjes voor een optimale wondgenezing (inwendig of uitwendig) hoog vrijgezet worden om het tweede checkpoint te halen. Worden beide checkpoints niet gehaald, dan komt de ontstekingsreactie nooit helemaal op gang en blijft het ontstekingsproces als het ware sudderen of doorsmeulen. In dat geval spreken we dus van een koude ontsteking of LGI. Er vindt dan geen goede heling plaats, waardoor je bijvoorbeeld chronisch last kunt blijven houden van bepaalde blessures (denk aan een tenniselleboog of chronische achillespeesklachten). Het zou dan beter zijn geweest als je even een flinke hete ontsteking had gekregen, die vervolgens weer relatief snel was genezen.

Een belangrijke oorzaak van LGI is de disbalans tussen omega 3- en omega 6-vetzuren in het westerse voedingspatroon. Omega 6 (ontstekingsbevorderend) kun je zien als de pyromaan die in het lichaam een brandje sticht in de vorm van een ontsteking. Omega 3 (ontstekingsremmend) is de brandweer die vervolgens wordt opgeroepen om deze brand te blussen. Over het algemeen hebben we meer omega 3 nodig dan omega 6, maar helaas ligt de verhouding in ons moderne voedingspatroon precies andersom. Bij een verhoudingsgewijs te lage inname van omega 3 zijn er in het lichaam te weinig brandweerlieden aanwezig om de verschillende ontstekingshaarden te blussen. De vuurtjes of ontstekingen blijven dan constant zachtjes doorsmeulen.

Zoals genoemd is ook psycho-emotionele stress een van de oorzaken (en tegenwoordig wellicht wel de belangrijkste oorzaak) van laaggradige ontstekingen. Een overprikkeld brein werkt dus een laaggradige ontsteking in de hand. Andersom zorgt een laaggradige ontsteking ook weer voor een overprikkeld brein, doordat de meeste energie naar het immuunsysteem gaat en dus niet naar het brein. Zo ontstaat er een vicieuze cirkel van overprikkeling. Later in het boek ga ik dan ook dieper in op tools en handvatten om ontstekingen tegen te gaan en op een natuurlijke manier op te lossen. Zo kan het overprikkeld brein weer kalmeren en kunnen ontstekingen verminderen. Je hebt A nodig om stap B te kunnen zetten en andersom.

De belangrijkste oorzaken van LGI op een rijtje:

- chronische stress
- overprikkeld brein
- doorlaatbare barrières
- disbalans van de darmflora
- slechte vetten, een teveel aan omega 6
- tekort aan omega 3
- suiker
- te veel buikvet
- toxinen
- medicatie
- alcohol
- roken
- slecht slapen

De invloed van voedingskeuzes

Eerder in dit hoofdstuk heb je gelezen dat ontstekingen een verminderde connectie veroorzaken tussen de amygdala en prefrontale cortex. Hierdoor worden we gevoeliger voor prikkels, ervaren we sneller stress en raakt ons zenuwstelsel eerder uitgeput. Onze overgrootouders en verre voorouders hadden zeker niet te maken met deze enorme invloed van ontstekingen. Dit is een typische ontwikkeling van de afgelopen honderd jaar als gevolg van veranderingen in onze leefomgeving. Uit een onderzoek (de ARIC-studie uit 2017) uitgevoerd door verschillende instellingen waaronder de Baylor University, University of Minnesota, Johns Hopkins University en Mayo Clinic, blijkt dat personen met hogere ontstekingswaarden een groter risico lopen op een krimpend brein. Ook worden hogere ontstekingswaarden door de onderzoekers in verband gebracht met een verkleining van 5 procent in de hersengebieden die verantwoordelijk zijn voor het geheugen. Het verminderen van ontstekingen in je lichaam is dan ook een belangrijke stap richting een gezond brein. Niet alleen om veroudering en achteruitgang tegen te gaan, maar ook om de connectie met de prefrontale cortex weer te herstellen. Een van de bekendste signalen van een ontsteking is wanneer de hoeveelheid C-reactief proteïne (CRP) in het lichaam omhooggaat. Een verhoogd CRP-niveau wordt in verband gebracht met het ontstaan van depressie en verstoring van het beloningssysteem in je brein. Dit komt doordat de prefrontale cortex minder goed samenwerkt met de amygdala en in functie achteruitgaat. Dit laat zien hoe ontstekingen ervoor kunnen zorgen dat we prikkels en emoties niet meer goed verwerken en hierdoor mentale klachten kunnen ontwikkelen.

Gelukkig gaan steeds meer artsen inzien dat mentale ziektebeelden niet allemaal genetisch zijn. Slechts een heel laag percentage is genetisch. Dit percentage verschilt per ziektebeeld. De enorme opmars van mentale ziektebeelden dwingt ons om met een meer holistische blik naar mentale klachten te gaan kijken. Een fundamentele pijler in deze holistische visie is de rol van voeding. Wat we eten, beïnvloedt onze prefrontale cortex en het ontstaan van ontstekingen in het lichaam. Daarmee bepalen onze voedingskeuzes voor een belangrijk deel ook onze vatbaarheid voor overprikkeling. Ons eeuwenoude breinsysteem hunkert naar zoete en suikerrijke voeding, omdat zoetheid in de prehistorie betekende dat het fruit rijp was en goed was om te eten. Dit betekende dat we het fruit aten op de piek van de voedingswaarde. Hierdoor konden we in de zomer een vetlaagje opbouwen, wat ons in de winter hielp om te overleven. In de huidige maatschappij is deze natuurlijke balans verstoord doordat suiker overal om ons heen beschikbaar is. Hiermee bedoel ik niet alleen fruitsuikers, maar ook chemisch bewerkte suikers en zoetstoffen. Helaas hebben zoetstoffen op het brein hetzelfde effect als reguliere suikers. Ze activeren namelijk het beloningssysteem in het brein door de dopamineaanmaak te verhogen, waardoor we er steeds meer van nodig hebben om de beloning nog te incasseren. Dit resulteert in enorme suikercravings en een overactief dopaminesysteem. Hierdoor vermindert de connectie met de prefrontale cortex en kunnen we spreken van een verslaving. Zo programmeren we ons brein met ongezonde gewoonten, waarmee we de voedingsindustrie in de kaart spelen. Hoe verslaafder wij immers zijn en hoe meer suikerrijke producten wij kopen, hoe hoger de winst voor de industrie. Laten dit nu net allemaal ontstekingsbevorderende producten zijn, die onze verslaving alleen maar versterken en ons steeds slechter laten voelen.

SLECHTE VOEDINGSKEUZES VERHOGEN:
- cortisol
- suikerspiegel
- ontstekingen
- gewicht
- amygdala-activiteit
- stressactivatie
- hunkering naar meer
- impulsiviteit
- ongelukkig gevoel
- weggestopte emoties

SLECHTE VOEDINGSKEUZES VERLAGEN:
- aanmaak van serotonine
- aanmaak DHEA
- de functies van de prefrontale cortex
- hartcoherentie
- geluksgevoel
- flow
- energie

GOEDE VOEDINGSKEUZES VERHOGEN:
- energie
- focus
- kwalitatieve slaap
- goede werking van het geheugen
- geluksgevoel
- creativiteit
- productiviteit
- weerstand
- concentratie
- probleemoplossend vermogen
- de afvoer van toxines
- de aanmaak van neurotransmitters
- de werking van de prefrontale cortex
- de prikkelverwerking

GOEDE VOEDINGSKEUZES VERLAGEN/VERMINDEREN:
- ontstekingen
- darmklachten
- hersenmist
- gevoelens van ongelukkig zijn
- stress
- verouderingsprocessen
- hormonale disbalans
- moodswings
- cravings
- PMS-klachten
- huidproblemen
- haaruitval
- hart- en vaatziektes
- buikvet
- neurodegeneratieve aandoeningen
- chronische ziektes

DE LABELMAATSCHAPPIJ

Wat me verbaast en opvalt in de huidige maatschappij is het gemak waarmee we mensen een label geven. Dit doet wat met het brein. Wanneer je een stempel opgeplakt krijgt en hier zelf in gelooft, gaat je brein zich hiernaar gedragen. Denk aan labels als HSP (hoogsensitiviteit), burn-out, depressie, angststoornis, migraine, overspannen en ga maar door. Dit neemt niet weg dat het soms heel fijn is om te weten wat er aan de hand is. Dit kan door meer informatie te verzamelen, zelf onderzoek te doen en te leren van de ervaringen van anderen. Dat kan heel waardevol zijn en ons ook zeker helpen in een proces of zoektocht in ons leven.

De uitdaging zit in het brein wanneer we geloven dat er iets 'mis' is met ons. Als we doen alsof ons systeem niet goed voor ons werkt, kunnen we het gevoel krijgen dat we niet meer te redden zijn. Maar stel je eens voor dat al deze symptomen er zijn vóór jou en niet tegen jou. Dat ze er simpelweg zijn om jou duidelijk te maken dat je iets moet veranderen, zodat je de klachten niet meer ervaart. Stel je voor dat dit zo is. Zou je dan niet met een andere blik naar gezondheidsklachten kijken en minder snel in labels geloven? Het label dat jij hebt gekregen of jezelf hebt gegeven, staat immers niet gelijk aan de absolute waarheid. Maar wanneer het brein gelooft dat een label waar is, zal het je gedrag en reacties hierop afstemmen en je zo belemmeren in je persoonlijke verandering. Een mooi voorbeeld is dat van Marjet.

HET VERHAAL VAN MARJET
Marjet kwam een aantal jaar geleden met mentale klachten bij me voor persoonlijke coaching. Het ging op dat moment niet goed met haar, ze voelde zich depressief en leeg. Haar mentale wendbaarheid was totaal verdwenen. Ze had fysiek veel klachten en ondervond hiervan enorme hinder in haar leven. Niet alles wat ze graag wilde doen, kon ze nog doen. Daar baalde ze van. Marjet was in de 60 en had haar hele leven hard gewerkt. Precies op het punt dat ze wat meer kon gaan genieten, de kinderen het huis uit waren en haar man bijna met pensioen ging, werd zij belemmerd door haar lichaam dat haar in de steek liet. Het voelde oneerlijk, alsof het haar zomaar overkwam. Een vriendin had haar op mij geattendeerd, want ze wilde al langere tijd aan de slag met haar mentale gezondheid. Ook haar kinderen en man stonden achter dit idee, want ook zij zagen dat Marjet zichzelf niet meer was. Toen ze bij me binnenkwam, zag ik een getekende vrouw met pijn in haar ogen. Haar energie voelde zwaarmoedig aan. Direct gaf ze aan al tijden niet meer lekker in haar vel te zitten en deelde ze met mij haar verhaal.

Zo'n tien jaar geleden begonnen op onverklaarbare wijze fysieke pijnklachten in haar lichaam. Na veel onderzoeken kreeg ze vijf jaar geleden de diagnose artrose. Haar gewrichten leken met de dag meer pijn te gaan doen. Wat begon in haar knieën, was na een aantal jaren voelbaar in haar rug, nek, handen, heupen en polsen. Van alle activiteiten die Marjet graag deed, was niets meer over. Wandelen, fietsen, zwemmen: alles deed haar pijn. Langzaam kreeg ze ook mentaal steeds meer last van deze klachten. Op deze momenten bekroop haar het gevoel dat het voor haar allemaal niet meer hoefde. Deze gedachten maakten haar tegelijkertijd ook boos op zichzelf, omdat ze zich hierover schuldig voelde naar haar kinderen en man. Toch bleef ze zich intens verdrietig en alleen voelen in haar pijn.

Voor Marjet was dit aanleiding om mentaal aan zichzelf te gaan werken. Ze wilde weer gaan leven en genieten, al was het maar een beetje meer dan nu. Tijdens het derde consult vertelde ze me opgelaten dat ze meer aan haar ontspanning was gaan werken. Voor het eerst in haar leven had ze een massage genomen. Hier voelde ze zich bijzonder ongemakkelijk bij, want tijdens het uitdoen van haar kleding schaamde ze zich erg voor haar eigen lichaam. Ik vroeg me af wat de oorzaak was van deze schaamte. Toen bleek dat de broer en ouders van Marjet haar al van jongs af vertelden dat ze lelijk was. Mijn brein legde meteen de connectie. Jezelf niet gezien voelen, jezelf lelijk vinden, lelijk tegen jezelf praten en een gebrek aan zelfliefde zijn allemaal factoren die je cellen beïnvloeden en ziekte kunnen veroorzaken. Het deed me denken aan de bekende proef met de twee planten. Op dezelfde plek in een kamer worden twee planten neergezet. Tegen de ene plant wordt iedere dag positief en met aandacht gepraat, tegen de andere plant wordt negatief en zonder empathie gepraat. Uit het onderzoek blijkt dat de plant waar slecht tegen wordt gesproken, al snel sterft. De plant waar positief tegen wordt gesproken, die groeit en bloeit. Cellen en mechanismen reageren dus op de energie die woorden en gedachten uitzenden. Je kunt jezelf ziek maken met je gedachten, en chronische ziektebeelden ontwikkelen door het label dat je jezelf geeft, een hokje waarin je door anderen wordt geplaatst of door een diagnose van een professional die als 'waarheid' wordt aangenomen.

Voor mij stond het als een paal boven water: wilde Marjet mentaal maar ook fysiek stappen zetten, dan zou ze weer van zichzelf moeten leren houden. Pas dan zouden de cellen in haar brein en lichaam in balans kunnen komen en op een andere frequentie gaan functioneren.

Ruim een jaar later nam Marjet deel aan een van mijn trainingen, waar ze haar verhaal deelde met de andere deelnemers en menigeen ontroerde. In het voorgaande jaar was ze aan de slag gegaan met haar breinprogrammering niet goed genoeg te zijn, het niet waard te zijn en niet mooi te zijn. Ze ontwikkelde zelfliefde en empathie, begon trots op zichzelf te worden en hierin ook te geloven. Pas op het moment dat ze het ging geloven, begon ze het ook echt te voelen. En toen ze het eenmaal voelde, konden haar cellen het overnemen en hun structuur veranderen. Niet alleen in haar neurale netwerken veranderde er iets, maar ook in haar ontstekingswaarden. Hierdoor waren haar fysieke klachten binnen dat jaar met 60 procent afgenomen. Haar artsen gaven aan dat dit onmogelijk was en helaas stond de betreffende arts niet open voor haar verhaal. Het verhaal dat ze zo graag met iedereen wilde delen, omdat ze zich in al die jaren zich niet zo goed had gevoeld als nu. Door haar brein en daarmee ook haar lichaam beter te leren begrijpen, was haar geluk weer teruggekeerd. Door positiever tegen zichzelf te praten, kon Marjet eindelijk weer genieten en klachtenvrij door het leven. Artrose beheerste niet meer haar leven, want zij bepaalde zelf wat ze deed. Iedere dag maakt ze een wandeling van ruim een uur, in de natuur met haar twee honden. Iedere week fietst ze minimaal 50 kilometer en ze kijkt weer met vertrouwen naar haar toekomst. Inmiddels volgt Marjet mijn Training level 1 en wil zich hierna specialiseren tot Brain Balance-coach, om met haar verhaal, ervaringen en kennis over een aantal jaar met Brain Balance ook zelf mensen te gaan helpen.

Labels en het kinderbrein
Wat doen labels met ons brein? Zorgen labels juist voor meer overprikkeling? Ik sprak erover met neurowetenschapper dr. Marcia Goddard. Zij is specialist in de ontwikkeling van het brein en gepromoveerd op het brein met autisme. Marcia houdt zich dagelijks bezig met de ontwikkeling van ons brein en ons gedrag en schreef hierover vele boeken. Hieronder haar visie op de labelmaatschappij waarin we leven en wat deze met ons brein doet:

HET VERHAAL VAN MARCIA
'Wat ik heb zien gebeuren op het gebied van autisme, is dat volwassenen met autisme vaak een baan hebben onder hun niveau. Ze zijn overgekwalificeerd, hebben bijvoorbeeld een afgeronde masteropleiding, maar het lukt ze niet een baan op dat niveau te vinden. Dit komt deels doordat het sollicitatieproces voor hen, met de sociale valkuilen waar ze mee te maken hebben, lastig is. Daarnaast zien we echter ook dat ze vaak angst- en depressieklachten hebben. De oorzaak hiervan ligt in het feit dat ze hun hele leven te horen hebben gekregen wat ze níet kunnen. Dit begint al op school. Krijg je daar het label "autisme" of "ADHD", dan

wordt de focus gelegd op alles waarmee je moeite hebt. Dat wat je niet kunt. Jouw unieke talenten worden daardoor vaak over het hoofd gezien. Als je dat je hele leven hoort, dan wordt dit onderdeel van het zelfbeeld dat je brein vormt. Dit beïnvloedt je mindset en daarmee de mogelijkheden gedurende je hele leven. Dit is ontzettend jammer, want we missen daardoor een hoop talent op de werkvloer. Mensen met autisme zijn bijvoorbeeld enorm eerlijk, hebben een sterk ontwikkeld analytisch vermogen en gaan zeer gestructureerd te werk. Mensen met ADHD zijn heel creatief, energiek en geven de volle 100 procent wanneer ze gemotiveerd zijn. Op school en in de hulpverlening gaat het echter vooral over hoe ze om kunnen gaan met hun beperkingen. Dit vormt op zichzelf weer een beperking, omdat ze zich daardoor niet voldoende realiseren wat ze allemaal wél heel goed kunnen.

Ik ben overigens niet tegen labels. Een label kan noodzakelijk zijn en enorm veel inzicht en opluchting geven. Daarnaast is het vaak nodig om de juiste hulp te krijgen en daar is niets mis mee. De kracht van labels zit in hoe we ermee omgaan. We moeten opletten dat we mensen op de juiste manier begeleiden, dat we ook kijken naar verborgen talenten en ervoor zorgen dat we mensen met een label vanuit een *growth* mindset benaderen.'

De labels beginnen helaas al op steeds jongere leeftijd, in klassen en op scholen. In de wachtkamer van de huisarts zitten overprikkelde kinderbreinen, waarvan de ouders niet meer weten wat ze ermee aan moeten. Dagelijks krijg ik een hulpvraag van ouders die hun kind liever niet aan de medicijnen willen zetten, wat door artsen vaak zo makkelijk geadviseerd wordt. Bij een diagnose zoals ADHD wordt medicatie aanbevolen, zodat het kind rustiger in de klas kan werken. Veel ouders herkennen zich niet in de verhalen vanuit school over hun kinderen. Zo horen ze vaak dat hun kind geen focus heeft, snel afgeleid is en hierdoor te veel tijd en aandacht nodig heeft in verhouding tot andere kinderen. Wat is nu de werkelijke oorzaak in deze situatie? Is de oorzaak dat het kind een brein heeft dat niet goed functioneert? Een brein dat we met medicijnen maar in het gareel willen krijgen? Of is er iets anders aan de hand, waardoor het jonge kinderbrein veel sneller dan vroeger overprikkeld raakt?

De wereld is in de afgelopen eeuw buitengewoon snel veranderd. Onze kinderen krijgen straks te maken met problemen waarvan wij nu het bestaan nog niet eens kennen. Tegelijkertijd worden ze opgeleid in een onderwijssysteem dat de afgelopen 100 jaar onveranderd is gebleven. Dat is best vreemd. Daarnaast hebben kinderen te maken met een toename in de hoeveelheid prikkels die ze dagelijks moeten verwerken. Er is een ongelooflijke hoeveelheid informatie beschikbaar, al op zeer jonge leeftijd. Het voordeel hiervan is dat het kinderen de unieke mogelijkheid geeft om kennis op te doen die vroeger onbereikbaar was. Het nadeel is dat hun brein overbelast kan raken door de continue verandering waaraan de wereld ze onderwerpt.

Onze hersenen houden per definitie niet van verandering. Verandering betekent potentieel gevaar, wat gepaard gaat met een stressrespons. We staan daardoor continu 'aan' om de veranderingen te kunnen bijbenen. Onze kinderen groeien hierin op. Dit maakt het van belang om hen flexibiliteit, veerkracht en wendbaarheid mee te geven, zodat ze in staat zijn om te gaan met deze veranderende wereld. Het onderwijssysteem is echter voornamelijk gericht op presteren. De CITO-toets is het voornaamste meetinstrument van scholen om de voortgang van leerlingen te meten. Deze toets wordt al vanaf de kleuterleeftijd ingezet, maar hierbij wordt uitsluitend gekeken naar schoolse vaardigheden zoals taal en rekenen. Executieve functies zoals probleemoplossend vermogen en kritisch denken worden volledig buiten beschouwing gelaten, terwijl dat nu juist de functies zijn die in het latere leven van doorslaggevend belang zijn. De CITO-toets richt zich puur op presteren en gaat volledig voorbij aan de bestaande kennis over het brein. Kinderen leren niet hoe ze zich kunnen ontwikkelen en staande kunnen houden in een wereld waarin ze niet alles kunnen controleren. Hoe ze om moeten gaan met stressvolle gebeurtenissen, hoe ze hun geluk van binnenuit kunnen halen, in plaats van afhankelijk te zijn van prikkels van buitenaf. De context waarin kinderen zich moeten ontwikkelen wordt volledig genegeerd. Er is weinig aandacht voor de positieve invloed van beweging, voeding, buitenlucht en spel op het leervermogen. Ook is mentaal welzijn onderbelicht, waar we op latere leeftijd weer onder lijden. Het bewijs hiervoor zit hem in de statistieken: burn-out, depressie en angststoornissen zijn schering en inslag onder de volwassen bevolking.

Stichting Brain Balance voor iedereen

Een tijd geleden schrok ik enorm toen ik las dat zelfdoding doodsoorzaak nummer 2 is onder jongeren. Het is dus niet langer een luxe om op een serieuze manier aandacht te besteden aan de ontwikkeling van het brein. Het is een must. Het móét anders. De verantwoordelijkheid hiervoor ligt bij ons, als ouders en scholen. We moeten kennis van het brein al op jonge leeftijd meegeven, zodat kinderen veerkrachtig worden en leren hun levensgeluk van binnenuit te halen. Hierdoor worden ze minder afhankelijk van externe validatie en factoren waarover ze geen controle hebben.

Om dit voor elkaar te krijgen, heb ik samen met andere experts de stichting *Brain Balance voor iedereen* opgericht. In samenwerking met The Contentment Foundation, een Amerikaanse stichting, hebben we een wetenschappelijk onderbouwd scholenprogramma opgezet. Het programma richt zich niet alleen op leerlingen, maar ook op leerkrachten. Veel leerkrachten in Nederland zijn uitgeput. Hun brein is overbelast, ze zijn zelf niet in balans. Je kunt niet geven wat je zelf niet hebt. Hoe kun je als leerkracht het welzijn van je leerlingen bevorderen, als je zelf aan het eind van je Latijn bent? We zien steeds meer burn-outs en depressies in het onderwijs. Om deze reden richt het programma zich in eerste instantie op leerkrachten. Pas als zij de kennis en kunde in de vingers hebben, brengen ze deze over op hun leerlingen. Het programma is gebaseerd op de vier pijlers van welzijn: mindfulness, community, self-curiosity en contentment & balance. Elke pijler richt zich op specifieke aspecten van welzijn. Mindfulness gaat onder andere over zelfbewustzijn en het loslaten van oordelen. Community richt zich op compassie, altruïsme en vertrouwen. Self-curiosity draait om reflectie op onbewuste vooroordelen en beperkende overtuigingen. Contentment & balance tot slot gaat over emotionele intelligentie en zelfacceptatie. Inmiddels zijn de eerste scholen al gestart en hebben we een crowdfundingactie opgezet. Hiermee kunnen we het programma heel gericht aanbieden op scholen die het zelf niet kunnen veroorloven of waar voornamelijk kinderen uit een kwetsbare omgeving onderwijs krijgen. Tot nu toe zien we dat het programma een enorm positief effect heeft op zowel leerkrachten als leerlingen. Er zijn minder burn-outsymptomen, er is minder pestgedrag in de klas en er is een algehele toename in welzijn.

Ben jij benieuwd hoe je met dit lesprogramma op jouw school kunt gaan starten? Op www.stichtingbrainbalance.com vind je alle informatie. Mocht je het leuk vinden, mag je ons ook altijd een mailtje sturen voor meer informatie.

'Moeilijke kinderen bestaan niet. Het is als kind moeilijk om in een wereld te leven met volwassenen die altijd moe, kortaf, druk, gehaast, afwezig, afgeleid en ongeduldig zijn'

De rol van medicijnen
Je kunt je afvragen of het handig is, de labelmaatschappij waarin we leven. Wat zou het ons opleveren als we eens wat breder dan labels zouden kijken? Wat proberen ons lichaam en brein ons te vertellen met de symptomen en signalen die we krijgen? Ik geloof dat er een wereld voor ons opengaat als we ons lichaam en brein en de verbondenheid daartussen beter leren begrijpen. En dat zonder direct met medicijnen aan de

slag te gaan. Begrijp me niet verkeerd, ik ben geen tegenstander van medicijnen. Ik vind medicatie een waanzinnig mooie uitvinding vanuit de geneeskunde. Wel vind ik wat van de mate waarin medicatie wordt ingezet en voorgeschreven. Zo sprak ik laatst Jeanine. Haar vriend wilde wat meer aandacht en focus op het leerwerk voor zijn universitaire opleiding. Na een bezoekje aan de huisarts kreeg hij antidepressiva voorgeschreven. Deze medicatie zou hem alerter en meer gefocust maken …

Met psychiater Mischa Selis ging ik in gesprek over de wijze waarop we in de psychiatrie en zorg omgaan met disbalans in het brein. Hieronder deel ik wat zij hierover te vertellen heeft.

'Sinds 2008 werk ik als psychiater te midden van ziekte, kwetsbaarheid en lijden. Wat ik hier gevonden heb, is hoop voor onze breingezondheid! Ten eerste leerde ik al snel dat het niet mijn kennis, maar mijn aanwezigheid was die patiënten het meest hielp. Dat het onze aanwezigheid is die zo gezond is voor de hersenen van dierbaren.

Problemen ontstaan vooral in een neurotypische samenleving, waarin verwacht wordt te excelleren. Dat leert mensen dat ze niet goed genoeg zijn om erbij te horen. Maar ergens bijhoren, en daar een zinvolle bijdrage aan leveren, ligt aan de basis van menselijk welzijn. Neurodiversiteit wordt nu behandeld als een individuele kwetsbaarheid, maar juist een neurodiverse samenleving is krachtig en weerbaar.

De toename van psychische klachten is een natuurlijke reactie van ons brein op onze onnatuurlijke leefstijl. Voor een natuurlijke leefstijl is in de eerste plaats een sociaal-maatschappelijke verandering nodig. Daarnaast zijn chronische klachten vaak traumagerelateerd. In een traumasensitieve zorg is aandacht voor de gevolgen van trauma op lichaam, relaties en overtuigingen, in emotioneel veilige relaties met behandelaren. Deze inzichten kunnen helpen om een nieuwe generatie kinderen veiliger te laten opgroeien. Dit staat in schril contrast met de toenemende digitalisering van de zorg. Zijn we onderweg vergeten wat het betekent om mens te zijn, wat de waarde is van het leven?

Geen psychiater kan alles begrijpen, noch oplossen, want uiteindelijk is het een mysterie. Ik zie wel dat het streven naar perfectie niet duurzaam is. Behandeling bestaat uit het proces naar onze niet-perfecte menselijkheid, en daar volwassen mee omgaan. Het leven is geen rechte lijn omhoog, maar bestaat uit cycli, met een begin en einde. Gezondheid vind je niet in de toekomst, maar in het nu, via een gezond brein, in emotioneel veilige relaties, in een neurodiverse samenleving met een traumasensitieve gezondheidszorg. Een gezonder brein kan niet alleen psychische klachten voorkomen, maar ook behandeling met medicatie effectiever maken. Dit zal de zorg niet alleen beter, maar ook veel goedkoper maken.'

DE DARMEN: JOUW TWEEDE BREIN

Zoals je eerder in dit boek hebt gelezen, worden onze darmen ook wel ons tweede brein genoemd. Ze hebben dan ook een enorme invloed op onze mentale gezondheid en gemoedstoestand. Al meer dan 100 jaar geleden waren er wetenschappers die een connectie maakten tussen de toxische belasting in de darmen en onze gemoedstoestand en hersenfuncties. Dit verschijnsel werd destijds bekend als *auto intoxication* (automatische vergiftiging). Toch wordt disbalans in het brein tot op de dag van vandaag behandeld alsof de hersenen de darmen beïnvloeden en niet andersom. Dit terwijl eeuwenoude wijsheid overdraagt dat onze mentale en fysieke gezondheid zich letterlijk huisvest in de darmen. De legendarische Griekse arts Hippocrates zei niet voor niets dat alle ziekten in de darm beginnen. Ik verwacht en hoop dan ook dat hier de komende jaren steeds meer aandacht voor zal komen. Inmiddels zijn er al steeds meer onderzoeken die duidelijk aantonen dat de bacteriën in onze darmen (microben) veel invloed hebben op de ontwikkeling van allerlei westerse aandoeningen. Denk hierbij aan diabetes, obesitas, hart- en vaatziekten, astma, allergieën, autisme en vele ontstekingsziekten, tot ontstoken darmen aan toe. Alle bacteriën in ons leven zijn daarmee van grote invloed op onze (brein)gezondheid en kunnen bijdragen aan een overprikkeld brein.

Het wordt tijd dat de reguliere geneeskunde de genoemde aandoeningen door een andere bril gaat bekijken. Maar ook is het zaak dat we zelf onderzoek gaan doen en kritisch kijken naar de informatie die we tot ons nemen. Hoe gaan we om met medische adviezen en waar zijn deze adviezen op gebaseerd? Laten we als voorbeeld het diagnosticeren van een depressie nemen. De diagnose van een depressie kan alleen gesteld worden door een psychiater, die doorgaans over veel kennis en ervaring beschikt. Toch is depressiviteit niet iets wat je kunt meten in je urine of bloed. Op basis van zijn eigen breinprogrammatie en jouw antwoorden op zijn vragen kan de psychiater het label 'depressie' op jou plakken. Maar in hoeverre klopt deze diagnose altijd? En is het niet raar dat iedereen met vergelijkbare symptomen hetzelfde label en daarmee ook nagenoeg dezelfde medicatie krijgt voorgeschreven? Waarschijnlijk is een bepaalde behandeling bij de ene persoon veel effectiever dan de andere. Ik geloof dan ook niet in een one-size-fits-all aanpak, zeker niet als hierbij chemicaliën in de vorm van medicijnen betrokken zijn.

'Alle ziekten beginnen in de darm'

HIPPOCRATES

Hoe de darmen je hersenen beïnvloeden

In je hersenen bevinden zich tientallen miljarden neuronen (zenuwcellen). Die kun je zien als de bouwstenen van je brein, die continu met elkaar communiceren en zo bepalen hoe je denkt, voelt, handelt en reageert. De aanwezigheid van neuronen stopt echter niet waar het brein eindigt. Je complete spijsverteringsstelsel, dus alles van mond tot kont, bevat vele neuronen. Alleen al je darmen hebben minstens net zoveel zenuwcellen als het brein. Dit neuronale netwerk in de darmen kan onafhankelijk van het brein functioneren en is zó groot, dat wetenschappers het als een zelfstandig opererend zenuwstelsel zien. Dit wordt ook wel het enterische zenuwstelsel genoemd. Het enterische zenuwstelsel controleert de beweging van de darmen, de bloedstroom en de opname en afbraak van voedingstoffen.

De darmen bevatten niet alleen talloze neuronen, maar ook ongeveer 2 kilo aan bacteriën. Deze bacteriën, die ook wel bekend staan als je darmflora of het microbioom, spelen een belangrijke rol bij de communicatie tussen neuronen. Ze produceren namelijk neurotransmitters, boodschappersstofjes die verantwoordelijk zijn voor de uitwisseling van informatie tussen zenuwcellen. In Level 1 ben ik hier eerder op ingegaan (zie blz. 33).

De communicatie tussen het brein en de darmen verloopt via de hersen-darm-as, waarvan de nervus vagus een belangrijk onderdeel vormt. Deze tiende hersenzenuw wordt voor 80 procent procent aangestuurd vanuit de darmen en voor 20 procent vanuit het brein. Zo krijg je bijvoorbeeld een signaal als je vol zit of juist honger hebt. Ook worden in het brein en de darmen belangrijke neurotransmitters aangemaakt, zoals serotonine, GABA en dopamine. Deze worden aangemaakt uit de voeding die je eet en beïnvloeden hoe jij je mentaal voelt. Wat je eet, beïnvloedt dan ook direct hoe jouw darmen en hersenen reageren. Je darmen produceren zelfs een stuk meer van het geluks-hormoon serotonine (90 procent) dan jouw hersenen. Dat betekent dat de gezondheid van je darmen ook jouw mentale gezondheid voor een groot deel bepaalt. Wetenschappers onderzoeken dan ook in toenemende mate de rol die de darmen spelen bij bijvoorbeeld het ontstaan van depressie.

'Lange tijd werd gedacht dat alleen onze hersenen serotonine konden maken'

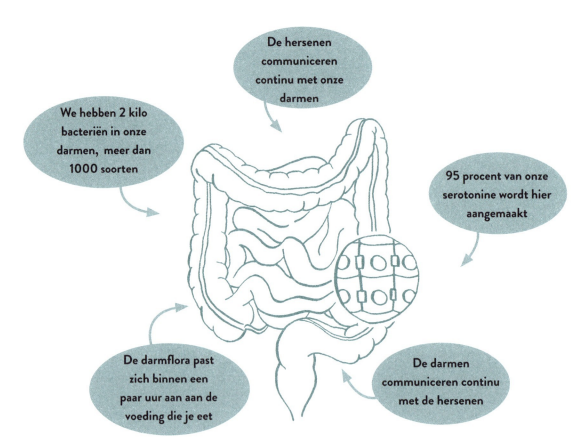

Darmprocessen en voeding
Vaak denken we dat onze darmen alleen nodig zijn voor de vertering van eten. Toch zijn onze darmen voor veel meer processen enorm belangrijk. De darmen:

- dragen bij aan energieproductie. Onze mitochondriën worden aangestuurd vanuit de darmen. Vermoeidheid en lage energie starten dan ook vaak vanuit een verstoorde darm;
- beïnvloeden onze hersenen via de nervus vagus;
- beïnvloeden ons antioxidantensysteem;
- minimaliseren en reguleren ontstekingen;
- sturen het immuunsysteem aan.

Zonder de juiste darmbacteriën verouderen we sneller en dat geldt ook voor ons brein. Sommige voeding, zoals gefermenteerde voeding, kan het verouderingsproces vertragen. Fermentatie is een proces waarbij koolhydraten worden afgebroken door bacteriën en gisten. Dit proces wordt ingezet om bijvoorbeeld zuurkool, kefir, yoghurt of kaas te maken. Er zijn ook onderzoeken bekend waarin bepaalde probiotische bacteriën onze psychische gezondheid blijken te stimuleren, waardoor we minder angst en depressie ervaren. Onder probiotisch voedsel valt:

- kefir
- zuurkool
- tempé
- natto
- kombucha
- miso
- kimchi
- zuurdesembrood
- olijven

Ook prebiotische voeding is aan te raden voor goed functionerende hersenen en darmen:

- wortels
- zoete aardappel
- knollen
- pompoen
- pastinaak
- artisjok
- aardpeer

Verander wat je eet, verander je darmflora
Alles wat je eet, verandert je darmflora. Wanneer je darmflora verandert, veranderen je hersenen ook. Daardoor kunnen we met voeding ons brein aansturen en beïnvloeden. Het goede nieuws is dat je darmflora zich binnen een paar uur al aanpast aan de voeding die je eet. De binnenste laag van onze darmen, ook wel het epitheel genoemd, vernieuwt zich iedere 72 uur. Je kunt je darmen dus snel herstellen met de juiste lifestyleveranderingen. Wanneer de darmen echter beschadigd zijn, is het wel raadzaam om aan de slag te gaan met een darmherstellend protocol. Dit kan bijvoorbeeld met een therapeut in een 1-op-1-sessie. Een beschadigde darm neemt minder voedingsstoffen op en zal sneller fysieke en mentale klachten ontwikkelen. Denk aan vermoeidheid, een kort lontje, hersenmist, een depressief gevoel, cognitieve achteruitgang, slecht slapen, migraine, obstipatie, diarree of een opgeblazen gevoel.

Opvallend genoeg neemt de hoeveelheid darmklachten niet alleen bij volwassenen, maar ook bij kinderen dramatisch toe. Hier zien we een duidelijk verband met de verandering van ons westerse voedingspatroon in de afgelopen 80 jaar. Vanaf het ontstaan van de mensheid tot zo'n 12.000 jaar geleden, kwamen we als mens alleen maar aan eten door te jagen en verzamelen. Onze voeding kwam altijd regelrecht uit de natuur. De komst van de landbouw veranderde veel. Zuivel en granen zoals rijst en tarwe werden gebruikelijke voeding voor ons. Ook de komst van de industriële revolutie zorgde voor een ongekende verandering. Steeds meer van ons eten wordt in massaproductie gemaakt en gaat achteruit in voedingswaarde. Je kunt daarom beter spreken van vulling dan van voeding. Maar liefst 70 procent van de voeding die een Nederlands kind tegenwoordig binnenkrijgt, is ongezond. Deze schrijnende situatie zorgt ervoor dat de gezondheid van de darmen en het brein van generatie op generatie afneemt. Dit draagt volgens experts bij aan de gelijktijdige opmars van allergieën en andere klachten. Denk aan voedselallergieën en -intoleranties, maar ook aan astma, eczeem en psychische klachten. Psychische klachten zien we steeds vaker bij kinderen op zeer jonge leeftijd. Dit baart me dan ook zeer veel zorgen voor de lange termijn. Het mooie is dat we het vandaag allemaal nog anders kunnen doen. Onze darmen herstellen snel en ons brein is flexibel en neuroplastisch, wat betekent dat het een leven lang kan veranderen. Het is dus nooit te laat om te starten met Brain Balance en Brain Food.

Een verstoord microbioom
In het begin van de negentiende eeuw werd ontdekt dat bacteriën ziektes kunnen verwekken. Hierdoor stonden ze al snel bekend als grote boosdoeners die vermeden moesten worden. Inmiddels weten we er veel meer over en dus ook dat er ook heel veel goede bacteriën zijn, die juist essentieel zijn voor het lichaam. Er leven gemiddeld meer dan 800 tot 1200 verschillende soorten bacteriën in onze darmen, die we allemaal nodig

> *'Hoe slechter je voor je darmen zorgt, hoe slechter je brein voor jou zal zorgen en hoe meer disbalans er ontstaat in je mentale welbevinden'*

hebben en die continu met elkaar aan het strijden zijn om jouw innerlijke balans te behouden. Verschillende lichaamsdelen bevatten een microbioom – een samenstelling van bacteriën – maar het microbioom in ons spijsverteringsstelsel is ronduit het grootste. Hoe meer verschillende bacteriën er in onze darmen wonen, hoe beter dat is voor onze gezondheid. Een verstoord microbioom kan dan ook heel schadelijk zijn. Er zijn bijvoorbeeld verbanden gevonden tussen de samenstelling van het microbioom en bepaalde aandoeningen zoals darmziekten en overgewicht. Dit zijn de symptomen van een verstoord microbioom:

- lage weerstand
- vermoeidheid
- slechte concentratie
- angstgevoelens
- depressieve gevoelens
- huidproblemen
- hoofdpijn
- hersenmist
- verminderd libido
- negatieve gedachten
- chronische verkoudheid
- keel-, neus- en oorproblemen
- eczeem
- allergieën

Het bijzondere van de bacteriën in het microbioom is dat ze zich aanpassen aan hun omgeving. Die omgeving bepaal jij zelf met de voeding die je eet. Darmbacteriën delen zich razendsnel en kunnen zich iedere 30 tot 40 minuten verdubbelen. De bacteriën die zichzelf vermenigvuldigen dankzij het voedsel dat jij eet, kunnen dus in razend tempo oververtegenwoordigd raken in je microbioom. De bacteriën die voedsel nodig hebben dat je minder vaak eet, zijn hier de dupe van. Zij zullen in steeds mindere mate aanwezig zijn, waardoor er in de darmen een disbalans ontstaat. Er is dan geen gezonde verhouding meer tussen verschillende bacteriesoorten. Het is schrijnend om te zien dat bepaalde bacteriesoorten zelfs helemaal aan het uitsterven zijn. Juist deze bacteriën delen zich door het eten van gezond voedsel en zijn nodig om gezond en in balans te blijven. Tegenwoordig zijn er mensen die nog maar 300 verschillende bacteriesoorten in hun darmen hebben. Je kunt je voorstellen dat dit gezondheidsproblemen oplevert.

Uit een interessant onderzoek komt naar voren dat arme kinderen in sloppenwijken, die minder bewerkte voeding eten en niet zoveel antibiotica krijgen als westerse kinderen, een veel sterker en diverser microbioom hebben dan hun westerse leeftijdsgenootjes. Uit ander onderzoek blijkt dat de Hadza-stam in Afrika een enorm divers en gezond microbioom heeft. Wat opvalt is dat deze mensen zo'n 100 tot 150 gram vezels per dag eten. Ter vergelijking: in Nederland adviseren wij voor vrouwen 30 gram en mannen 40 gram vezels per dag. In de praktijk komen de meeste Nederlanders niet eens aan een inname van 20 gram vezels per dag. Dat is ernstig, want vezels hebben we nodig om onze darmgezondheid te ondersteunen. Hierbij heb ik het niet over de vezels die je vindt in volkorenbrood, rijst of pasta, maar over de vezels die je haalt uit groenten en fruit. De gemiddelde Nederlander eet dagelijks hooguit 120 gram groente en 2 stuks fruit, wat veel te weinig is voor je brein en darmen. Niet voor niets adviseer ik in mijn Brain Food-boek een dagelijkse inname van 500 tot 800 gram groenten.

Disbalans in je darmflora
Onze darmflora bestaat uit aërobe bacteriën. Deze bacteriën leven in zuurstofrijke omstandigheden; ze eten de zuurstof in de darm als het ware weg. Daarnaast heb je anaërobe bacteriën, die niet kunnen overleven in een zuurstofrijk milieu. Tot slot heb je ook nog bacteriën die een beetje zuurstof nodig hebben of wel zonder kunnen, maar niet te lang. Een verdere verdeling valt te maken tussen residente flora en transiënte flora. Residente flora zijn de echte 'huisbewoners' van je darmen en onmisbaar voor de fysiologische processen die zich hierin afspelen. Deze noodzakelijke bacteriën worden ook wel de obligate bacteriën genoemd. Daarnaast zijn er de transiënte flora, de bacteriën die af en toe bij je op bezoek komen. Transiënte flora komen door middel van voeding bij je binnen, waardoor er altijd wel een heel kleine hoeveelheid in je darmen aanwezig is. De huisbewoners, de residente flora, hebben een barrièrefunctie en nemen deel aan de

stofwisseling van het darmslijmvlies. Voor opbouw en herstel van je darmcellen is veel energie nodig, die je eigen darmflora onder meer uit vetzuren produceert. Deze vetzuren verzorgen circa 40 procent van de energiebehoefte voor de epitheelcellen van de dikke darm.

Een goede balans in de darmflora is dus erg belangrijk, omdat deze belangrijke voedingsstoffen produceert en een cruciale rol speelt in het immuunsysteem. Een gezonde darmflora prikkelt het immuunsysteem om afweercellen tegen ziekteverwekkers aan te maken. Een darmflora die niet in balans is, komt helaas vaak voor. We spreken dan ook wel van een bacteriële dysbiose. Vaak zien we dan te veel ongezonde transiënte flora die te lang bij je blijven 'plakken' en te weinig gezonde huisbewoners in de vorm van residente flora. Deze disbalans kan bijvoorbeeld komen door het gebruik van antibiotica, overmatig suiker-, vet- en dierlijk eiwitgebruik, overmatig gebruik van alcohol, verteringsstoornissen (onvoldoende maagzuur, slechte galfunctie, slechte pancreasenzymenproductie), het eten van bedorven voedsel, stress en vele andere factoren. Bij een bacteriële dysbiose kunnen de verkeerde bacteriën schade aanrichten in de darmflora. Zij produceren afvalstoffen die schade veroorzaken aan de darmwand en bezorgen de lever daardoor ook extra werk. Ook geven deze bacteriën schadelijke enzymen af. Een van deze enzymen is bijvoorbeeld urease, wat ervoor zorgt dat ammoniak en bicarbonaat vrijkomen in het darmmilieu. Ammoniak is belastend voor de lever en bicarbonaat zorgt dat het darmmilieu minder zuur wordt. Dit laatste is gunstig voor slechte bacteriën en schimmels, maar minder gunstig voor de goede bacteriën.

De gifstoffen die de verkeerde bacteriën produceren (exotoxinen) lekken door de darmwand heen. Dit staat ook wel bekend als een *leaky gut* of lekkende darm. Deze gifstoffen moet de lever naast zijn andere werk zien te verwerken en af te voeren. Hierbij komen vrije radicalen (agressieve stoffen die cellen en weefsels kunnen beschadigen) vrij en komt de gal vol met gifstoffen. Dat geeft weer schade aan de pancreas (alvleesklier) en veroorzaakt een te grote doordringbaarheid (hyperpermeabiliteit) van de darm. Hoe doordringbaarder de darm wordt, hoe vaker het immuunsysteem een ontstekingsreactie veroorzaakt. Deze ontstekingen kosten het lichaam veel energie en kunnen ook andere weefsels beschadigen. Hierdoor kunnen er problemen ontstaan met de bloedvaten, organen, huid, longen, hersenen en darmen.

Bloed-hersenbarrière en leaky gut
Een enorm belangrijk vangnet van de hersenen is de bloed-hersenbarrière. Zie het als een poort met poortwachters, die bepalen welke voedingsstoffen wel of niet binnenkomen. De bloed-hersenbarrière is bijvoorbeeld ingesteld om vitaminen, mineralen, water, neurotransmitters, zuurstof, antioxidanten, sporenelementen en hormonen op te

> *'Depressie, ADHD, autisme, cognitieve klachten, angsten en burn-outklachten kunnen allemaal een teken zijn van verstoorde darmen'*

nemen. Toxinen en ziektekiemen daarentegen worden juist buiten de deur gehouden. Onze voeding is ten opzichte van vroeger echter dusdanig veranderd, dat dit eeuwenoude beschermingssysteem niet meer optimaal voor ons functioneert. Onze bloed-hersenbarrière herkent eenvoudigweg niet alle stofjes, omdat veel ervan nieuw en onbekend zijn. Het gevolg is dat deze stofjes aan de poort niet worden tegengehouden en ongehinderd het brein kunnen binnendringen. Wanneer dit te vaak en te veel gebeurt, kan dit leiden tot beschadigingen, neuro-ontstekingen en achteruitgang in cognitieve functies. Ook worden toxinen moeilijker afgevoerd, communiceren neuronen niet meer normaal en komt de aanmaak van gelukshormonen in de knel. Uiteindelijk treedt er in je brein dan oxidatieve stress op, met als gevolg ontstekingen van je cellen. Dit is de oorzaak van enorm veel mentale ziektebeelden. Gevaren voor onze bloed-hersenbarrière zijn onder meer stress, antibiotica, toxinen, insulineresistentie of diabetes, slaaptekort, hoge bloeddruk, vaatziekte en een lekkende darm.

Een lekkende darm of leaky gut kan ontstaan onder invloed van te veel gifstoffen, vrije radicalen, hevige stress, bewerkte voeding, suikerrijk voedsel, een ongezonde lifestyle en alcohol- of medicijngebruik. Kleine of laaggradige ontstekingen in de darm tasten het darmslijmvlies aan, waardoor alle stoffen (niet alleen de gezonde) worden doorgelaten naar de hersenen. Je immuunsysteem reageert hierop met signalen als allergieën en voedselintoleranties. Zo zijn er bijvoorbeeld steeds meer mensen die niet tegen gluten of lactose kunnen. Dit wordt in veel gevallen veroorzaakt door beschadigde darmen. Het herstellen van de darmen kan op termijn dus ook deze symptomen verlichten. Helaas wordt er in de geneeskunde vaak überhaupt niet naar de oorzaak gekeken, waardoor ook het onderliggende probleem niet volledig wordt opgelost.

Een leaky gut maakt ook de opname van het darmoppervlak vele malen kleiner. Hierdoor worden er nog minder voedingsstoffen opgenomen en ontstaat er snel een

tekort aan mineralen en vitaminen. Een leaky gut heeft waarschijnlijk ook weer invloed op de werking van de bloed-hersenbarrière. Als die barrière slecht functioneert, spreken we ook wel van een *leaky brain*. Je brein krijgt dan veel meer gevaarlijke stoffen binnen dan waar het op berekend is. Op dit moment wordt er nog enorm veel onderzoek verricht naar de invloed van een niet goed functionerende darmwand en bloed-hersenbarrière. De komende jaren zal naar verwachting steeds meer over dit onderwerp bekend worden.

Hoe staat het met jouw poep?
Ontlasting, het woord zegt het al, ontlast je systeem. Het kan dan ook letterlijk als een opluchting voelen als je naar het toilet bent geweest. Idealiter doe je dit 1 keer per dag en als je ontspannen bent misschien zelfs 2 keer per dag. Poep jij minder vaak dan dat? Dit is een signaal dat jouw darmen even niet zo lekker in hun vel zitten. Dit kan komen door stress, een slaaptekort, te weinig beweging of de verkeerde voedingsstoffen.

Kijk je daarnaast weleens naar jouw poep? De geur, kleur of vorm hiervan zegt veel over jouw gezondheid. Dit is waar je op kunt letten:

Sigaar- of chocoladekleurig: dit is een gezonde kleur ontlasting.

Zwart: dit kan duiden op een bloeding aan het begin van het spijsverteringsstelsel, bijvoorbeeld aan de maag of slokdarm. Vaak is dit een gevolg van zweren of ontstekingen. Ook kan zwarte ontlasting wijzen op een te veel aan ijzer of te een hoge alcoholconsumptie.

Wit of lichtbruin: dit wijst vaak op een tekort aan gal. De galproductie kan verstoord zijn door het eten van te veel vet of door een galsteen. In zeldzame gevallen kan het wijzen op hepatitis of een probleem met de alvleesklier.

Grijs: ook grijze ontlasting kan wijzen op een tekort aan gal, of gisting van de voedselbrij.

Geel: gele poep kan een signaal zijn van de parasiet *giardia*. Ook kan het zijn dat je een galblaasprobleem hebt of dat eten niet goed genoeg verteerd wordt, omdat het te snel door de darmen gaat. In zeldzame gevallen kan gele poep wijzen op het Syndroom van Gilbert, wat inhoudt dat bepaalde enzymen in de lever niet goed werken.

Rood: helderrode poep kan een gevolg zijn van wat je hebt gegeten, zoals bietjes. Maar als het aan blijft houden, kan het ook wijzen op aambeien, poliepen, kanker of een anale fissuur. In al deze gevallen is het zeer belangrijk dat je een dokter bezoekt.

Groen: je poep kan groen uitslaan door bepaalde voeding zoals spinazie of spirulina, maar er kan ook een te veel aan gal in je darmen zijn.

Witte puntjes of streepjes: dit kan duiden op wormpjes, dit komt vooral voor bij kinderen.

Onverteerde voedselresten: dit is vaak een kwestie van slecht kauwen. We horen minimaal 25 keer op een hap voedsel te kauwen voordat we deze doorslikken. Is dat niet het probleem? Dan kan dit wijzen op stoornissen rond de spijsvertering of een bacteriële dysbiose (disbalans in het microbioom).

Drijven: als je poep drijft, zit er vaak te veel vet in. Dit is een teken dat de gal of de pancreas (alvleesklier) niet optimaal functioneert.

Plakken: als je poep plakt (dit zie je als je vaak met de toiletborstel aan de gang moet), dan is de vetvertering niet optimaal. De alvleesklier kan dan onvoldoende lipase aanmaken. Als gevolg hiervan kun je ook de in vet oplosbare vitamines A, D, E en K minder goed opnemen.

Stinken: poep hoeft niet geurloos te zijn. Maar als het enorm stinkt, dan is je microbioom niet optimaal of je voeding past niet goed bij jouw microbioom. Vooral eiwitten kunnen voor zwavelgeuren zorgen. Een rotte-eierenlucht wijst op een probleem in de eiwitvertering. Een zure lucht heeft daarentegen met de koolhydraatvertering te maken.

'Bij de perfecte drol hoef je eigenlijk geen wc-papier te gebruiken. Er blijft dan niks hangen aan de pot en je wc-borstel blijft dus ongebruikt'

Slijmerig: slijmerige poep kan ontstaan door een ontstoken darmwand. Dit komt veel voor bij mensen met de ziekte van Crohn, colitis ulcerosa of darmkanker.

Winderigheid: we laten zo'n veertien tot twintig (geurloze) winden per dag, dat is normaal. Als je veel last hebt van winderigheid of als je winden heel erg stinken, dan duidt dat op een probleem in je voedingspatroon. Jouw darmen weten geen raad met bijvoorbeeld een teveel aan koolhydraten of eiwitten. Het kan ook dat je te weinig spijsverteringsenzymen aanmaakt als gevolg van een weinig gevarieerd en ongezond dieet.

Obstipatie: veel mensen hebben hier last van, met name omdat we te veel bewerkt voedsel eten, te weinig bewegen en te weinig water drinken. 3 of minder keer per week poepen kan schadelijk zijn voor de gezondheid. Je ontlasting bevat namelijk gifstoffen die het lichaam uit moeten. Gebeurt dit niet, dan nemen je darmen deze gifstoffen weer op, met als gevolg dufheid, hoofdpijn en huidproblemen. Obstipatie kan ook een gevolg zijn van een trage schildklier.

Diarree: andere mensen hebben juist last van chronische diarree. Dit is vaak een gevolg van onontdekte voedselintoleranties. Ook kan dit gebeuren wanneer je te veel water drinkt, veel stress hebt of bepaalde medicijnen slikt die diarree veroorzaken.

De BRISTOL stoelgangschaal

Als je dagelijks diarree hebt, is dat een duidelijk signaal dat er iets niet helemaal goed gaat. Maar er zijn ook meer subtiele signalen in jouw ontlasting die je wat over je gezondheid kunnen vertellen. Hier kan het gebruik van de BRISTOL stoelgangschaal je bij helpen. De beste ontlasting die je kunt hebben, is die van type 3 of 4.

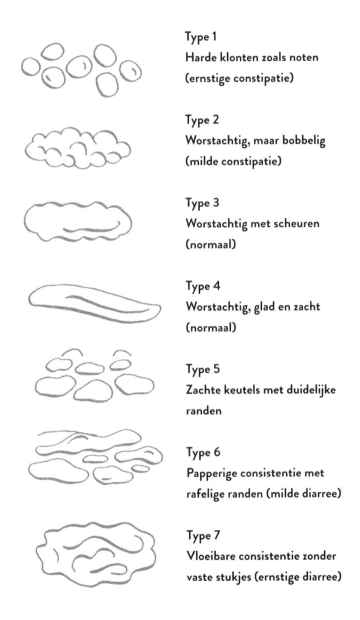

Type 1
Harde klonten zoals noten
(ernstige constipatie)

Type 2
Worstachtig, maar bobbelig
(milde constipatie)

Type 3
Worstachtig met scheuren
(normaal)

Type 4
Worstachtig, glad en zacht
(normaal)

Type 5
Zachte keutels met duidelijke randen

Type 6
Papperige consistentie met rafelige randen (milde diarree)

Type 7
Vloeibare consistentie zonder vaste stukjes (ernstige diarree)

HET PRIKKELBAREDARMSYNDROOM

Steeds meer mensen hebben tegenwoordig last van de fysieke klachten uit het vorige hoofdstuk. Denk hierbij onder meer aan obstipatie, diarree, buikpijn of een opgeblazen gevoel, maar ook aan vermoeidheid, misselijkheid, winderigheid en problemen met de ontlasting. Veel van deze klachten vallen onder een aandoening die bekendstaat als het prikkelbaredarmsyndroom (PDS). PDS is een verstoring in het maag-darmkanaal, met name in de dikke darm. Naar schatting komt PDS maar liefst bij 10 procent van alle Nederlanders voor. Er zijn steeds meer aanwijzingen dat de oorzaak van PDS ligt in een verstoorde communicatie tussen de darmen en het brein. Door deze verstoring sturen de darmen te veel en te stevige signalen naar de hersenen en andersom. Dit is de reden dat mensen met PDS vaak pijn in hun buik hebben. De zenuwcellen in de darmen geven dan te vaak onnodige pijnprikkels door naar de hersenen.

Hoe deze verstoring in de communicatie ontstaat, is nog niet helemaal bekend. Wel is er een sterk vermoeden dat het te maken heeft met serotonine, de neurotransmitter die voor 90 procent in de darmen wordt aangemaakt. Serotonine speelt een belangrijke rol in de communicatie tussen onze darmen en hersenen. Ook reguleert dit 'gelukshormoon' onder andere onze stemming, eetlust, stressniveau en de beweging van voedsel door de darmen. Dit verklaart waarom je bij stress last kunt krijgen van overactieve darmen. In onderzoek is al bewezen dat medicijnen die de activiteit van serotonine verhogen, zoals antidepressiva, de klachten van PDS kunnen verminderen. Vanwege de vele negatieve bijwerkingen komen mensen met PDS echter niet zomaar in aanmerking voor antidepressiva. Uit ander onderzoek blijkt dat mensen die probiotica slikken om PDS-klachten te verminderen, ook minder last hebben van angstaanvallen en negatieve gedachten. Voor zover in de wetenschap bekend, is PDS een chronisch syndroom en dus niet volledig te verhelpen. Wel zijn de klachten sterk te verminderen door het darmmicrobioom te verbeteren. Een gezond microbioom betekent een gezond darmslijmvlies, wat bijdraagt aan bescherming van het enterische zenuwstelsel tegen irritatie en schade. Dit heeft weer positieve gevolgen voor de communicatie tussen de darmen en het brein.

Preventie versus medicijnen
Als ik kijk naar de beschikbare kennis en naar de ervaringen van veel mensen, geloof ik dat 80 procent van alle klachten zonder medicijnen te verhelpen is. Maar het is nog veel makkelijker om ze te voorkomen. Helaas zijn we onszelf tegenwoordig zo kwijtgeraakt, dat we niet meer weten hoe we voor onszelf moeten zorgen. We zijn vooral bezig met presteren, succesvol zijn en geld verdienen.

We zijn geneigd om pas voor onszelf te gaan zorgen wanneer het misgaat. Vaak heeft het probleem zich dan al tot in een verder stadium ontwikkeld, zoals een burn-out of een depressie. Hierdoor duurt de weg naar herstel vele malen langer en lijkt er soms geen einde aan de klachten te komen. Maar stel je nu eens voor dat jouw brein en lichaam er voor jou zijn en jou een signaal willen geven zodat je anders gaat kijken naar je leven. En stel je eens voor dat een burn-out of depressie juist het begin zijn van iets nieuws, van ontelbare mogelijkheden in een wereld vol kansen die aan je voeten ligt. Heb je dan nog het gevoel dat de deur dicht is voor je en dat je zelf niets kunt veranderen aan je klachten? Zoals ik in het hoofdstuk over de labelmaatschappij heb uitgelegd, geloof ik dat labels en diagnoses in ons brein soms belemmerend kunnen werken. Er ontstaat dan een breinprogrammering dat dit label de waarheid is en dat je zelf niets kunt doen om dit te veranderen. In mijn ogen zijn er dan ook twee mogelijke reacties op een diagnose:

1. Je accepteert het label als de waarheid en jouw identiteit. Je gaat hierdoor bij de pakken neerzitten en gaat leren leven met het label.
2. Je ziet het label als een toffe uitdaging om mee aan de slag te gaan. Je wilt ontdekken wat je voor jezelf kunt halen uit de diagnose en krijgt hier energie van. Het label zal je hierdoor niet belemmeren, maar juist vooruithelpen.

De twee opties hierboven kun je ook wel scharen onder respectievelijk een *fixed* mindset en *growth* mindset. Je mindset bepaalt niet alleen hoe je met een label omgaat, maar ook met uitdagingen of stressvolle momenten. Hierdoor beïnvloedt jouw mindset sterk hoe snel jouw brein processen verwerkt en wel of niet overprikkeld raakt.
Ieder mens heeft zijn of haar eigen levensverhaal, met alle uitdagingen die daarbij horen. Deze uitdagingen kunnen je ervan weerhouden om te leven vanuit een diepe connectie met jezelf. Het is daarom geweldig om te weten dat je, ongeacht waar je je nu bevindt in het leven, je eigen breinprogrammering altijd kunt herschrijven. Je bent geen slachtoffer van de omstandigheden, het leven is er voor jou en niet tegen jou. Klachten zoals PDS zijn er om jou bewust te maken van een innerlijke disbalans. Zodra je deze balans herstelt, zullen ook je klachten sneller dan verwacht verdwijnen.

'Wat me het meest verbaast bij de westerse mens, is dat hij zijn gezondheid opoffert om veel geld te verdienen. Vervolgens offert hij het geld weer op om zijn gezondheid te herstellen. En dan is hij weer zo bezorgd over de toekomst, dat hij niet geniet van het heden, met als gevolg dat hij niet in het heden maar ook niet in de toekomst leeft. Hij leeft alsof hij nooit zal sterven en sterft terwijl hij nooit geleefd heeft'

DALAI LAMA

NATURE VERSUS NURTURE

Al decennialang is er in de wetenschap discussie over hoe de mens vanaf de conceptie wordt gevormd. Zijn het vooral onze genen of is het vooral onze opvoeding die bepaalt wie we zijn? Dit debat staat ook wel bekend als het nature-nurturedebat of aanleg-opvoedingsdebat. Hieronder licht ik beide standpunten – zowel nature als nurture – nader toe.

Nature: dit is je aanleg, het genetisch materiaal waarmee je bent geboren of de breinprogrammering die vanuit eerdere generaties aan jouw cellen is doorgegeven. Wetenschappers zien nature ook wel als de invloed van genetische informatie zoals die is vastgelegd in geërfde DNA-codes. Subtiele variaties in DNA kunnen veranderingen in eiwitexpressie en functie veroorzaken. Die komen uiteindelijk weer tot uiting in fysieke en fysiologische eigenschappen van het individu. Nature wordt als begrip vaak geassocieerd met de evolutietheorie van Charles Darwin. Die stelt dat de voordeligste eigenschappen in de evolutie van onze soort prevaleren. Dit staat ook wel bekend als *survival of the fittest*.

Nurture: dit is wat je meekrijgt vanuit je omgeving en opvoeding. Vooral de eerste 8 jaar in het leven zijn enorm bepalend voor de programmering van je brein en lichaam. Niet alleen je ouders of opvoeders spelen hierin een belangrijke rol, maar ook de school waar je naartoe gaat, de omgeving waarin je opgroeit, je grootouders, vriendjes en vriendinnetjes. Dit geldt ook voor andere factoren zoals je lifestyle, voeding, toxinebelasting en stressniveau. Lange tijd werd gedacht dat omgeving geen invloed zou hebben op jouw genen en ontwikkeling als mens. Inmiddels is dit achterhaald en weten we vanuit de epigenetica dat dit totaal anders is. Omgevingsfactoren hebben namelijk een aantoonbaar effect op de genregulatie. Hierbij gaat het onder andere om methylering van het DNA, waarbij enzymen en eiwitten betrokken zijn. We kunnen dus door epigenetische veranderingen onze genen beïnvloeden. Daarover lees je hieronder meer.

Kennis uit de epigenetica
Al lange tijd ben ik gefascineerd door de wijze waarop ons brein en lichaam zichzelf gezond willen houden. We zijn een soort biochemische fabriek die hier volledig op is ingesteld. Hierbij trok de epigenetica een aantal jaar geleden mijn aandacht. Deze jonge wetenschap geeft enorm veel inzichten over de manier waarop we leven, wat we eten en de keuzes die we maken. Deze zaken hebben allemaal invloed op hoe gezond we zijn en geven ons daarmee veel meer grip op onze eigen gezondheid dan vaak wordt gedacht.

Nog niet zo lang geleden werd aangenomen dat je het je hele leven moet doen met de genen waarmee je geboren wordt. Inmiddels laten nieuwe wetenschappelijke inzichten zien dat we met omgevingsfactoren onze genen en de activatie hiervan kunnen beïnvloeden. Dit zit hem vooral in onze lifestyle in de breedste zin van het woord. Denk aan je kwaliteit van slaap, inname van voedingsstoffen, stress, beweging en mindset. Al deze lifestylefactoren kunnen bepaalde genen aanzetten of juist uitzetten. De meeste genen, naar schatting tussen de 75 procent en 85 procent, worden in- en uitgeschakeld door signalen uit onze omgeving. Hieronder vallen ook je gedachten, overtuigingen en emoties. Zo kun je door de verkeerde lifestyle en breinprogrammatie als het ware 'vervuilde genen' ontwikkelen.

Een goed voorbeeld hiervan is wanneer er in jouw familie al generatieslang sprake is van enorm veel stress. Dit wordt dan doorgegeven aan jouw genen, die zich erop voorbereiden dat jij in een stressvolle omgeving geboren wordt. Hierdoor worden je mentale en fysieke stresssysteem sneller geactiveerd en kan het voelen alsof je altijd 'aanstaat'. Je bent dan kwetsbaarder voor een overprikkeld brein. Vanuit deze context kan het dan ook interessant zijn om jouw familiehistorie in kaart te brengen. Dat begint al bij je ouders, die je kunt vragen naar stressvolle momenten uit hun leven. Houd er hierbij wel rekening mee dat je ouders zich iets als een stressvolle zwangerschap niet altijd precies kunnen herinneren of hier met een andere blik naar kijken. Naarmate de jaren vorderen, kleurt het brein namelijk onze perceptie en ervaringen. Makkelijker in kaart te brengen zijn vaak levensveranderende gebeurtenissen zoals een auto-ongeluk, verlies van een dierbare, scheiding en ga zo maar door.

'Je genen bepalen je lot niet'

DR. BEN LYNCH

Verschillende onderzoeken laten zien dat veranderingen in voeding en leefmilieu van grote invloed zijn op ons epigenoom. Dit is het besturingssysteem van het DNA, dat genen in cellen en weefsels aan- en uitzet. Zo is bijvoorbeeld duidelijk dat voedingsstoffentekorten bij muizen zorgen voor veranderingen in DNA, die kunnen leiden tot obesitas, kanker of diabetes. Daarnaast worden aan voeding veel breingerelateerde ziektebeelden toegeschreven, die verder kunnen verergeren door omgevingsinvloeden zoals toxinebelasting. Verderop in dit boek vertel ik je wat je kunt doen om je blootstelling aan toxinen te minimaliseren.

Symptomen van vervuilde genen
In het boek *Dirty Genes* vertelt Dr. Ben Lynch hoe vervuilde genen kunnen leiden tot verschillende soorten ziekten:

Brein en gemoedstoestand
- ADD/ADHD
- angststoornis
- hersenmist
- depressie
- vermoeidheid
- slapeloosheid
- prikkelbaarheid
- geheugenproblemen

Kanker
- borstkanker
- eierstokkanker
- maagkanker

Hart- en vaatziekte
- hartziekte
- atherosclerose
- hoge bloeddruk
- beroerte
- verhoogd triglycerideniveau

Vrouwelijke hormonen
- problemen met menopauze
- problemen met menstruatie
- migraine tijdens menstruatie
- PMS (premenstrueel syndroom)

Vruchtbaarheid en zwangerschap
- moeilijk zwanger worden
- problemen met het voldragen van de zwangerschap
- verhoogd risico op geboorteafwijkingen

Klieren en organen
- leververvetting en andere vormen van leverdisfunctie
- galstenen
- bacteriële overgroei (SIBO)
- schildklierdisfunctie

Stofwisseling
- hevige trek, met name in zoetigheid en koolhydraatrijke voedingsmiddelen
- obesitas en gewichtstoename

Ik geloof dat zowel nature als nurture beïnvloeden wie we op dit moment in het leven zijn en in hoeverre ons brein overprikkeld raakt. Uit het hoofdstuk over early life stress blijkt wel dat we niet als onbeschreven blad worden geboren. De stress van onze ouders en zelfs overgrootouders heeft invloed op de ontwikkeling van het microbioom en immuunsysteem dat we genetisch krijgen doorgegeven. Zo zijn nature en nurture onlosmakelijk met elkaar verbonden en hebben wij onze breingezondheid grotendeels zelf in handen met de lifestylekeuzes die we maken.

GELUK IN DE MAATSCHAPPIJ OF IN JEZELF VINDEN

Het lijkt wel of iedereen tegenwoordig op zoek is naar geluk. Is dit streven iets wat in ons zit of is het iets van de moderne mens en maatschappij? Het gekke is dat onze handelingen vaak niet bijdragen aan onze zoektocht naar geluk. We zijn chronisch druk, eten voeding die ons ongelukkig maakt, belasten ons brein met negatieve informatie en zijn vooral heel erg extern gericht. Hierdoor verliezen we de connectie met onszelf, belanden we in toxische relaties en ontbreekt het aan een doel in ons leven. Geleidelijk komen we hierdoor vast te zitten in een neerwaartse spiraal die ons brein geen geluk, maar precies het tegenovergestelde brengt. Het brein hanteert over het algemeen 2 strategieën om geluk te vinden:

- Een strategie die gericht is op 'meer'. Het draait hierbij vooral om het toevoegen van externe zaken die je meer welzijn en geluk zouden moeten brengen. Denk aan een nieuwe auto, baan of huis. Maar in hoeverre brengen deze dingen ons echt geluk? En is dit geluk dan duurzaam of van korte duur? Het brein, dat evolutionair is ingericht op schaarste, zal in een ongezonde omgeving zonder de juiste aansturing altijd kiezen voor de 'meer'-strategie.
- Een strategie die gericht is op 'genoeg'. Het draait hierbij vooral om de tevredenheid die je intern in jezelf kunt vinden. Pas wanneer je content bent over je eigen leven, vind je je ware geluk. Je bent dan niet meer afhankelijk van externe zaken voor je geluk en balans.

In de huidige maatschappij zijn steeds meer mensen ontevreden. Over hun leven, maar ook over zichzelf. Bij een ontevreden gevoel zal het brein geneigd zijn om de 'meer'-strategie in te zetten. Het zoekt dan opvulling in iets externs om de leegte die je ervaart maar niet te hoeven voelen. Door onze lifestyle wordt het bovendien steeds lastiger om aandacht op onze interne processen te leggen. In plaats van met onze binnenwereld zijn we meer bezig met de buitenwereld, waardoor we continu extern gericht zijn, stresshormonen aanmaken en onze zintuigen in een modus van alertheid blijven. Het zijn de zintuigen die ons aansluiten op de externe wereld en daarmee onze ervaring van de realiteit bepalen. Wanneer we onze realiteit vooral vanuit de extern gerichte zintuigen ontwikkelen, worden we afgesneden van onze innerlijke belevingswereld en worden we steeds meer materialisten. Dit leidt tot de materialistische 'meer'-strategie die ons niet dichter bij geluk brengt, maar er juist verder van af.

Om vanuit deze staat weer naar binnen te keren en onze innerlijke connectie te hervinden, is kracht, inspanning en aandacht nodig. We zullen moeten breken met patronen en gewoonten (lees: onze breinprogrammatie) om los te komen uit het maatschappelijke stramien dat ons in zijn greep houdt. Dat is best lastig, want ergens zijn we verslaafd aan de stresshormonen die we continu aanmaken en die ons een tijdelijke *rush* van energie geven. Hierdoor blijven we doen wat we deden en blijven we krijgen wat we kregen.

Als jij dit boek leest, is de kans groot dat jij je tot op zekere hoogte reeds bewust bent van deze processen. Dat je aanvoelt dat de constante focus op een externe en toxische wereld niet goed voor je is en dat je hier iets in moet veranderen. Stel jezelf daarom eens de volgende vraag: welke van de twee eerder genoemde geluksstrategieën kies jij vanaf nu? Wil je afhankelijk zijn van andere dingen of mensen om geluk te kunnen ervaren? Of ga je voor innerlijk geluk, dat je altijd bij je draagt en dat altijd voor je beschikbaar is? In level 3 van het boek vertel ik meer over hoe je deze laatste vorm van geluk kunt bereiken.

De hunkering naar meer

Als ik dit presteer, dan krijg ik erkenning… Als ik dit heb bereikt, dan ben ik een ander mens… Als ik deze carrièremove maak, dan ben ik gelukkig… Het zijn zomaar enkele voorbeelden van gedachten die we dagelijks kunnen ervaren. Uit deze gedachten en uit de gesprekken die ik hierover met tal van mensen heb gevoerd, blijkt altijd een hunkering naar meer. Mensen met een geweldige opleiding, leuke vriendengroep, perfecte baan, gedroomde relatie of ideaal gezinsleven blijven ondanks dit alles vaak een leegte voelen. Ze missen zin en betekenis in een leven dat ondanks materiële rijkdom geen vervulling schenkt. Misschien herken jij dit gevoel ook wel uit je eigen leven. Het gevoel alsof je een ladder van vervulling beklimt, waar iedere keer weer een nieuwe trede bij komt. Uiteindelijk blijkt de ladder zo lang dat het einde nauwelijks nog in zicht is. Vaak is dit het punt waarop je verstrikt raakt in het nastreven van materialistische doelen in je leven. Dit levert je alleen maar stress op, waardoor je nog meer extern gerichte en materialistische keuzes gaat maken en in toenemende mate angstgevoelens gaat ervaren. De angst dat het niet goed genoeg is, dat je nooit gaat bereiken wat je zoekt. Dit kan zorgen dat je je toevlucht zoekt in nog meer verslavend gedrag en je brein, darmen en nervus vagus volledig overbelast raken.

Stress lijkt in dit opzicht vaak voort te komen uit het niet kunnen bereiken wat je graag wilt. Hierdoor kun je emoties zoals frustratie ervaren, waardoor je vaster komt te zitten in je huidige patronen en je onbewust minder openstaat voor nieuwe ervaringen en inzichten. Met de stressgevoelens ontwikkelen zich ook duidelijke fysieke klachten, zoals kaakspanning, knarsetanden, gespannen schouders, rugklachten, darmklachten, paniekaanvallen, negatieve gedachten, piekeren, een drukkend gevoel op de borst, een gevoel van uitputting, kortademigheid en een gevoel van algehele leegte. Kortom: stress houdt je in de greep en kan leiden tot complete fysieke en mentale uitputting.

Het is deze gestreste toestand die ons in een modus brengt van meer, meer, meer en hebben, hebben, hebben. We willen presteren en daarvoor beloond worden met de aanmaak van neurotransmitters en hormonen. Hierbij zijn twee gebieden in het brein betrokken: de insula en het striatum. Deze gebieden helpen ons om in de actiestand te komen en iets te bereiken. Wanneer ze echter te veel geactiveerd worden, ontstaat er een neerwaartse spiraal van herhalende activiteit. In de praktijk vertaalt zich dit naar gevoelens van onrust, ontevredenheid, wanhoop, onzekerheid, verlangen en een gebrek aan controle. Hierdoor is het nooit genoeg en heb je altijd meer nodig om je voor even gelukkig te kunnen voelen. De hunkering naar meer die misschien ook jij ervaart, is dus te herleiden naar de insula, het striatum en de neurale netwerken die in deze hersendelen geactiveerd zijn.

De tegenhanger van stress en het antwoord op de leegte die we voelen, is ontspanning. Alleen vanuit ontspanning kunnen we de innerlijke connectie met onszelf hervinden en ware zingeving vinden in het leven. Materiële doelstellingen geven uiteindelijk geen structurele voldoening en dragen niet bij aan verbinding. Wat voor het brein échte betekenis heeft, is wanneer jij je inzet voor iets groters dan jezelf. Uiteindelijk is dit een keuze die jij alleen zelf kunt maken. Kies jij voor je innerlijke processen? Of laat jij je drijven door materialistische keuzes, die je onderaan de streep geen voldoening geven en je doen afvragen: is dit alles in het leven?

HET VERHAAL VAN MART

De ervaring van Mart is een goed voorbeeld van de manier waarop onze breinstrategie tegen ons kan werken:

Mart kwam bij me in de praktijk voor 1-op-1-coaching. Hij liep vast in zijn leven, voelde zich niet happy meer en zocht naar een mogelijkheid om zichzelf weer te hervinden. Mart voelde dat hij in het leven dingen deed die hem geen vervulling brachten. Hij had een goedbetaalde baan met voldoende groeikansen, maar wilde net als zijn vrienden een eigen onderneming. Als dit hem lukte, zou alles beter worden. Hij zou dan een ander mens zijn, gelukkiger, ontspanner en gezelliger voor zijn gezin. Ook zou hij dan meer geld verdienen en hierdoor een groter huis met een grotere tuin kunnen betalen. Mart was getrouwd, had 2 kinderen en een fijne vrouw. Toch kwamen er in het huwelijk steeds meer scheurtjes. Ruzie, conflicten en discussies waren het nieuwe normaal geworden in zijn relatie. De reden hiervoor was hem onduidelijk. Waar waren zijn partner en hij de connectie met elkaar kwijtgeraakt?

In het gesprek werd me al snel duidelijk dat Mart verstrikt was geraakt in het nastreven van meer, meer, meer. Ik vroeg hem hoe hij omging met druk en stress en of hij zijn gemiddelde dag eens met me wilde delen. Hieruit bleek dat hij 's ochtends direct na het wakker worden steevast naar zijn telefoon greep om de bitcoinkoers te bekijken. Was de koers gestegen, dan was hij vrolijk en had hij zin in de dag. Was de koers licht gedaald, dan was hij boos en gedroeg hij zich kortaf.

Hoewel zijn vrouw hem al diverse malen had gezegd dat hij beter met het investeren in bitcoin kon stoppen, wilde hij winnen en ging hij door. Dit leidde in de relatie vaak tot discussies terwijl de dag nog maar net was begonnen. Mart ging hierdoor met een slecht gevoel naar zijn werk, waar hij enorm veel deadlines had en terugviel op koffie en Snickers-repen om de moeheid niet te voelen. Als afleiding scrolde hij ondertussen over nieuws- en voetbalwebsites.

Aan het einde van de dag voelde Mart zich vaak opgejaagd. Zijn ademhaling drukte op zijn borst en hij had het idee zich zo nu en dan ook wat duizelig te voelen. Eenmaal weer thuis snakte hij naar ontspanning, maar daar wachtte zijn gezin op hem en praatten zijn twee kinderen hem de oren van zijn hoofd. Zonder dat hij het zelf doorhad, snauwde Mart zijn kinderen af en gedroeg hij zich boos en geïrriteerd. De kinderen schrokken hiervan en zijn vrouw werd boos op hem. Dit maakte Mart weer woest, want was er dan helemaal niemand die hem begreep? Kwam er dan nooit een einde aan de situatie waarin hij verkeerde, waarin iedereen wat van hem nodig had? Woedend schonk hij 's avonds een glas wijn in, zodat hij even kon ontspannen en rustiger kon ademhalen. Maar wat bleef hangen, was de teleurstelling in zijn vrouw en de hele situatie. Later op de avond kreeg Mart weer ruzie met zijn vrouw en verloor hij zijn geduld. Na een aantal glazen wijn werd zijn gedrag steeds agressiever, waardoor zijn vrouw op het punt stond om bij hem weg te gaan. Dit alles was volgens Mart te wijten aan zijn werk. Wanneer hij eindelijk zijn eigen onderneming zou hebben, zou alles anders worden, zo vertelde hij mij met tranen in zijn ogen. Met de handen in het haar vroeg hij me wat hij nu moest doen. Samen gingen we aan de slag met het analyseren van zijn verslavende gedrag. Dit gedrag was simpelweg het resultaat van een verkeerde breinstrategie en -programmering, die desastreuze gevolgen had voor zijn leven.

Ik deel het verhaal van Mart met je, zodat je ziet hoe een verkeerde breinstrategie en gewoonten kunnen leiden tot een vicieuze cirkel van overprikkeling. In grafiek 1 zie je wat je er precies bij Mart gebeurt.

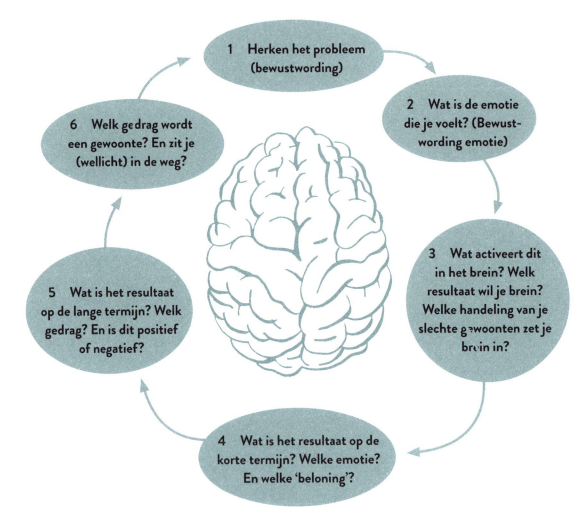

De dagelijkse breinstrategie van Mart

Bitcoins
Herkenning: verslavend gedrag rondom bitcoins
Emotie: zichzelf slecht voelen of goed voelen
Resultaat: het brein wil meer van dat wat goed voelt. Als het zich slecht voelt, zoekt het wat anders om zich goed te voelen
Herkenning: verslavend gedrag in de vorm van scrollen op internet en voetbalsites bekijken als afleiding voor het slechte gevoel
Emotie: zichzelf slecht en een lapzwans voelen
Resultaat: korte piek van dopamine, waardoor het gedrag in stand gehouden wordt
Emotie: zich hierna nog slechter voelen

Stress van de dag
Herkenning: de stress die Mart wil loslaten
Emotie: het opgejaagde en onrustige gevoel
Handeling: een glas wijn drinken
Resultaat op korte termijn: een ontspannener gevoel op dat moment
Resultaat op lange termijn: verslavend gedrag rondom wijn drinken, wat zorgt voor interne stress, disconnectie met jezelf, waardoor we een kort lontje krijgen, extern gericht zijn en zoeken naar externe vervulling om dit gevoel weg te krijgen, wijn drinken, omdat dit de enige manier is om nog te ontspannen en de vervulling geeft die we zoeken.

Wat wordt jouw verhaal?

Zoals je ziet in het verhaal van Mart, is het voor het brein niet moeilijk om op het verkeerde spoor te belanden. Wanneer je breinprogrammatie volledig is gericht op presteren – gebaseerd op de onjuiste aanname dat je hierdoor een fijner persoon met een leuker leven zult worden – raak je de connectie met jezelf en de mensen om je heen steeds verder kwijt. Door samen met Mart zijn breinstrategieën te analyseren, kreeg hij steeds meer inzicht in zijn eigen programmering en de keuzes die hij hierdoor maakte.

Na een half jaar met iedere drie weken een coachingsessie, zat er op kantoor een totaal andere man voor me. Hij had zijn oude baan ingewisseld voor een functie die hij echt leuk vond, in een atelier waarin hij een kunstenaar ondersteunde en marketingactiviteiten en evenementen organiseerde. Daarnaast zette hij zich in voor een goed doel waar zijn hart altijd al lag en hielp hij een dag per week mishandelde dieren. Ook spendeerde Mart meer tijd met zijn gezin, genoot hij van lange wandelingen in de natuur, was hij gestart met een kookcursus en vond hij weer het geluk in zijn relatie. Zijn prestatiedrang was naar de achtergrond verdwenen en daarmee ook zijn onrust en agressiviteit. Hij had zichzelf en zijn geluk weer gevonden. Niet in het hebben van een eigen bedrijf, niet in het hebben van meer geld, een carrière of dat grote huis. Hij vond het in zichzelf. Mart vertelde me dat hij vaker is gaan stilstaan bij kleine dingen in het leven, die hij eerder niet zag omdat hij te druk bezig was met alles wat er moest gebeuren. Hierdoor vond hij meer ruimte in zichzelf en kwam hij in een flow terecht die hij nu zijn 'nieuwe leven' noemt. Mart is inmiddels helemaal happy en wil zijn verhaal delen met iedereen die hier baat bij heeft.

Niet alleen Mart, maar ook vele andere mensen is het gelukt om hun geluk te hervinden door hun aandacht te verschuiven van de externe wereld naar hun interne processen. Dit begint met observeren, stilvallen, uitzoomen, weten hoe je brein werkt en de verslavende strategieën herkennen die het inzet. Een cruciale rol bij het hervinden van je innerlijke connectie speelt de hersenschors, die ook bekendstaat als de cerebrale cortex. Verschillende onderzoeken laten zien dat een verdunde hersenschors meer depressie, angst en overprikkeling oplevert dan wanneer de hersenschors dikker is. Een dunnere hersenschors kan een erfelijke oorzaak hebben (nature), maar kan ook komen door lifestyle of een traumatische ervaring (nurture). Juist de hersenschors is de plek waar we emotionele prikkels verwerken. Een minder goed functioneren van dit hersengebied kan er dan ook voor zorgen dat je sneller emotioneel reageert en overprikkeld raakt. Dit deel van de hersenen is betrokken bij logisch nadenken, planning en ook jouw stemming. Een dunnere cerebrale cortex remt het vermogen om de wereld en jouw rol daarin te zien zoals die werkelijk is. Dit belemmert je om een echte connectie te maken met jezelf en de wereld om je heen. Uit onderzoek van neurowetenschapper en hoogleraar Lisa Miller blijkt dat een dunne hersenschors weer dikker kan worden met behulp van spiritualiteit. Verderop in het boek vertel ik meer over dit onderzoek en de manier waarop jij spiritualiteit kunt inzetten om je innerlijke kracht en geluk weer helemaal terug te vinden.

HET VERHAAL VAN MIJ EN JULIETTE

Niet alleen volwassenen maar ook kinderen zijn steeds meer gericht op prestaties en de externe wereld. Ongeveer een jaar geleden kwam de 14-jarige Juliette bij me in de praktijk voor 1-op-1-coaching. Haar moeder volgde me al enige tijd op social media en was ervan overtuigd dat ik haar dochter kon helpen. Juliette worstelde met ongelukkige gevoelens en miste steun vanuit haar ouders en school in een wereld gefocust op prestaties. Niemand vroeg haar hoe het met haar ging en of ze nog gelukkig was. Wel kreeg ze constant vragen over de vakken die ze leerde en de cijfers die ze haalde. Dit leidde bij haar tot een angst voor de afkeuring van anderen, die zich ook op andere vlakken van haar leven openbaarde. Zo ging Juliette nooit zonder make-up naar school, omdat ze onzeker werd door de perfecte plaatjes van anderen op social media. Dit maakte haar bang om niet knap genoeg te zijn en er op school niet meer bij te horen. Twijfelend deelde ze met me dat ze het leven hier op aarde eigenlijk niet zo leuk vond. Ze voelde zich niet happy, niet thuis, niet gehoord, niet gezien en niet geliefd. Ze keek me verdrietig aan en zag er bleek, vermoeid, getekend en verbeten uit. Ik vroeg haar wat ze nodig zou hebben om de situatie te veranderen. Ze beet op haar onderlip, keek me twijfelend en onzeker aan en vertelde eindelijk wat ze al zo lang diep van binnen voelde. Ze vertelde me dat ze weer gezien wilde worden. Niet voor haar uiterlijk of prestaties, maar voor wie ze echt is. Waar Juliette al lange tijd naar snakte, was aandacht en een echt gesprek…

De coachingsessie met Juliette bracht me voor even terug naar mijn eigen jeugd. Met name haar gevoel niet happy te zijn en niet te kunnen zijn wie ze daadwerkelijk was, raakte bij mij een gevoelige snaar. Zelf kwam ik al op jonge leeftijd bij een psycholoog terecht, omdat ik onhandelbaar en agressief was. Ik voelde me diep ongelukkig en zelfs depressief, al wist ik op 8-jarige leeftijd niet wat dat woord betekende. Hiervoor kreeg ik naast therapie ook medicatie, die me vlakker maakte en me langzaam veranderde in een dood vogeltje. De spontane spring-in-'t-veld, die altijd op avontuur ging en overal kansen en mogelijkheden zag, was ineens timide en tam geworden. Gelukkig zagen mijn ouders dit al snel en stopten we met de medicatie. Toch voelde ik me in die tijd vaak onbegrepen door mijn omgeving. Ondanks een liefdevol gezin en leuke vriendjes en vriendinnetjes voelde ik me eenzaam, worstelde ik met mezelf en gedroeg ik me soms agressief. Pas nu weet ik dat dit symptomen waren van mentale disbalans en een overprikkeld brein. Doordat mijn gedrag niet aansloot op het maatschappelijk verwachtingspatroon, leerde mijn brein zich steeds beter aan te passen. Hierdoor werd ik een soort kameleon die zich aanpaste aan de omgeving.

Toen ik op een dag ruzie had met mijn oudere zus en zij haar beklag deed bij onze moeder, luisterde ik stiekem achter de gesloten deur van de keuken mee naar wat er gezegd werd. Mijn moeder stelde mijn zus gerust met de woorden: 'Er zit bij Lot een steekje los, ze kan er niets aan doen, laat haar dus maar en trek het je niet aan.' Na het horen van deze woorden vertrok ik intens verdrietig naar mijn kamer. Niemand wist dat ik dit gehoord had, maar de onschuldige uitleg naar mijn zus toe raakte me diep. Ondanks de beste intenties van mijn moeder om een simpele ruzie te sussen, veranderde er iets fundamenteels in mijn breinprogrammering. Ik paste me aan en wilde niet snel meer van me laten horen. Wanneer ik voortaan ergens iets van vond, hield ik mijn mond maar dicht. Ik had het gevoel er niet te mogen zijn, dat mijn mening er niet toe deed. Dit was niet de waarheid, maar wel mijn breinwaarheid. Hierdoor ging ik me onderbewust aanpassen, zodat mensen me lief, leuk en normaal zouden vinden en misschien zelfs trots op me zouden zijn. Ik nam het op me om er voor iedereen te zijn en voor iedereen te zorgen. Dit heb ik zeker tot mijn 30ste volgehouden, totdat ik mezelf volledig voorbijliep en met ernstige gezondheidsklachten, zoals verlammingsverschijnselen, in het ziekenhuis belandde. Over deze gebeurtenissen kun je meer lezen in mijn eerste boek *Brain Balance*.

Van aanpassing naar verbinding

Wat zowel ikzelf als Juliette zocht, was verbinding en begrepen worden als mens. Aandacht en acceptatie in hoe we waren. Toch is dit in de maatschappij waarin we leven een behoorlijke uitdaging. Het is moeilijk om te zijn wie je bent, zonder mee te gaan in de meningen en eisen van anderen. Al op zeer jonge leeftijd gebeurt dit op school en met vriendjes.

Een mooi voorbeeld is dat van mijn zoon Sky, nu 6 jaar oud. Toen hij bijna 4 was, kwam er een vriendje bij ons spelen. Sky tekende een boom en was er trots op, maar zijn vriendje zei: 'Wat een belachelijke boom, hij lijkt er niet eens op.' Ik zag hem ineenkrimpen. Een dag later wilde ik met hem tekenen, hij zei me: 'Nee, ik wil niet, ik ben daar niet goed in.' Een aan emotie gekoppelde ervaring is de grootste les voor het brein. Het slaat deze informatie direct op en waarschuwt je de volgende keer: doe maar niet, je kunt stom gevonden worden of niet goed genoeg zijn.

Hoe komt het dat ons brein dit doet? Dat is heel simpel. Zoals je in level 1 hebt gelezen, wil ons brein graag bij de groep horen. Dit is evolutionair gezien veilig, want in een groep heb je meer kans om in het wild te overleven dan in je eentje. Daarom doen we alles om ons aan te passen. Dit is een mooi voorbeeld van de manier waarop ons oeroude breinsysteem ons dagelijks in de weg zit en daarmee belemmert en overprikkelt.

Toch betekent dit niet dat we verbindingen met anderen uit de weg moeten gaan. Een goede connectie met jezelf en andere mensen is voor het brein belangrijk om gelukkig te zijn en te kunnen overleven. Als mens zijn we geëvolueerd om samen sterk te staan. Wanneer je dingen samendoet met anderen, is er voor jou en je brein dan ook veel meer te winnen. Hier gaan we het in level 3 uitgebreid over hebben.

IS MIJN BREIN OVERPRIKKELD?

Op dit punt in het boek weet je dat overprikkeling van het brein zich kan uiten in allerlei symptomen. Ik hoop dat je hieruit nieuwe inzichten hebt gehaald en wellicht ook in een aantal voorbeelden herkenning hebt gevonden. Ook kan het zijn dat je brein deze signalen nog ontkent en er niet mee geconfronteerd wil worden. Om een beter inzicht te krijgen in de overprikkeling van jouw hersenen, kun je jezelf een aantal vragen stellen:

- Ben je vaak moe na een uitje met vrienden?
- Kost het je veel energie om ergens heen te gaan?
- Merk je dat je snel kortaf bent?
- Laat je geheugen je steeds vaker in de steek?
- Heb je vaak last van spanning in je nek of schouders?
- Heb je regelmatig last van hersenmist?
- Heb je vaak last van je humeur en zit het je in de weg?
- Kom je vaker niet op woorden?
- Merk je dat je minder gedaan krijgt in een dag?
- Voel je je moe? Mentaal of fysiek?
- Heb je regelmatig last van spierspanningen?
- Slaap je vaak slecht?
- Slaap je heel vast, maar ben je altijd nog moe als je wakker wordt?
- Merk je dat je vaak behoefte hebt aan suikers?
- Drink je weleens een glas alcohol om de stress van de dag los te laten?
- Wil jij alles perfect doen en zit het je in de weg als dit niet lukt?
- Neem je weleens slaapmedicatie?
- Neem je weleens kalmeringstabletten?
- Heb je regelmatig veel stress?
- Heb je moeite om te ontspannen?
- Heb je moeite om dingen los te laten en blijven ze nog lang in je hoofd zitten?
- Pieker je vaak?
- Heb je vaak vermoeiende of negatieve gedachten?

Heb je een of meerdere vragen met 'ja' beantwoord? Dan is dit een duidelijk signaal om met bepaalde zaken aan de slag te gaan.

Jouw persoonlijke weegschaal

Nu je wat meer weet over de mogelijke oorzaken van een overprikkeld brein, is het tijd om eens te kijken naar jouw breinbalans. Je kunt dit ook wel zien als jouw persoonlijke weegschaal, die wellicht te veel naar de ene of andere kant doorslaat.

Ik wil dit graag toelichten met het volgende voorbeeld. Stel je eens voor dat jouw breinbalans het resultaat is van een weegschaal waarop 2 ballen liggen. Aan de linkerkant ligt een bal die staat voor alle terugkerende activiteiten en verplichtingen in je leven. Denk bijvoorbeeld aan je drukke baan, je verslavende patronen of de constante zorg voor anderen. Zoals je ziet mogen er ook minder leuke dingen tussen staan. Dat is helemaal niet erg, want het leven hoeft niet altijd leuk en fantastisch te zijn. Aan de rechterkant ligt een bal met dagelijkse activiteiten die bijdragen aan jouw breinbalans. Denk aan meditatie, wandelen in het bos, het bereiden van gezonde voeding, dingen doen die je leuk vindt en keuzes maken voor jezelf. Hoe groot is de linkerbal? En hoe groot is de rechterbal?

Bij de meeste mensen ziet de persoonlijke weegschaal eruit zoals op de afbeelding hieronder:

Dit plaatje laat heel duidelijk zien dat het brein zo niet in balans kan verkeren. Er wordt te veel gevraagd aan de linkerkant, waardoor de rechterkant te weinig aandacht krijgt en je roofbouw pleegt op je brein en lichaam. Vroeg of laat leidt dit onvermijdelijk tot een overprikkeld brein en zenuwstelsel.

Kijk nu eens naar het volgende plaatje:

Hier zie je dat de bal links kleiner is en rechts groter. Ook dit is niet goed, want in plaats van een burn-out riskeer je nu een bore-out. Je brein wordt te weinig geprikkeld, waardoor je je gaat vervelen en je waarschijnlijk sneller eenzaam zult voelen. Ook hier is sprake van een disbalans.

Vergelijk dit nu eens met het laatste plaatje:

Hier zie je hoe je voor je brein en lichaam homeostase kunt bereiken door een juiste balans in je leven. Dit betekent niet dat je persoonlijke weegschaal in de praktijk altijd in evenwicht is, want op sommige dagen slaat de weegschaal een klein beetje door naar links of rechts. Deze kleine bewegingen horen bij het leven, maar gemiddeld genomen is er sprake van balans.

Breng je weegschaal weer in balans
Het visualiseren van jouw persoonlijke weegschaal kan je helpen om te herkennen op welke momenten in je leven er disbalans ontstaat. Wanneer er aan de linkerkant te veel op je bordje ligt, moet je aandacht schenken aan de rechterkant om de weegschaal weer in balans te brengen. Met andere woorden: hoe drukker je bent, hoe meer aandacht je moet besteden aan jouw interne processen. Vaak doen we helaas het tegenovergestelde, omdat we de signalen van ons lichaam en brein negeren en de disbalans aan de linkerkant alleen maar groter laten worden. Dit kan een week of maand goed gaan, maar daarna is de rek eruit en hebben we tijd nodig om fysiek en mentaal te herstellen. Eigenlijk hebben we iedere dag voldoende tijd nodig om onze interne balans te bewaren en overprikkeling te voorkomen. Je zou je aan de volgende 'regel' kunnen houden:

Iemand die normaal druk is, zou iedere dag een half uur moeten mediteren om de schade te beperken. Iemand die drukker is dan normaal, zou minimaal een uur moeten mediteren. Iemand die heel erg druk is, zou minimaal twee uur moeten mediteren om van de schade door stress en drukte te herstellen.

Precies hier zit de uitdaging. We hebben tegenwoordig geen tijd meer om voor onszelf te zorgen. We maken andere keuzes en stellen succes, geld, een groot huis, een dure auto, een indrukwekkende carrière en tijd met ons gezin boven onszelf. Ik herken dit als geen ander; op bepaalde momenten in je leven is het echt een uitdaging om die balans te vinden. Dan is het zo moeilijk om keuzes te maken en jezelf op de eerste plaats te zetten, nee te zeggen en je agenda leeg te maken. Ook voor jou geldt waarschijnlijk dat je wat meer empathie en mededogen voor jezelf mag hebben. Hiermee gaan we in het volgende level aan de slag, zodat jij jezelf weer prioriteit leert geven en je persoonlijke weegschaal terug in balans kunt brengen.

Voorbeeld van jouw weegschaal
Om je meer inzicht te geven in de dingen die aan de linkerkant van jouw weegschaal kunnen liggen, geef ik hieronder een aantal voorbeelden. Zoals je ziet, horen hier ook leuke dingen bij maar dit betekent niet dat ze je geen energie kosten of jouw brein niet kunnen belasten.

Linkerkant weegschaal	**Rechterkant weegschaal**
• deadlines op het werk	• mediteren
• een drukke baan met veel verantwoording	• bewust ademhalen
• een gezinsleven	• Brein ontprikkelen
• sociale contacten	• boswandeling maken
• verjaardagen	• bewegen
• opleiding volgen	• gezond eten
• je mobiele telefoon	• yoga
• je laptop	• lummelen
• e-mails	• schermvrije dag doorbrengen
• Netflix	• slapen (goede kwaliteit)
• …	• …

Vul op de stippellijntjes de linker- en rechterkant van jouw weegschaal in. Teken hierna hoe groot jouw linker en rechter bal zijn op een van de lege weegschalen hieronder.

Tip: maak een kopie van de lege weegschalen op bladzijde 272 of download de pagina via charlottelabee.com/overprikkeldbrein en draai deze een aantal keer uit voor jezelf. Later in het boek komt dit ook weer terug.

LEVEL 3
WAT HEEFT ONS BREIN NODIG?

DE BEHOEFTE VAN ONS BREIN

Om overprikkeling te voorkomen of wanneer overprikkeling niet te vermijden is, zullen we eerst eventuele fysieke problemen op moeten lossen. Denk hierbij aan een overactief zenuwstelsel, ontstekingen, een tekort aan bepaalde voedingsstoffen, stress en te weinig ontspanning. In dit hoofdstuk laat ik je zien wat ons brein nodig heeft om uit die overactieve stand te komen. Je leert om je goed te voelen zonder dat je daar externe factoren voor nodig hebt. Wanneer je begrijpt wat je brein nodig heeft, zul je zien dat je niets anders nodig hebt dan jezelf.

'Ieder mens kan zijn brein weer anders gaan aansturen; train je brein, verander je overtuigingen'

De invloed van ons hart op ons brein

Wat is er belangrijker, je brein of je hart? Nieuwe onderzoeken laten steeds duidelijker zien dat zowel ons brein als ons hart van onschatbare waarde en dus even belangrijk voor ons zijn. Zeker wanneer we de connectie tussen ons brein en ons hart kunnen activeren, kunnen we een enorm verschil maken, niet alleen voor onszelf maar ook voor de wereld om ons heen. Het is de samenwerking – je brein communiceert met je hart, en je hart communiceert ook met je brein – tussen deze twee prachtige organen die de stuwende kracht achter onze gezondheid is. Daar hebben we bewust en onbewust ook invloed op.

Ons hart begint al heel vroeg te kloppen: zo'n zes weken na de bevruchting. Dat is veel eerder dan ons cognitieve brein zich gaat ontwikkelen; het hart start vanzelf met kloppen. Hoe het kan dat ons hart vanzelf gaat kloppen is voor onderzoekers nog een raadsel. In sommige culturen denkt men dat dat door een onzichtbare energie wordt veroorzaakt. Denk bijvoorbeeld aan de Chinese cultuur, waar men gelooft in levensenergie, of *chi*, een kracht die al het leven bevat en leven geeft.

Het versterken van de verbinding tussen je hart en je brein heeft te maken met emoties. Je moet je durven openstellen voor het uiten van je gevoelens. Veel mensen hebben juist de neiging om van hun emoties weg te lopen omdat ze zich niet boos of verdrietig willen voelen. Het is natuurlijk heel begrijpelijk dat we niet gekwetst willen worden en ons rot willen voelen, maar wanneer we weglopen voor onze emoties, blokkeren we de connectie tussen ons brein en ons hart. Er kunnen enorme blokkades in de connectie tussen brein en hart zijn ontstaan die ons ervan weerhouden om echt te kunnen voelen. Zo'n blokkade kan al vroeg in je leven ontwikkeld zijn. Het is zelfs mogelijk dat een blokkade energetisch door een voorgaande generatie aan je is doorgegeven.

Ons hart en brein kunnen op verschillende manieren met elkaar communiceren:
1. via het elektromagnetische veld, ook wel energetische communicatie genoemd;
2. door biochemische communicatie, dus door de aanmaak van hormonen en neurotransmitters (bijvoorbeeld adrenaline);
3. door neurologische communicatie, via het zenuwsysteem;
4. en via de bloeddrukgolven, biofysiologische communicatie.

De directe communicatie tussen ons hart en ons brein staat ook wel bekend als de hart-breinverbinding. Het is een soort snelweg die voortdurend signalen uitwisselt op een heel lage frequentie van zo'n 0,10 Hz. Wij kunnen deze frequentie niet horen, maar voelen hem wel.

De communicatie van je hart naar je brein en andersom kan liefdevol en positief zijn, maar ook negatief en belastend werken. Je brein is constant bezig met het observeren van informatie en het bepalen van welke actie er nodig is. Wanneer je positieve emoties ervaart, ontwikkel je positieve neurotransmitters zoals serotonine en oxytocine. Dat kan al door kleine dingen gebeuren: dankbaar zijn voor de zonnestralen die je op je huid voelt, voor een fijne wandeling, voor een knuffel van je geliefde of je kind. Het zorgt ervoor dat je lichaam en brein zich veilig voelen, waardoor je je kunt ontspannen en waardoor je lichaam meer DHEA (dehydro-epiandrosteron) produceert, een hormoon met een belangrijke functie, en die naast het antistreshormoon ook wel het verjongingshormoon wordt genoemd. Zie ook bladzijde 151. Daar lees je ook hoe we ervoor kunnen zorgen dat we meer van dit hormoon aanmaken, wat ten gunste komt van ons brein en onze gezondheid.

Daar staat tegenover dat wanneer we negatieve emoties als angst, eenzaamheid en frustratie ervaren, we onbewust minder DHEA aanmaken. Dan krijgt cortisol juist meer ruimte om schade aan te richten. Dit zorgt er op den duur voor dat we fysieke en mentale klachten ontwikkelen. Dat is de reden waarom je een zo goed mogelijke verbinding tussen je hart en je brein wilt.

Maar hoe versterk je dan de connectie tussen je brein en je hart? Door je bewust te worden van de kracht van je hart. Gelukkig zijn er steeds meer mensen die zich bewust zijn van die kracht. Wanneer je je ervan bewust bent dat er zoiets bestaat als een verbinding tussen je hart en je hersenen, geef je al automatisch meer aandacht aan je innerlijk, aan zingeving, aan het hier-en-nu.

Hartcoherentie
De emotionele conditie van ons hart beïnvloedt onze hersenen voortdurend. Sommige cardiologen en neurologen spreken over een hart-hersensysteem. Wanneer ons hart en ons brein goed met elkaar verbonden zijn, is dat een mooie remedie tegen welke disbalans dan ook: denk aan stress, overprikkeling, vermoeidheid, veroudering, ontstekingen, angstaanvallen, depressies, slaapproblemen. Ook kan een goede verbinding helpen het concentratievermogen te optimaliseren. Dit merken we meteen doordat we sneller in een flow terecht kunnen komen, waardoor we als vanzelf weer meer geluk ervaren. En dat zorgt voor meer welzijn en een betere gezondheid.

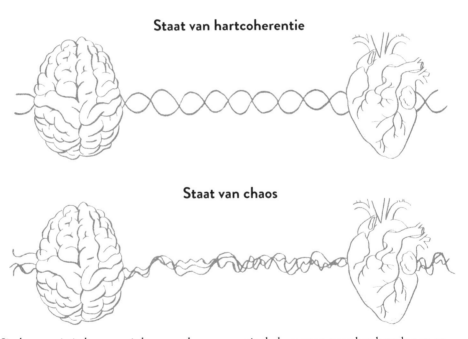

Hierboven zie je hoe mooi de zenuwbanen vanuit de hersenen naar het hart lopen en vanuit het hart naar de hersenen.

De afgelopen jaren is er door het HeartMath Institute in Amerika veel onderzoek gedaan naar de rol van het hart op onze breinprocessen. Op grond van al deze wetenschappelijke onderzoeken heeft het HeartMath Institute mooie tools ontwikkeld om je eigen hartcoherentie te meten en daarmee de invloed op je hele welzijn. Zo kun je meten dat tijdens negatieve emoties je hart niet coherent is en in tijden van positieve emoties de coherentie optimaal is, waarmee je gezondheid enorme voordelen behaalt. Wanneer er sprake is van een onregelmatig en ongeordend hartritme zijn de neurale signalen die het hart naar de hersenen stuurt ook onrustig, met als gevolg dat je je onrustig en overprikkeld voelt.

Emoties voelen we in ons lichaam, niet in ons hoofd. Dat lijkt misschien vanzelfsprekend, maar dat was het lange tijd niet. In 1880 schreef William James, hoogleraar aan Harvard en een van de belangrijkste personen in de geschiedenis van de Amerikaanse psychologie, dat een emotie vóór alles een lichaamsgesteldheid was en pas in de tweede plaats een waarneming in de hersenen. Denk maar aan uitdrukkingen als: 'De angst slaat me om het hart', 'Jij bent luchthartig' of: 'Je gal spuwen'.

Ook ons hart heeft een netwerk van enkele tienduizenden neuronen. Dat zijn er dus veel minder dan die van de hersenen, maar toch bevat je hart dus zijn eigen neurale netwerk dat je als het ware de kleine hersenen in je lichaam kunt noemen. Die plaatselijke hersenen kunnen zichzelf dus ook waarnemen en veranderen op basis van ervaringen. Dat wil dus zeggen dat ze op een bepaalde manier hun eigen herinneringen opslaan. Ook heeft dit kleine 'brein' invloed op je grote hersenen.

Volgens de Amerikaanse onderzoeker Stephen Porges is het aan het subtiele evenwicht tussen deze twee onderdelen van het zenuwstelsel – het hartneuronennetwerk en je hersenen – te danken dat zoogdieren steeds complexere liefdesrelaties aan kunnen gaan. De meest complexe is wanneer twee mensen elkaar aantrekkelijk vinden en hun hart op hol slaat. In dat geval drukt het sympathische zenuwstelsel op het gaspedaal. Dat is soms misschien wat te veel van het goede, maar zonder dit gaspedaal zou een liefdesspel een stuk rommeliger verlopen omdat het ons lichaam wel op een bepaald doel richt.

Behalve dat het beschikt over zijn deels autonome netwerk aan neuronen, is je hart ook een hormoonfabriekje. Het maakt zijn eigen voorraad adrenaline aan, dat het loslaat wanneer het maximaal moet functioneren. Het produceert ook nog een ander hormoon, ANF (atriaal natriuretisch peptide), dat de bloeddruk regelt. Daarnaast scheidt het ook zijn eigen oxytocine af, je weet wel: het liefdeshormoon. Dit hormoon komt vrij wanneer een moeder haar kind knuffelt of wanneer mensen de liefde bedrijven. Al deze hormonen worden door het hart geproduceerd, maar werken rechtstreeks op de hersenen. Daarnaast heeft je hart een enorm sterk magnetisch veld, waarvan we de kracht op grote meters afstand kunnen meten. Je hart is dus enorm belangrijk bij de beïnvloeding van ons brein.

Zoals eerder gezegd, wordt het hart beïnvloed door het zenuwstelsel, en stuurt het via zenuwvezels in het ruggenmerg en de nervus vagus informatie naar het brein dat op zijn beurt weer het hart aanstuurt. De kleine hersenen van het hart kunnen dus hormonaal, via bloeddruk en het magnetische veld, ook via emoties invloed uitoefenen op onze hersenen. Wanneer het hart ontregelt raakt, ontregelt het ook de balans van het brein. Zelfs een versnelde ademhaling kan al voor een verstoord brein zorgen, omdat door de versnelde ademhaling de hartcoherentie verstoord raakt en dan ook je breinproces wordt verstoord.

Omdat de twee systemen van ons autonome zenuwstelsel altijd in evenwicht willen zijn, zijn ze voortdurend bezig om het hart te versnellen of juist af te remmen als er disbalans dreigt. Daarom is de pauze tussen twee opeenvolgende hartslagen nooit gelijk. Die veranderlijkheid is heel gezond, omdat het aangeeft dat de rem en het gaspedaal goed functioneren en daarmee dus ook onze fysiologie. Veranderlijkheid van je hartritme is dus heel normaal: zonder enige reden kan het van een gemiddelde 55 slagen per minuut stijgen naar 70 en weer terug.

Kleine dingen kunnen je hartcoherentie al beïnvloeden, bijvoorbeeld door je brein aan het werk te zetten door vragen te stellen waar het een antwoord op moet geven. Je kunt dit meten en zien hoe het brein het hart beïnvloedt, en andersom. Deze beïnvloeding vindt al plaats als er een kleine hoeveelheid stress, onrust of angst wordt opgewekt, ook als je je hier niet bewust van bent. Stel iemand maar eens de vraag om deze som hardop op te lossen voor een groep: 1987-9 =… en van de uitkomst trek je nogmaals 9 af. Als je op dat moment de hartslag van die persoon meet, zul je zien dat de hartcoherentie in chaos verandert. Wanneer je vervolgens met je gedachten naar een fijn en aangenaam moment gaat en daarbij aandacht aan je ademhaling en hart besteedt, zal de coherentie weer terugkeren. Want zó krachtig is de invloed van je hersenen op de coherentie van je

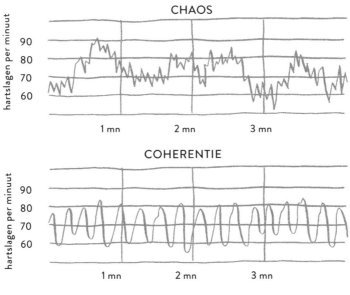

hart. Op onderstaand plaatje zie je hoe dit er als meting uitziet:
In een staat van depressie, angst, onzekerheid, stress, onrust of overprikkeling verandert de hartcoherentie dus in chaos. En wanneer je je in een toestand van welbehagen, ontspanning of dankbaarheid bevindt, verandert deze staat in coherentie. Onderzoek toont aan dat alleen al het kijken naar het nieuws of in de file staan een zodanig negatieve lading met zich mee kan brengen dat het je hartcoherentie in chaos verandert.

Waardoor kan coherentie ontstaan:
- Samenzijn met iemand bij wie je je veilig en fijn voelt.
- Wanneer je een verbinding voelt, met jezelf, of met een ander.
- Wanneer je met je huisdier bent of knuffelt; alleen al de aanwezigheid van een dier kan coherentie ontwikkelen.
- Wanneer je dankbaar bent.
- Wanneer je zelfcompassie hebt.

Wat levert chaos je op:
- geïrriteerdheid
- hartkloppingen
- onrust
- slecht slapen
- kort lontje
- stress
- rimpels
- een verhoogde bloeddruk
- hoofdpijn
- rugpijn
- huidproblemen
- spijsverteringsklachten
- verlies van gehoor
- concentratie
- je niet verbonden voelen met jezelf en je omgeving

Wat levert coherentie je op:
- beter slapen
- minder angsten
- minder spanning
- minder overprikkeling van je brein
- activatie van de rem van je zenuwstelsel dat te vaak aanstaat
- meer focus

- meer energie
- verbinding met jezelf en anderen
- goed gehoor
- gezonde huid
- flow
- verbetering van je hormonale systeem
- verbetering van je immuunsysteem

In een onderzoek van het Heartmath Institute werd aangetoond dat op het moment dat er chaos ontstaat en de coherentie verdwijnt, we vatbaarder zijn voor ziektes. Al tijdens een onaangename woordenwisseling verliest onze eerste verdedigingslinie van het immuunsysteem zijn kracht tegen aanvallen van buitenaf. Volgt daar meer chaos op en wordt de coherentie niet hersteld, dan wordt ons immuunsysteem steeds zwakker en de kans dat we ziek worden steeds groter. Uit andere onderzoeken bleek zelfs dat als er wel coherentie is, een brein sneller en geconcentreerder kan werken.

CIJFERS EN FEITEN OVER HET HART

Volume van het hart: 280 ml
Gewicht: ongeveer 300 gr
Aantal slagen: 70 per minuut (in rust)
Per jaar: 70 slagen x 60 minuten x 24 uur x 365 dagen = 40 miljoen slagen
Slagvolume: 70 ml bloed per hartslag
Per minuut: 5 liter door 40.230 km vaatsysteem (slagaders en haarvaten); dat is meer dan de omtrek van de aarde!
Per dag: 7000 liter bloed
Per jaar: 2,5 miljoen liter bloed
Per mensenleven (gemiddeld 70 jaar): 180 miljoen liter bloed

Terwijl de westerse wetenschap zich door de jaren heen meer en meer ging verdiepen in de hersenen, en de neurologie steeds meer verbazingwekkende zaken ontdekte over onze grijze massa, werd er de laatste jaren in stilte ook een ontdekkingsreis ondernomen naar de onbekende wereld van het hart. Wetenschappers toonden aan dat het hart minstens even belangrijk is als de hersenen en veel meer is dan slechts een pomp. Sterker nog, de twee organen werken onlosmakelijk samen.

> **WEETJES OVER ONS HART**
> - Het hart is autogeen, dat wil zeggen dat het geen continu signaal van de hersenen nodig heeft om te blijven kloppen. Het hart blijft vanzelf kloppen. Hoe dit kan? De hartslag ontstaat in de sinusknoop, een groep hartcellen in de wand van de rechterboezem. Van de 10 miljard cellen van het hart zijn er zo'n 10.000 'pacemakercellen' die de samentrekkingen van het hart regelen door periodiek elektrische impulsen af te geven aan andere hartcellen.
> - Het regelmatig samentrekken van deze spiercellen genereert een elektrisch veld; elke hartslag produceert zo'n 2,5 watt. Het patroon van deze elektrische activiteit kan gemeten worden met behulp van een elektrocardiogram (ECG). Het elektrische veld van het hart is 40-60 keer sterker dan dat van de hersenen.
> - Het hart genereert ook een magnetisch veld, en dit kan gemeten worden met een magnetocardiogram.
> - Door dit veld stemt het zenuwstelsel zich af en reageert het op de magnetische velden die worden geproduceerd door het hart van andere mensen.
> - Het hart is in staat om bepaalde hersenachtige functies uit te voeren.
> - 60-65 procent van de hartcellen wordt gevormd door neurale cellen. Dat is het totale aantal dat in de hersenen gevormd wordt.
> - Bovendien kan het hart gezien worden als een van de belangrijkste endocriene klieren van ons lichaam en produceert het ten minste vijf belangrijke hormonen die hun invloed hebben op de hersenen en daarmee op het hele lichaam.
> - De hartslag verandert naarmate we verschillende emoties ervaren. Negatieve emoties zoals angst, woede of frustratie verstoren het hartritme. Positieve emoties zoals liefde en waardering versterken het hartritme. Zie ook hartcoherentie.

Elektromagnetisch veld

Een van de fascinerendste eigenschappen van het hart is dat het een elektromagnetisch veld heeft. Dit kan gemeten worden met een magnetocardiogram. Je hart zendt 50.000 femtotesla uit, dit zijn signalen. Ook het brein wekt, door de synchronisatie van de trillingen die ontstaan door hersenactiviteit, een magnetisch veld op. Ons brein heeft echter maar een sterkte van 10 femtotesla. Dat betekent dat ons hart dus 5000 keer sterker is dan onze hersenen. Hiermee creëren we een magnetisch veld rondom ons dat tot zo'n 4 meter meetbaar is. Je kun je vast wel een situatie of een persoon die je tegenkwam herinneren waarbij je voelde dat er iets niet goed was. Of andersom, dat je iemand tegenkwam, bijvoorbeeld op een verjaardag, die je niet kende maar met wie je meteen een klik had. Je hart heeft dus een elektromagnetisch veld, een geheugen, en kan informatie en ervaringen opslaan. Je hart beschikt over zijn eigen hartintelligentie.

Neuropsycholoog Paul Pearsall deed veel onderzoek naar wat de energie van het hart voor ons brein en ons welzijn doet. Zo ontdekte hij dat mensen een totaal andere energie kregen nadat ze een donorhart hadden gekregen

Wat is coherentie niet?
Coherentie is geen vervanging van ontspanning, het vraagt je niet om je af te zonderen van de externe wereld. Het verwacht ook niet dat onze omgeving statisch of rustig is; het is juist een staat waarin we grip hebben op de externe wereld. Het is als het ware een confrontatie met de buitenwereld, maar dan niet in een conflictvorm, maar in een harmonieuze vorm.

Regelmatig zeggen we tegen onszelf: als dit of dat verandert, dan wordt mijn gezondheid beter. Dan zal ik gelukkig zijn. Dan zal ik geen last hebben van een overprikkeld brein. Dan komt ik tot rust. Dan… Et cetera.

In pittige situaties is het logisch dat je de oplossing buiten jezelf zoekt, terwijl die juist in jezelf zit en altijd aanwezig is. Wanneer je de oplossing niet in jezelf zoekt, zal hetzelfde probleem in een andere situatie weer op jouw pad komen, net zolang totdat je je interne proces verandert. We zullen dus zowel de programmering als de hartcoherentie, de interne processen, moeten veranderen, in plaats van de externe omstandigheden proberen aan te passen naar ideale omstandigheden. Dat veranderen vanuit ons binnenste start met fysiologie.

Fysiologie
Wanneer we fysiologisch oftewel lichamelijk in balans zijn, kunnen we coherentie ervaren en voelen we ons direct beter. Zo verbeteren we de connectie met onszelf en daardoor automatisch ook die met andere mensen en de wereld om ons heen. Daardoor kunnen we ook nog eens meer in het hier-en-nu aanwezig zijn. Die gunstige omstandigheden waar we in alle onrust en haast al zo lang naar op zoek waren, zullen zich dan gaan voordoen. Dat klinkt super natuurlijk. Toch zul je ervaren dat die dingen niet zo belangrijk voor je zijn als je nu denkt. Het zijn maar externe zaken. De innerlijke rust die je zult ervaren door fysiologisch in balans te zijn zal van veel grotere waarde voor je zijn. Je hartcoherentie zorgt ervoor dat je je innerlijke onrust kunt temmen. Daardoor zal het externe, de onrust in de wereld en alles wat er zich daar afspeelt, vrij weinig negatieve invloed op ons hebben.

Hoe leren we om hartcoherentie in ons leven in te zetten?
Hoe georganiseerder en coherenter je energie is, hoe beter de communicatie op celniveau kan plaatsvinden. Coherentie betekent immers: in harmonie en balans zijn. Incoherentie betekent chaos en niet verbonden zijn. De incoherentie van je cellen kan ziekte veroorzaken, terwijl coherentie gezondheid betekent. Dit heeft ook alles met je hersengolven te maken, want hersengolven zijn immers ook energie. Wanneer je brein goed werkt en dus in balans is, voel je je coherent en wanneer je brein overprikkeld is, is het incoherent. De ordelijkheid van onze hersengolven heeft dus enorme invloed op ons brein.

Streven naar hartcoherentie is een mooie eerste stap die je kunt zetten in tijden van een overactief zenuwstelsel en een overprikkeld brein. Om hartcoherentie te bereiken, kun je oefeningen doen die je helpen om positievere gevoelens te ontwikkelen en de effecten van negatieve en chronische stress te verlagen. Als je hartcoherentie optimaal is, dat wil zeggen dat je hartslag gelijkmatig loopt met je ademhaling, krijgt je amygdala het signaal dat alles in orde is. Het resultaat is dan dat ook alle breindelen rust vinden, je zenuwstelsel kalmeert en je brein weer de ruimte krijgt om open te staan voor de connectie met jezelf. Als vanzelf ontstaan er dan meer kalme gevoelens, rustgevende emoties en meer geluksmomenten. Tegelijkertijd wordt er een signaal naar je brein gestuurd dat alles veilig is, wat er ook voor zorgt dat je brein minder actief hoeft te zijn en kan kalmeren. Wanneer je lichaam en brein zich veilig voelen, kan de ventrale vagus zich weer goed inzetten, waardoor je immuunsysteem en hormoonsysteem weer normaal en goed kunnen gaan functioneren; zo breng je de balans weer terug in je leven.

Dit is de effectiefste manier om meer rust te ervaren, maar wel nog alert te kunnen zijn als het nodig is. Je zult merken dat je dan meer focus en aandacht krijgt, waardoor je ook beter kunt leren en minder piekert.

Bij een goede hartcoherentie gaat het dus om een goede samenhang tussen je ademhaling en je hartritme, dat noemen we een hoge hartcoherentie. Bij een lage hartcoherentie valt je hartritme niet goed met je ademhaling samen en ontstaan er in je lijf gevoelens van paniek, onrust, stress en ongemak.

Natuurlijk weten we dat ademhaling en hartslag een wisselwerking hebben. In een staat van hartcoherentie is het effect maximaal rond de zes ademhalingen per minuut. Factoren die dit ritme echter verstoren zijn destructieve emoties en gedachten zoals woede, een laag zelfbeeld, negatieve gedachten, frustratie, angst en falen. Wanneer je last hebt van stress vermindert jouw hartcoherentie. Dat wordt een probleem wanneer je hartcoherentie laag blijft tijdens ontspanning. Dit kan voorkomen in periodes waarin je last hebt van chronische stress. Je kunt daarbij denken aan een relatiecrisis, spanningen op het werk, of door bijvoorbeeld het ziekbed van een dierbare. Nare emoties en gebeurtenissen in je leven hebben altijd een negatief effect op je hartcoherentie. Andersom werkt het zo dat positieve ervaringen, geluksmomenten en wanneer je in een goede flow zit in je leven, jouw hartcoherentie juist positief ondersteunen en stimuleren.

Verderop deel ik een aantal oefeningen met je die je kunt inzetten voor een betere hartcoherentie. Wat wel belangrijk is om te weten is dat hartcoherentie geen snelle oplossing is of een ontspanningstechniek. Het is een kwestie van veel oefenen om meer grip (door inzicht, kennis en oefening) op je systeem te krijgen en (weer) zelf aan het stuur te staan. Wanneer je dit dagelijks oefent en volhoudt zal het je meer rust en meer ontspanning opleveren. Je zult ervaren dat je meer energie en helderheid krijgt en dat je milder wordt voor jezelf, waardoor je meer overzicht en grip krijgt op de situaties waarin je terechtkomt. Daardoor zul je ook anders met stress om kunnen gaan. Positief denken zal je meer positieve emoties opleveren en daarmee ondersteun je je hartcoherentie. Dit wordt onder andere veroorzaakt doordat je minder cortisol zult produceren en meer DHEA, een hormoon dat vermoeidheid maar ook veroudering tegengaat.

METEN

Wanneer heb je een gezonde hartcoherentie? Je kunt dit bij jezelf meten wanneer je in een normale toestand verkeert, dus niet wanneer je net intensief hebt gesport bijvoorbeeld.

Als je tussen de 3-7 ademhalingen per minuut hebt is dit een goede staat van hartcoherentie.
Wanneer mag je alert zijn? Wanneer je tussen de 7-12 ademhalingen per minuut hebt.
Wanneer moet je actie ondernemen? En meer aandacht voor je processen gaan krijgen? Wanneer je tussen de 12-15 ademhalingen per minuut hebt. Ga dan aan de slag met je ademhaling en ontspanning.

DHEA

DHEA is een belangrijk hormoon met betrekking tot onze breinprocessen. Aan DHEA worden veel positieve berichten toegekend, zo houdt het hormoon je fit en gezond, gelukkig, en gaat het veroudering tegen. Laten we eerst eens kijken wat DHEA precies is. Het wordt gevormd uit cholesterol en is de voorloper van veel andere hormonen. Je kunt dit stofje zien als de basis waaruit andere hormonen worden gevormd die ons lichaam ieder moment van de dag nodig heeft om goed te kunnen functioneren.

Zoals je inmiddels weet zorgt stress ervoor dat je lichaam cortisol aanmaakt. Wanneer er te veel cortisol in je lichaam zit kan dat zorgen voor de afbraak van spieren. Maar niet alleen dat: het zorgt er ook voor dat je hersenen krimpen, je huid en andere cellen verouderen, en je immuunsysteem verzwakt. Gelukkig neutraliseert DHEA de negatieve effecten van cortisol. In het ideale geval hebben we dus meer DHEA dan cortisol in ons lichaam. Als we niet goed in balans zijn hebben we juist minder DHEA in ons lichaam, waardoor cortisol meer schade kan aanrichten en er overprikkeling en onrust ontstaat. Je hartcoherentie kan je helpen om je DHEA-niveau te verhogen.

Hartcoherentie en je emotionele brein

Wanneer je bewust aan de slag gaat met je hart- en breinprocessen merk je dat er meer hartcoherentie is. Als we ons daarentegen laten afleiden door negatieve gedachten en emoties, zorgen van de dag, wat helemaal logisch is en gewoon gebeurt als we alles aan ons brein overlaten, ontstaat de innerlijke chaos. In feite bepalen je emoties in hoeverre je brein in balans is. Als je negatieve emoties en ongewenste spanning kunt loslaten, kan je energie beter stromen. Bij positieve emoties verandert je hartslag ten goede en krijgt je brein het sein dat alles fysiek in orde is. Op zijn beurt versterkt je brein juist je hart. Deze samenwerking leidt tot een situatie waarin we ons sterk voelen, flexibel zijn en uitdagingen aan kunnen. In die staat hebben we toegang tot onze intuïtie, het emotionele brein, en tegelijkertijd ook tot ons cognitieve brein waarmee we kunnen redeneren, analyseren en plannen. Op dat moment is er een optimale balans tussen je onderbewuste en je bewuste brein.

Communiceer dus vaker met je hart en vraag je hart wat je weten wilt, om zo de verbinding met jezelf te herstellen. Wanneer je twijfelt aan iets, stel dan heel puur de vraag aan je hart: wat wil ik hier nu echt mee? De emotie die je daarop voelt is je antwoord. Als het je een golf van warmte geeft, dan is het goed. Zorgt het voor een gevoel van afstandelijkheid, kilte of onrust? Dan weet je dat het niet goed is.

Wanneer je in een emotionele staat verkeert die je vasthoudt in negatieve energie krijg je een verkramping. Niet alleen je brein reageert hierop; je hele lichaam krijgt ermee te maken. Je voelt spanning in je schouders, misschien zelfs pijn in je rug, je darmen reageren, je kunt het bloedheet of ijskoud krijgen. Kortom, je lichaam slaat op tilt en je brein is overprikkeld,

Hartcoherentie trainen en oefenen
Adem 2 x per dag 10 minuten heel bewust en observeer daarbij wat je ademhaling met je doet. Zo reguleer je je ademhaling niet alleen, maar creëer je ook een verbinding met je ademhaling, en dus met je lichaam. Door die connectie te maken, ga je bewuster ademhalen en beïnvloed je daarmee ook je hartcoherentie. Wat hierin belangrijk is, is dat je vanuit je bewuste ademhaling doorschakelt naar de connectie met je hart, dus breng de aandacht ook naar je hart. Dat kun je bijvoorbeeld doen door je in te beelden dat je door je hart ademhaalt. Verderop is deze ademhaling uitgewerkt als oefening.

Wat mij enorm heeft geholpen in tijden van angst, depressieve gevoelens en burn-out is meditatie. Meditatie heeft mijn hartcoherentie toen ondersteund en ik gebruik dit nog steeds dagelijks, hoe meer ik ermee leerde oefenen, hoe meer het me opleverde. Er zullen in elk leven periodes zijn waarin niet alles even vlekkeloos verloopt, en dat is ook helemaal niet nodig. Voor mij persoonlijk blijft het ook iedere dag nog trainen, schakelen en kijken wat ik het beste kan inzetten. Bewust ademhalen helpt mij in ieder geval altijd, in welke stressvolle situatie ik me ook bevind, welke tegenslag er ook is of wat voor een offday ik ook heb. Dat soort dagen zal er altijd zijn. Bewust ademhalen, even niets doen en observeren werkt voor mij dan nog altijd kalmerend, waardoor ik weer helderheid krijg en het me lukt om andere technieken en oefeningen in te zetten die ik in dit hoofdstuk met je deel.

Hulpmiddelen die de hartcoherentie versterken:
- yoga
- meditatie
- bewust ademhalen
- de natuur in gaan
- spiritualiteit
- geloof in jezelf

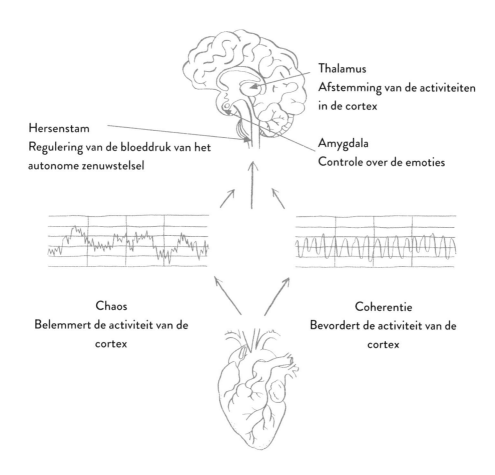

Je ziet hier heel duidelijk hoe het hart door middel van coherentie het brein beïnvloedt en bepaalde breindelen activeert.

Ademhaling

Ademhalen, hoe vaak staan we er bewust bij stil? Niet zo vaak natuurlijk. Ademhalen gaat toch vanzelf? Absoluut. Toch kun je een bewuste ademhaling op veel verschillende manieren inzetten.

Wil je een trauma verwerken, emoties die vastzitten loslaten, iets aanpakken waar je hersenen niet bij kunnen? Wil je je prestaties verbeteren, ontspannen of hyperventilatie doorbreken? Beter slapen of een sterkere connectie tussen lichaam en geest krijgen? Je ademhaling is de oplossing.

WIST JE DAT:
- 90 procent van de mensen maar 30 procent van hun ademhalingscapaciteit gebruikt;
- we vaak vergeten een goede ademhaling in te zetten, waardoor we continu aan blijven staan;
- ademen beïnvloedt hoe we denken en voelen;
- je altijd en overal tijd kunt nemen om je te concentreren op je ademhaling;
- je ademhaling je cellen op het diepste niveau bereikt;
- 70 procent van alle afval- en gifstoffen ons lichaam en brein verlaat door ze uit te ademen;
- een te snelle ademhaling ervoor zorgt dat onze pH-waarden stijgen, met een grotere kans op ontstekingen;
- bewust ademhalen ervoor zorgt dat het parasympathische systeem aangaat, de rem van ons lichaam en brein uitgaat, en we weer tot rust kunnen komen?

Ademhalen doen we ons hele leven lang, ieder moment van de dag. We doen dit onbewust, toch kunnen we bewust heel veel invloed op onze ademhaling uitoefenen met mooie resultaten voor onder andere onze breinprocessen. 25 jaar geleden had ik als meisje van 10 al mijn eerste ademhalingstherapie. Waarom? Ik leed aan astma en mijn ademhaling was enorm oppervlakkig en ongecontroleerd. In die tijd was mijn ADHD erg aanwezig en mijn aandachtspanne was zeer kort. Met de kennis van nu weet ik zeker dat mijn lifestyle, maar ook mijn ademhaling hierin een grote rol hebben gespeeld.

8 jaar geleden kwam ik opnieuw in aanraking met bewuste ademhaling, dit keer via yoga. Door mij op mijn ademhaling te concentreren ben ik in het hier-en-nu, krijg ik meer focus op mijn oefeningen en daardoor komen mijn bewegingen steeds beter in een flow. Ik krijg meer energie en voel me veel beter. Niet voor niets wordt bewuste ademhaling bij heel veel sporten ingezet.

HOEVEEL ADEMHALINGEN ZOUDEN WE PER MINUUT MOETEN HEBBEN?
- 4-6 ademhalingen heb je per minuut nodig als mens.
- Boven de 7 ademhalingen per minuut staat je stresssysteem aan.
- Bij 15 keer ademhalen per minuut put je je lichaam uit alsof je de marathon loopt.

Je kunt je ademhaling heel makkelijk tellen en volgen. Zet een timer op een minuut en tel je ademhalingen. Waar kom je op uit?

Ieder moment van de dag heeft een andere ademhaling. Zo is je ademhaling tijdens het sporten heel anders dan wanneer je rustig aan het mediteren bent. Wanneer je naar je buik ademt, dus dieper inademt, dan is je ademhaling coherenter en zal je meer ontspannen zijn en een betere diepere connectie maken met jezelf. Een oppervlakkige ademhaling – dat is hoe veel mensen onbewust ademen – is de borstademhaling. Die creëert automatisch meer onrust in je lijf. Iedere ademhaling heeft invloed op onze hartcoherentie. Met een bewuste buikademhaling kun je dus heel simpel je hartslag beïnvloeden. Behalve de verandering van je hartcoherentie treden er meer voordelen op, zowel mentaal, fysiologisch, energetisch als emotioneel. Zo kunnen we via een bewuste ademhaling tot emoties doordringen en tot de kern komen, wat anders misschien niet lukte. Dat is ook de reden waarom tijdens een meditatie mensen soms moeten huilen.

Klachten wanneer je gestrest bent en je niet bewust maar oppervlakkig ademt:
- onrustig gevoel
- overprikkeld brein
- kort lontje
- vermoeidheid
- grotere kans op ontstekingen
- breinfilter wordt gevoeliger
- moeilijk kunnen ontspannen
- angst en paniekgevoelens
- stresssysteem actief
- problemen met de spijsvertering

'Breathe in deeply to bring your mind home to your body'

THICH NHAT HANH

Ademen is eigenlijk een eenvoudig chemisch proces dat simpel gezegd neerkomt op het inademen van zuurstof en het uitademen van kooldioxide. In onze longen bevinden zich zo'n 500 miljoen longblaasjes. Voor het inademen gebruik je geen spieren, alleen je middenrif. Het middenrif kun je trainen en sterker maken. Wanneer we ons bewuster worden van onze ademhaling, kunnen we verschillende technieken inzetten. Dat levert je veel voordelen op voor de gezondheid van je hersenen en de rest van je lichaam. Door in en uit te ademen bewegen de organen in je buik wat omhoog en weer terug omlaag. Door de ruimte die ze dan even krijgen, kunnen voedingsstoffen in de vorm van vloeistoffen en zuurstof beter door het lymfevatenstelsel gepompt worden en kunnen gifstoffen verwijderd worden. Door die bewegingen worden je organen als het ware gemasseerd en daarmee houd je ze gezond.

Wanneer je in tijden van overprikkeling bewust je ademhaling observeert, zul je zien dat je ademhaling kort en oppervlakkig is. Je krijgt minder zuurstof, je hartslag verhoogt en je spieren verkrampen.

BEWUSTWORDING VAN JE ADEMHALING

Bewust gaan ademhalen is een kleine stap die grote voordelen heeft, zoals die hieronder. Door een juiste ademhaling masseer je alle organen.

- Je ademhaling informeert het centrale zenuwstelsel om actief te worden of om los te laten.
- Door gedachten en emoties communiceert je ademhaling met je hersenstam.
- Je ademhaling brengt belangrijke informatie vanuit je omgeving naar je immuunsysteem en zenuwstelsel.
- Een ontspannen, lage ademhaling helpt je te rusten.
- Een bewuste ademhaling zorgt voor verbinding met jezelf.
- Een rustige ademhaling beïnvloedt je gedachten: zij stelt je in staat om afstand te nemen van iets, zodat je ernaar kunt kijken zonder stress.
- Het observeren van je ademhaling kan je helpen om een positieve nieuwsgierigheid te ontwikkelen.
- Een ontspannen ademhaling kalmeert je zenuwstelsel en brein.
- Je ademhaling heeft invloed op de functie van je darmen.
- Je ademhaling beïnvloedt je hartslag en dus je bloeddruk.
- Door je ademhaling pompt het ruggenmergvocht van je brein op en neer.
- Je ademhaling heeft invloed op ontstekingen; een te onrustige ademhaling zal voor (meer) ontstekingen zorgen.

- Een verhoogde ademhaling zorgt voor een onrustige hartcoherentie, meer chaos, waardoor een minder goede verbinding tussen hart en brein ontstaat.
- Een bewuste ademhaling zorgt ervoor dat je bij de diepere lagen in je onderbewustzijn kunt komen.
- Bewust ademhalen zorgt voor het losmaken van emoties die al langere tijd vastzitten.
- Een ontspannen, lage ademhaling helpt bij het loslaten van negativiteit.
- Een bewuste ademhaling verruimt het bewustzijn.

Toen ik mij bewust werd van mijn ademhaling – na een langere tijd kortademig te zijn geweest en zelfs periodes van hyperventilatie te hebben gekend – ging er een wereld voor me open. Ik vond het in het begin best spannend, maar het bracht me meer rust. Die rust motiveerde me om meer onderzoek te doen naar ademhaling; ik leerde wat bewust ademen precies inhoudt en hoe het voor ieder mens een groot verschil kan maken.

Die ervaringen en kennis deel ik graag met je, in level 4 zullen we er dan ook bewust mee aan de slag gaan. En op www.charlottelabee.com/overprikkeldbrein vind je een aantal fijne, begeleide ademhalingsoefeningen. Je vindt deze oefeningen ook terug in level 4, waarin we in tien weken stap voor stap het verschil voor jouw brein zullen maken.

Wetenschapper dr. Emma Seppälä, psycholoog en onderzoeker aan de universiteit van Yale, schreef in haar boek *The Happiness Track*, over haar tien jaar durende onderzoek naar meer geluk en rust. Zij bevestigt in dit boek dat ademhalen een van de effectiefste en snelste manieren is om een reactie van je zenuwstelsel te beïnvloeden. De voordelen van bewust ademhalen worden in steeds meer onderzoeken bewezen en onderbouwd. Ademhaling is een krachtig instrument, waar iedereen gratis en onbeperkt toegang tot heeft. Het enige wat je hoeft te weten is hoe je het goed inzet, zodat het een onbewust proces wordt. Wanneer je geoefend bent in je ademhaling, zul je ervaren dat je stressbestendiger wordt, externe factoren je niet makkelijk meer uit het veld slaan, en je meer focus en mentale energie krijgt. Zelfs je slaap, humeur, cognitie en relaties worden beter door bewuste ademhaling.

Emoties en ademhaling met elkaar verbonden

Onze emoties en ademhaling zijn met elkaar verbonden. Wanneer je bij emoties die je ervaart je ademhaling observeert, kom je erachter dat iedere emotie een andere ademhaling heeft. Observeer het maar eens. Je zult verstelt staan wat er verandert in je brein en zenuwstelsel. Je emotie zet dus een bepaalde ademhaling aan, maar andersom werkt het ook zo dat een bepaalde ademhaling je emoties triggert. Het is dus tweerichtingsverkeer. Door een versnelde ademhaling ontwikkel je dus onrustige emoties. Wanneer je rustiger ademt, voel je je ook rustiger. Wanneer we bewust langzamer en dus langer in- en uitademen, verlagen we onze hartslag, onze bloeddruk en het onrustige gevoel in ons lichaam.

Emoties onderdrukken door ademhaling

Ieder mens heeft emoties. We slaan die op in onze cellen, als een geheugen. Dit helpt ons brein en ons lichaam te onthouden hoe we in een soortgelijke situatie kunnen reageren, waardoor we onze overlevingskansen vergroten.

Er is een specifieke spier die betrokken is bij emoties. Die spier is het middenrif. Om vervelende emoties niet te hoeven voelen, spannen we het middenrif onbewust aan. Het is een overlevingsmechanisme van ons lichaam om niet te hoeven voelen, maar met het aanspannen van het middenrif blokkeren we onbewust onze ademhaling. De emotie die bij een bepaald voorval hoort of heftige emoties die zelfs tot een trauma hebben geleid, slaan we daarmee op in ons celgeheugen. Onbewust vinden ons brein en lichaam het best fijn om die kennis op deze manier bij zich te houden. Maar in plaats van dat het ons helpt, wordt het een energetische blokkade die onze energie behoorlijk kan vervuilen: zelfs als het een oude emotie is die op dit moment helemaal niet actueel is. En zo kan die emotie uit het verleden de emotie uit je toekomst worden, aldus auteur en wetenschapper Joe Dispenza. Dispenza bedoelt hiermee dat zolang de opgeslagen informatie actief blijft – door het herhalen van een onbewust patroon, gedrag, gedachte of een belemmerende overtuiging – de emotie nog steeds als echt en relevant wordt ervaren door je lichaam en je geest.

'Door de emotie uit het verleden te herhalen, wordt jouw emotie uit je verleden je toekomst'

JOE DISPENZA

Hoe meer emoties er zijn opgeslagen in je lichaam, hoe meer je brein geprikkeld wordt en hoe lager jouw brein- en hartfrequentie zullen zijn. Daarmee loop je ook een groter risico om ziek te worden.

Emoties hebben we allemaal en dat is maar goed ook, want het maakt ons menselijk. Toch is de hardheid waarmee we onszelf behandelen niet altijd even gunstig. Het zorgt ervoor dat we ons minder kwetsbaar durven op te stellen, waardoor we nog meer emoties opkroppen die ons een overprikkeld brein opleveren.

Een bewuste ademhaling brengt ons dan op punten, emoties en lagen waar maar weinig therapieën kunnen komen. Dat is ook mijn eigen ervaring. Zeven jaar geleden had ik mijn eerste *breathwork*-sessie op Bali. Ik vond het enorm spannend, want als er iemand de controle niet los kon laten was ik het. Toch ging ik het avontuur met een open mind aan. En het was magisch! Dat mijn lichaam dit verlichte en euforische gevoel kon geven, het zelf ontwikkelde? Ik was onder de indruk. Mijn hele lichaam tintelde, shakete, bewoog; tranen rolden over mijn wangen, ik snikte en snotterde. Ergens ging ik terug naar de baarmoeder; emoties, verdriet en pijn kwamen naar boven. Hierdoor kwam naar boven dat ik mij in de baarmoeder al niet gewenst voelde. Dit maakte dat ik mij intens verdrietig en eenzaam voelde, maar iets in me mocht helen. Een aantal jaren later had ik baarmoederhalskanker en een aantal jaren daarna een poliep, waardoor ik een ernstige bloeding kreeg en 2,5 liter bloed verloor in 2 uur tijd, met als gevolg dat ik afgevoerd werd naar het ziekenhuis. En toen, energetisch gezien, was er eindelijk wat geheeld in mijn baarmoeder, waardoor ik me vanaf dat moment beter verbonden voelde dan ooit. Het klinkt misschien wat vreemd om het op deze manier te bekijken, maar ik geloof erin. Er is niet alleen het verstand waarmee we naar onszelf als mens kunnen kijken. Er is veel meer.

Ik ben me gaan verdiepen in dat wat er nog meer mogelijk is, voor mij persoonlijk, maar ook op professioneel gebied. Ik heb zelf enorm veel ademhalingssessies gedaan, op verschillende plekken in de wereld, bij inspirerende leermeesters. Uiteindelijk heb ik er trainingen in gevolgd en zet ik ademhaling ook in in mijn eigen trainingen. Ook al ken ik de kracht ervan, toch verbaas ik me iedere keer weer wat het met mensen doet en met het proces waar ze in zitten.

Martie was een van de deelnemers van mijn Level 2-opleiding, de coachopleiding. Als deelnemer heb je dan al behoorlijk wat processen doorlopen. Je bent de diepte van je brein en zenuwstelsel dan al in gegaan en leerde de stappen te zetten met iemand die jij gaat coachen. Tijdens de breathwork-sessie die ik deed met deze groep, gebeurden er magische dingen. Martie had tijdens de sessie een ervaring waarin ze puur geluk voelde. Ze keek me aan met stralende ogen en deelde met ons dat het onmogelijk was wat ze voelde, ze voelde vanuit haar tenen een intens geluk, iets wat ze nog nooit in haar leven gevoeld had. Iets wat haar op 45-jarige leeftijd daardoor dan ook overviel en verdrietig maakte. Als ze dit nooit eerder had gevoeld, had ze dan niet ontzettend veel gemist?

Ik heb nauw contact met de deelnemers. In de maanden die volgden ontstonden er bij Martie groeiende inzichten. Het gevoel dat ze had gehad tijdens en na de breathwork-sessie, had haar ogen geopend en doen beseffen dat ze dit vaker wilde voelen, niet alleen door een bewuste ademhaling maar omdat geluk er altijd mag zijn. Sindsdien geeft ze aan dat ze zich gelukkiger voelt dan ooit, terwijl ze dacht dat ze al zo gelukkig was.

Dennis is ook zo'n mooi voorbeeld. Door allerlei persoonlijke processen was Dennis al enorm gegroeid in de opleiding, en dit was het moment om de ademhaling nog een laatste stukje zijn werk te laten doen. Wat er precies gebeurde is bijna niet te omschrijven, maar er opende zich een dieperliggende emotie, waar we met ons intelligente breinsysteem helemaal niet bij konden. Dennis kwam bij een stuk uit zijn jeugd, een deel waarin hij totaal geen support kreeg. Geen arm om hem heen wanneer hij het moeilijk had. Hij moest het al jong alleen doen en voelde zich eenzaam, wat hem uiteindelijk hard naar zichzelf maakte. En nog steeds zorgde het er weleens voor dat hij zich afsloot. De ademhaling bracht hem bij het moment waarin dit ontstaan was en waarin hij de mensen die hem dit aandeden, zijn omgeving, zijn moeder, kon vergeven. Hierdoor heelde hij de verbinding met zijn moeder, met als gevolg dat hij vanaf toen om hulp kon en mocht vragen. Hij wist dat hij het niet alleen hoefde te doen. Hierdoor veranderde er in zijn relatie enorm veel. Zijn vriendin, die ik later nog eens sprak, gaf aan dat hij sinds deze sessie veel toegankelijker was, een echte connectie met haar was aangegaan en dat dit hun relatie een boost had gegeven.

Daar waar we soms bewust niet bij een programmering kunnen komen, brengt ademhaling ons onbewust juist daar waar we kunnen helen. Ik kan iedereen die dit boek leest dan ook aanraden om een keer een ademsessie te doen. Het zal je zoveel moois opleveren!

Emoties die we niet erkennen, stapelen zich op. Ze worden omgezet in angst, verdriet en ziekte.

> *'Een emotie of een gevoel, is niets meer dan een ervaring uit het verleden'*

> **HOE JE ZELF MET JE ADEMHALING AAN DE SLAG KUNT: TIPS OM JE ADEMHALING TE KALMEREN**
> - Adem langer uit dan in.
> - Volg je ademhaling, je zult zien dat je vanzelf langzamer gaat ademhalen.
> - Adem in naar je buik.
> - Beeld je in dat de lucht die je inademt, je positieve energie geeft.
> - Neem een pauze na iedere uitademing.
> - Ben je bewust van je ademhaling, en dat je dit zelf kunt controleren.

Een rustige ademhaling kalmeert het parasympathische zenuwstelsel dat ervoor zorgt dat je kunt afremmen en herstellen. Dit gedeelte activeert tevens ons spijsverteringssysteem, waardoor we voedingsstoffen beter op kunnen nemen.

Dit in tegenstelling tot wanneer onze ademhaling onrustig, gejaagd en oppervlakkig is. Dat activeert namelijk het sympathische zenuwstelsel, wat de opname van voeding in de wacht zet en waardoor je geen toegang meer hebt tot je prefrontale cortex, het breingedeelte dat verantwoordelijk is voor planning en een goede prikkelverwerking. Wanneer je prefrontale cortex overprikkeld raakt, raakt je hele brein overprikkeld. Dat is deels ook de reden dat we vaak emotioneel worden wanneer we stress ervaren: de prefrontale cortex staat namelijk in verbinding met diverse breingebieden. Je kunt dan een korter lontje krijgen, verkeerde keuzes maken, blijven hangen in negatieve emoties, ongezonder eten en geen zin hebben om te bewegen.

Gelukkig kun je erop vertrouwen dat je je parasympathische systeem activeert door rustig te ademen. Een mooie manier om jezelf te kalmeren. Vergeet dus nooit dat we altijd toegang hebben tot onze emoties en ze zelf kunnen aansturen.

Helaas is ons dit niet van jongs af aangeleerd, waardoor we ons leven lang altijd geprobeerd hebben problemen op te lossen door cognitief ons brein in te zetten, om zo een oplossing te bedenken. De oplossing is veel eenvoudiger: ademhalen. Er zijn verschillende ademhalingstechnieken die je daarvoor in kunt zetten. We gaan dit in level 4 uitgebreid oefenen. Op de website vind je diverse video's die je kunnen begeleiden.

Bewust je ademhaling gebruiken
Bij het beoefenen van bewuste ademhaling blijkt dat het niveau van het hormoon cortisol vele malen lager wordt; een Zweeds onderzoek laat zelfs zien dat depressies, angsten, stress en negatieve emoties afnemen en zelfs verdwijnen. Er wordt zelfs al

gedeeld in verschillende onderzoeken dat de sky (Sudarshan Kriya Yoga-ademhaling) effectiever is dan antidepressiva, waarbij je de nadelen zoals de bijwerkingen van de medicatie ook niet hebt. Door deze ademhaling kunnen we het brein beter stimuleren, waardoor de bètahersenactiviteit toeneemt en je meer focus krijgt en een sterker bewustzijn. Stress wordt dus verminderd, je focus verbetert, we kunnen betere oplossingen bedenken, je cholesterolniveau verlaagt, je boost het immuunsysteem, en je positieve emoties nemen toe. Al bij een eerste oefening met deze ademhaling maak je meer prolactine aan. Dat is het hormoon dat gekoppeld is aan het vermogen om te leren, te ontwikkelen, te concentreren en je geheugen te boosten.

De voordelen van deze ademhaling zijn dus allesomvattend. Zo blijkt uit de onderzoeken van Seppälä dat de effecten van ademhaling groter zijn dan mindfulness en cognitieve therapie. Wanneer je je denken wilt inzetten om heldere beslissingen te nemen, zal je ademhaling eerst op orde moeten zijn, zodat je toegang krijgt tot je intelligente breinsysteem. Ook bij ptss wordt ademhaling zeer succesvol toegepast: in een onderzoek met veteranen nam de ernst van de klachten direct af, niet slechts voor de korte termijn maar voor wel een jaar. Dit in tegenstelling tot vele andere breinoplossingen. In een wereld waarin we constant alert (moeten) zijn, overactief zijn en te weinig op de rem trappen, is ademhaling de tool om je hersenen en je lichaam weer tot rust en in balans te brengen.

sky-ademhaling is een verzamelnaam voor meerdere *pranayama's* waaronder de *nadi shodana*, die we verderop gaan oefenen.

Misschien twijfel je nog of je dit wel kunt. Of het niet heel lastig is of ingewikkeld. Maar eigenlijk is het heel simpel om je ademhaling anders te gaan gebruiken, het begint namelijk bij bewustwording. Het enige wat je hoeft te doen is te gaan observeren waar je ademhaling is en je bewust te worden van de grote rol die ademhaling voor je speelt en hoe het jou dus heel snel en effectief kan helpen. Door alleen al een korte rustpauze bij iedere uitademing te plaatsen, vertraag je de ademhaling op een simpele manier.

Niet in het hier-en-nu
We zijn zo vaak niet in het moment aanwezig. In gedachten zijn we dan bij de dingen die nog moeten. Laatst wandelde ik naar mijn kantoor, een wandeling van zo'n 25 minuten wanneer je goed doorwandelt. Ik hou ervan om de wereld te observeren wanneer ik wandel, het vertraagt me en laat mij me realiseren wat we onszelf aandoen. Deze ochtend, helaas geen uitzondering, viel het me op hoe gehaast iedereen was die ik tegenkwam. Niemand lachte of was vrolijk, maar leek verbitterd, verhard, gehaast en gestrest. Veel mensen razen aan hun eigen leven voorbij. We nemen zelfs niet de rust

'Je hebt altijd de mogelijkheid om jouw eigen werkelijkheid te creëren'

om stil te vallen en uit te zoomen, we zijn niet meer verbonden met ons eigen leven. We leven met ons brein continu in een andere wereld, mede door de mobiele telefoon en de enorme eisen die we aan onszelf stellen. Het resultaat is een brein dat overprikkeld raakt, en we voelen ons verward, ongerust, angstig, gestrest en ongelukkig. En dat hebben we allemaal zelf in de hand. Het is een keuze om zo te leven.

Misschien is dit een harde statement dat weerstand bij je oproept. Dat kan en mag; laat die weerstand er zijn. Juist wanneer er weerstand opkomt in je brein, betekent dat dat je meer ruimte mag gaan nemen voor jezelf, dat er groei kan plaatsvinden. Uiteraard hoef je het niet met me eens te zijn, maar probeer er eens zonder oordeel naar te kijken. We zitten veel te veel in ons hoofd en daardoor raken we de connectie met onszelf kwijt; met ons lichaam, onze ziel, onze emoties, onze spiritualiteit. Het wordt tijd om weer meer het lichaam in te gaan en het brein meer los te gaan laten, en je ademhaling zal je daar bij helpen.

We mogen meer de connectie zoeken met onze vier lichamen: het fysieke, het mentale, het energetische en het spirituele lichaam. Deze mogen allemaal met elkaar verbonden zijn. Wat ik daarentegen vaak zie is dat we zo sterk met ons brein zijn gaan werken, dat deze vier delen niet goed meer met elkaar communiceren, waardoor we overprikkeld raken en ons geluk kwijtraken.

Vaak leven we in het verleden met de kennis, ervaringen, trauma's en emoties die opgeslagen zijn als stenen in een muur. Die kunnen ons belemmeren om te leven zoals we willen leven, om in verbinding te staan met ons fysieke, mentale, energetische en spirituele zelf, om te ontdekken wat we nog kunnen verruimen in ons leven. We zoeken te veel naar erkenning van buitenaf. Wie altijd erkenning van een ander nodig heeft om gelukkig te kunnen zijn, zal vroeg of laat teleurgesteld worden. Wie leert naar zijn eigen stem te luisteren, zal niet alleen vinden wat hij zoekt, maar voorkomt door deze natuurlijke, gezonde zelfbescherming ook overbelasting door de externe factoren waarmee we iedere dag in aanraking komen. Het is in onze moderne wereld een grote uitdaging om de kennis die er al is in te zetten en daarmee ons bewustzijn te vergroten.

'Het fysieke lichaam wordt als spiegel van de ziel beschouwd'

ONBEKEND

Wanneer we onze interne processen blijven negeren en volledig naar buiten gericht blijven leven, zullen we op weerstand stuiten: er zullen blokkades ontstaan en negatieve gedachten. Dan vergt het heel veel energie om toch nog goed te kunnen blijven functioneren, om je gezond en gelukkig te blijven voelen. Je hele systeem raakt erdoor uit evenwicht, en daar kun je geestelijk en lichamelijk ziek door worden. Die negatieve spiraal – waar je zelfsaboteur om de hoek komt kijken – kan doorbroken worden als je meer ruimte geeft aan je innerlijke processen. Dan ontstaat er altijd rust en balans. Voor mij voelt dat als een innerlijke vrede in het hier en nu. Het wordt dus tijd om in het nu te gaan leven en niet meer in emoties en ervaringen uit het verleden, of te blijven denken aan wat er in de toekomst zou kunnen gebeuren.

Energetische verbinding met jezelf

In de westerse wereld zijn we enorm gefocust op onze mentale en fysieke prestaties. Het doen en het organiseren van dingen. Daarbij vergeten we vaak onze energetische en spirituele kant. Juist deze twee onderdelen zorgen ervoor dat je op alle vlakken overprikkeld raakt wanneer je uit balans bent.

Alles is energie: je lichaam, je emoties en gedachten, je cellen, ze zenden allemaal energie uit. Die energie noemen we ook wel een frequentie. Eerder in dit hoofdstuk las je al over je hartcoherentie en je brein-hartverbinding. Dit heeft alles met je energetische lichaam te maken: de energie die je hebt is wat je uitstraalt en aantrekt. Dit gedeelte van jou is dan wel niet zichtbaar, maar zeker wel voelbaar. Je voelt iemands energie, je merkt wanneer er in een ruimte een minder fijne sfeer hangt, of er net ruzie is geweest, of dat iemand zich niet happy voelt. Dat wat je dan voelt, dat is energetische verbinding.

Ook al zijn we ons daar niet altijd bewust van, toch voelen we allemaal energie. Bijna iedereen voelt wel het verschil tussen negatieve energie en een positieve, vrolijke energie. Waarschijnlijk voel jij het ook aan wanneer iemand goed in zijn vel zit of juist heel zwaarmoedig door het leven gaat. Niet alleen mensen zijn energie, alles om ons heen is energie. Dat geldt dus ook voor het boek dat je nu vasthoudt en de stoel of bank waar je op zit.

BELONINGSGERICHT LEREN: HET DOORBREKEN VAN GEWOONTELUSSEN

Onze hersenen ontwikkelen zich beloningsgericht. Bijvoorbeeld: er gebeurt iets leuks, of je ontvangt een fijn berichtje op je telefoon. Op dat moment maak je dopamine aan, je breingeheugen slaat dit op als fijn moment, want je krijgt er een goed gevoel van. De eerstvolgende keer dat je je even niet zo fijn voelt, weet je brein waar het op aan moet sturen. Het weet nog dat je telefoon je een fijn gevoel gaf. Onbewust stuurt je brein je een signaal dat je je telefoon moet pakken, zodat je dat fijne gevoel weer even terugkrijgt. Hoe vaker dit voorkomt, hoe sneller het een gewoonte zal worden, en voor je het weet is het een gewoontelus van je brein en wordt het onbewust meerdere keren per uur ingezet. Zo werkt het ook met negatieve emoties. Wanneer je bijvoorbeeld een deadline hebt en achterloopt, dan krijg je een vervelend gevoel. Maar zoals je weet, is je brein zo ontwikkeld dat het dat niet wil. Dus gaat het op zoek naar iets wat een fijne emotie geeft. Voor jou is dat wellicht even op social media kijken, misschien is dat winkelen, misschien is dat eten of een glas (of meer) alcohol drinken. Voor we er erg in hebben wordt dit een gewoontelus, waardoor we voortdurend een oplossing gaan zoeken als we ons even ongemakkelijk voelen. Alles om ons maar weer even happy te voelen.

In het kort:
1. Je voelt je slecht (je brein wil dat niet en zet aan tot actie).
2. Je gaat op zoek naar iets wat geluk oplevert (meestal ongezond gedrag).
3. Je voelt je kort weer gelukkig (tot dat gevoel weer wegebt en je je misschien zelfs schuldig voelt – dat wil je brein niet, en zo komen we weer bij punt 1).

Je brein slaat het goede gevoel op in het geheugen omdat het zich graag beloningsgericht ontwikkelt en daarin groeit wanneer het de juiste hormonen en neurotransmitters aanmaakt. Maar voor we het weten is dit ons nieuwe beloningssysteem: we belonen onszelf niet omdat we een beloning verdienen, maar puur om ons beter te voelen. Zo komen we in een gewoontelus terecht. Daarmee prikkelen we ons brein te veel en beschadigen we onszelf.

Wanneer je hersenen stap 1 tot en met 3 herhaaldelijk inzet als breinstrategie, zorg je automatisch voor een alert zenuwstelsel en een brein dat altijd aanstaat. Hierdoor komen we niet lekker in ons vel te zitten en hebben we het steeds meer nodig om die plezierige emoties te zoeken, om dat gevoel weer (even) te mogen hebben. Daardoor staat je brein nog meer aan, voel je je schuldig omdat je toch weer je telefoon gepakt hebt of bent gaan shoppen of weer (te veel) hebt gedronken. Je kunt je voorstellen dat je daarmee in een neerwaartse spiraal van negatieve emoties en gevoelens komt te zitten. Zo blijf je bezig:

je brein wil die negatieve gevoelens het liefst laten verdwijnen en de positieve gevoelens laten groeien.

Nu je weet hoe je onbewuste brein en programmeringen werken, is het duidelijk dat dit allemaal onbewust plaatsvindt. Gelukkig weet je nu ook dat het anders kan en dat jij dus wel degelijk grip hebt op jouw brein en de strategieën en gewoonten die het inzet.

Leer te observeren en te begrijpen wat er gebeurt, train je brein en dus jezelf om daar alert in te zijn. Zorg dat je communiceert met je brein door te begrijpen wat zijn – en dus jouw eigen – mechanisme is, dat vaak (onbewust) zelfvernietigend werkt en je op de lange termijn in de weg zit. Wanneer je je gewoontelussen blijft volgen en versterken, zullen de signalen en symptomen van een overprikkeld brein alleen maar groter en intenser worden.

Je nervus vagus stimuleren

De laatste jaren heeft de nervus vagus steeds meer aandacht gekregen door diverse wetenschappelijke onderzoeken. Er is steeds meer kennis over hoe enorm belangrijk de nervus vagus is voor ons brein. Een overprikkeld brein begint bij een overprikkelde nervus vagus. Zoals je hebt gelezen in level 2 treedt er disbalans op als de nervus vagus te vaak overprikkeld is. We kunnen de nervus vagus kalmeren, ontprikkelen, met behulp van een aantal praktische oefeningen.

In de medische wereld is de nervus vagus ook steeds meer centraal komen te staan in de behandeling van diverse aandoeningen. Niet alleen bij psychiatrische en gastro-intestinale aandoeningen, maar ook bij ontstekingsziekten zoals reumatoïde artritis, chronische hoofdpijn, fybromyalgie en diabetes. Door het toedienen van elektrische impulsen kan de nervus vagus gestimuleerd worden. Zo kunnen chirurgen heel kleine apparaatjes in je lichaam plaatsen, die door middel van elektrische schokjes de nervus vagus activeren Er is ook een heel scala aan natuurlijke technieken waarmee je de nervus vagus kunt stimuleren en versterken en die indirect en niet-invasief zijn. Denk daarbij bijvoorbeeld aan koudetherapie, zingen, ademhaling en beweging.

Onderzoek heeft aangetoond dat je parasympathische zenuwstelsel wordt geactiveerd wanneer je lichaam zich moet aanpassen aan koude temperaturen. Het parasympathische zenuwstelsel wordt aangestuurd door de nervus vagus en beïnvloedt het lichaam door het in een staat van rust en herstel te brengen. Koudetherapie veroorzaakt perifere vasoconstrictie (vernauwing van de slagaderen) en zorgt ervoor dat de kern van je lichaam harder moet werken om je warm te houden. Dit doet hij door meer bloed naar het centrum van je lichaam te brengen. Dit resulteert in een verhoogde centrale druk die de baroreflex activeert. De baroreflex is verantwoordelijk voor het switchen van een sympathische staat (fight-or-flight) van je lichaam naar de parasympathische staat. Onderdompeling in koud water, of zelfs alleen je gezicht wassen met koud water, is daarmee een effectieve manier om de parasympathische activiteit van je lichaam te verhogen. Koudetherapie is in Scandinavië een bekende behandeling tegen depressie. Daar bestrijden de bewoners de grote kans op winterdepressie tijdens de lange winters door in ijskoude meren te zwemmen. Plotselinge kou is een hormetische prikkel, die kortdurend fysieke stress veroorzaakt, waardoor het lichaam wordt gestimuleerd om de stress te verlagen. De fysieke stress van dat moment, maar ook de stress die je al ervaarde. Een koude douche of een ijsbad zijn tegenwoordig erg populair en bieden zo vele voordelen voor onze gezondheid.

Ook zingen en neuriën kun je gebruiken om je nervus vagus te stimuleren. Zingen of neuriën activeert het parasympathische zenuwstelsel en de nervus vagus door de spieren in de keel, nek en longen aan te sturen. De nervus vagus loopt langs de stembanden en het inwendige deel van je oor, en de vibraties die door zingen ontstaan zijn een simpele manier om de nervus vagus te activeren. De trilling die het herhaald zingen van ohm activeert, is bijvoorbeeld heel stimulerend voor de nervus vagus.

Yoga en andere vormen van milde beweging verhogen de activatie van de nervus vagus en het parasympathische zenuwstelsel. Een specifieke op ademhaling gebaseerde meditatietechniek, de *sudarshan kirya* yoga (SKY), stimuleert de nervus vagus en resulteert in verschillende autonome effecten zoals een verandering van hartslag, verbeterde cognitie en verbeterde darmfunctie. Klinische studies hebben ook de effectiviteit van yoga als behandeling van PDS aangetoond, omdat yoga de parasympathische activiteit verhoogt en overactiviteit van de amygdala voorkomt, het deel van de hersenen dat emoties beïnvloedt.

Diepe ademhaling en meditatie
Het middenrif en de intercostale spieren tussen de ribben beïnvloeden de beweging van je ademhaling. Wanneer iemand stress heeft, wordt de ademhaling oppervlakkig. Hij of zij gebruikt dan onbewust de schouders in plaats van het middenrif om de lucht in en uit de longen te bewegen. Dit ademhalingspatroon activeert het sympathische systeem en verergert de symptomen van stress. Diepe ademhaling activeert juist het parasympathische zenuwstelsel door middel van stimulatie van de nervus vagus. Onderzoek heeft aangetoond dat personen die last hebben van depressie, angststoornissen of chronische pijn een duidelijke verbetering doormaken wanneer zij regelmatig deelnemen aan mindfulness of meditatietraining. Daarover later meer in het gedeelte over mindfulness en meditatie. Ook op ademhaling kom ik nog terug en die gaan we samen oefenen.

Probiotica
Onderzoek toont steeds meer aan dat de nervus vagus ook sterk beïnvloed wordt door bacteriën, schimmels en andere microben in ons darmmicrobioom. Er is onderzoek dat suggereert dat specifieke bacteriestammen invloed hebben op de nervus vagus. Om homeostase (gezondheid in evenwicht) te bereiken, reageert het centrale zenuwstelsel op omgevingsfactoren die worden doorgegeven via de nervus vagus. Recent onderzoek heeft laten zien dat er bij mensen met depressie, angststoornissen en schizofrenie afwijkingen in het darmmicrobioom en de activiteit van de nervus vagus te zien zijn. Probiotica zijn goede darmbacteriën die bijdragen aan de balans van het microbioom. Bepaalde probiotica, zoals *bifidobacterium*, signaleren via vagale routes naar het brein. In klinische studies waarin dieren het supplement *L. rhamnosus* toegediend kregen, was te zien dat er veranderingen optraden in de GABA-receptoren, die door de nervus vagus aangestuurd worden.

Probiotica kunnen daarnaast ook helpen om een microbioom weer in balans te brengen als er in de darmen een tekort is aan goede bacteriën. Dit kan een gevolg zijn van een ongezond voedingspatroon, maar bijvoorbeeld ook van een antibioticakuur. Er is wetenschappelijk onderzoek gedaan naar het effect van probiotica op klachten zoals diarree. Daaruit kwam dat probiotica de kans op diarree na een infectie aanzienlijk verkleinen en ook de duur van diarree inkorten. Probioticasupplementen zijn een mengsel van verschillende bacteriesoorten en moeten meestal minimaal vier weken gebruikt worden om effect te ervaren.

Choline
Acetylcholine is de belangrijkste vagale neurotransmitter en werkt ontstekingsremmend voor cytokinen (boodschappers die het afweersysteem activeren of juist remmen) en verbetert het geheugen en onze focus. Het aminozuur choline is de voorloper van acetylcholine en nodig om die aan te maken. Choline stuurt in in de nervus vagus verschillende belangrijke processen aan, waaronder spiercontrole, het geheugen en prikkeloverdracht in de hersenen. Hoewel plantaardige voedingsmiddelen vaak minder choline bevatten dan dierlijke voedingsmiddelen, kun je ook bij een plantaardig dieet toch genoeg choline binnenkrijgen. Met name tofu, sojamelk, kruisbloemige groenten als broccoli, gekookte gedroogde bonen, quinoa, pinda's en champignons bevatten veel choline.

Je lifestyle verbeteren

Beweeg je lichaam en help je brein
Beweging stimuleert de productie van de geluksneurotransmitters in je lichaam, ook wel bekend als endorfinen, die een positieve invloed op je humeur en stressniveau hebben. Van cardiosporten is wetenschappelijk bewezen dat deze ook de hoeveelheid stresshormonen in je lichaam verlagen. Denk hierbij aan hardlopen, zwemmen, wandelen, fietsen of deelnemen aan teamsporten (voetbal, tennis, golf). Een succesvol sportritme kan uit allerlei fysieke activiteiten bestaan, zolang je je lichaam maar minimaal 2,5-5 uur in de week goed aan het werk zet.

Je kunt langzaam beginnen met een paar korte sessies, en blok een vaste tijd in je agenda om er een gewoonte van te maken. Ook als je misschien niet altijd tijd hebt om naar de sportschool te gaan, zijn er andere manieren om gezond te bewegen. Een wandeling, yoga of een rondje rennen met de hond kunnen perfecte manieren zijn om even inspannend te ontspannen. Sporten in een groep of met een vriend kan het nog leuker maken, je meer motiveren en uiteraard je nervus vagus meer stimuleren.

Oefen dankbaarheid
Dat je je dankbaar voelt voor dingen gebeurt (hopelijk) regelmatig vanzelf. Het daarnaast bewust regelmatig oefenen en tonen van dankbaarheid heeft meer voordelen, zoals een verhoogd gevoel van eigenwaarde en een beter mentaal welzijn, verminderde gevoelens van agressie en een hogere mate van empathie. Gebruik een (Brain Balance) journal om iedere dag op te schrijven waar je dankbaar voor bent of waar je die dag simpelweg blij van werd, en ervaar hoe dit je perspectief verandert.

Ga terug naar de natuur
Tijd doorbrengen in een natuurlijke omgeving is goed voor je gezondheid en welzijn. Meer in of met de natuur bezig zijn kan al zoiets simpels zijn als het water geven van je planten, een halfuurtje tuinieren of vijf minuten met blote voeten door het gras lopen. Kies iedere dag of een paar keer per week een activiteit in de natuur, groot of klein, om een gevoel van rust en kalmte te ervaren.

Stel je huid bloot aan zonlicht
Hoewel te veel blootstelling aan de zon schadelijk voor de huid kan zijn, kan te weinig blootstelling ook ernstige gevolgen voor je gezondheid hebben, met name je mentale gezondheid. Zonlicht en duisternis stimuleren het vrijkomen van hormonen in je brein. Wanneer het netvlies zonlicht registreert, stimuleert dit bijvoorbeeld serotonine. De uv-stralen van de zon stimuleren ook de productie van vitamine D in de huid, en

vitamine D ondersteunt weer de productie en verspreiding van serotonine. 's Avonds als het donker wordt, wordt het brein weer geprikkeld om melatonine vrij te geven, het 'slaaphormoon'. Bij te weinig zonlicht gaan je serotonineniveaus omlaag. Mensen die een risico vormen voor een vitamine D-tekort, zoals mensen met een donkere huid of mensen die op plekken in de wereld wonen waar er bepaalde periodes zeer weinig zonlicht is, doen er goed aan om vitamine D extra te suppleren.

Zorg voor goede slaap
Sommige mensen slapen altijd goed, terwijl voor anderen een goede nachtrust eerder een vage herinnering is. Waar je je ook op de schaal van een goede nachtrust bevindt, het is altijd belangrijk om stil te staan bij de kwantiteit én kwaliteit van je slaap. Slaap kan beïnvloeden hoe je denkt, reageert, werkt, leert, met anderen omgaat, heelt en herstelt. Voor veel mensen zijn vooral de slechte gewoonten voordat ze naar bed gaan een grote veroorzaker van slapeloze nachten.

Je nachtrust verbeteren? Dat doe je zo:

- **Verminder je schermtijd.** De blootstelling aan blauw licht van digitale schermen in de avond werkt stimulerend voor het brein en belemmert de productie van melatonine, het hormoon dat verantwoordelijk is voor het slaperig worden in de avond. Leg daarom minstens een maar beter zelfs twee uur voordat je naar bed gaat alle elektronische apparaten weg.

- **Plan je slaap.** Je voelt je beter wanneer je slaapcyclus een regelmatig ritme heeft. Plan daarom om echt 7-8 uur te slapen en probeer hierbij iedere dag om dezelfde tijd te gaan slapen en wakker te worden. Ga zodra je wakker bent naar buiten en doe minstens 15-30 minuten zonlicht op. Dit verbetert volgens onderzoek het humeur.

- **Ontwikkel een avondritueel.** Het is belangrijk om je lichaam signalen te geven dat het tijd is om te vertragen en te gaan slapen. Een goed avondritueel kan bestaan uit stretchen, ademhalingsoefeningen, naar ontspannende muziek luisteren, een warm bad nemen of een kop cafeïnevrije thee drinken.

- **Blijf niet in bed als je wakker bent.** Als je binnen 20 minuten nadat je naar bed bent gegaan nog niet in slaap bent gevallen, ga dan je bed weer uit en doe een alledaagse activiteit tot je je slaperig genoeg voelt om weer terug naar bed te gaan. Verveling is hierbij essentieel: vermijd activiteiten die je mogelijk juist activeren, zoals tv-kijken. Vermijd ook felle lichten, want die onderdrukken de melatonine-productie.

- **Zorg voor een comfortabele en stille slaapkamer.** Verminder licht, geluid en extreme temperaturen. Als je in de vroege ochtend last hebt van licht, neem dan verduisterende gordijnen of draag een slaapmasker. Als je last hebt van geluiden, draag dan oordoppen of probeer een 'witteruismachine'.

- **Doe overdag geen dutjes.** Middagdutjes kunnen de natuurlijke slaperigheid in de avond verminderen, wat weer leidt tot een slechte slaapkwaliteit gedurende de nacht. Als je het overdag echt niet redt zonder dutje, slaap dan minder dan een uur en zorg ervoor dat je niet later wakker wordt dan om 15.00 uur.

Het belang van gezonde darmen voor ons brein

Zoals je hebt gelezen in level 2 hebben je darmen, ook wel je tweede brein genoemd, een enorme impact op jouw mentale gezondheid en een overprikkeld brein. Er is dan ook veel informatie met je te delen. In dit hoofdstuk geef ik je graag handige en praktische handvatten en tips die je kunt gaan toepassen.

Niet alleen lichamelijk, maar ook geestelijk wil je lekker in je vel zitten en optimaal functioneren. Door je darmen gezond te houden, sla je twee vliegen in één klap en geef je zowel je eerste als tweede brein wat wat het nodig heeft om goed voor je te werken.

Ons dieet speelt een enorme rol in onze mentale gezondheid. Wat we in onze mond stoppen heeft niet alleen een fysiek effect, maar ook een mentaal en emotioneel effect. Dit heeft alles te maken met de link tussen onze darmen en ons brein, oftewel de hersen-darm-as. Als we onze darmen niet voeden met de juiste voeding, en juist ontstekingen veroorzaken met de verkeerde voeding, dan heeft dit ook een negatief effect op onze mentale gezondheid. Ook heeft ons dieet, en hoe onze darmen met wat we eten omgaan dus, direct impact op hoe onze nervus vagus communiceert en voor ons werkt.

Je darmen gezond houden

In je dieet kun je het beste focussen op pure voeding die rijk is aan verschillende voedingsstoffen, om de juiste stoffen en cofactoren voor de productie van neurotransmitters binnen te krijgen. Daarnaast moet je de nadruk leggen op het creëren en behouden van een gezond darmmicrobioom door middel van pre- en probiotische voeding en het voorkomen van ontstekingsreacties door verkeerde voeding die voor ontstekingen zorgt (zoals suiker). Gezonde darmen zijn een gezond brein en andersom. Alleen door ze optimaal samen te laten werken, zal jij je echt goed kunnen voelen.

Goede voeding
Voeding bepaalt voor een heel groot deel de samenstelling van de bacteriën in jouw darmen. Je kunt dus zelf een bepaalde mate van invloed uitoefenen op jouw microbioom. Hoe groot die invloed is, daar zijn wetenschappers nog niet helemaal over uit. Maar duidelijk is wel dat met name voedingsvezels zeer belangrijk zijn voor het overleven van de goede bacteriën in onze darmen.

Er zijn twee soorten vezels: fermenteerbare en niet-fermenteerbare vezels. Bacteriën breken fermenteerbare vezels af. Hier komen stoffen bij vrij die helpen bij de spijsvertering. Ook laten deze stoffen onze goede darmbacteriën groeien, waardoor ons microbioom diverser wordt. Niet-fermenteerbare vezels zijn een soort kleine sponsjes die vocht vasthouden en om die reden een belangrijke rol spelen in de ontlasting: ze houden ontlasting soepel en voorkomen zo obstipatie. Ook zorgen die sponsjes voor een langdurig verzadigd gevoel. Het is dus belangrijk dat je van beide voldoende binnenkrijgt. Vezels zitten met name in plantaardige voedingsmiddelen, zoals volkorenproducten, groente, fruit en noten.

Wat ook bijdraagt aan gezonde darmen is het eten van gefermenteerd voedsel. Gefermenteerd voedsel is voedsel dat door een fermentatieproces is gaan 'rotten' en hierdoor die goede bacteriën waar onze darmen dol op zijn al bevat. Wanneer je gefermenteerd voedsel eet, overleven die bacteriën je maagzuur en bereiken zo je darmen om daar het microbioom te verrijken. Voorbeelden van gefermenteerd voedsel zijn yoghurt, zuurkool, kefir, tempé en kombucha.

Verder is het belangrijk om zo gevarieerd en gezond mogelijk te eten. Hoe meer variatie in jouw dieet, hoe meer verschillende, goede bacteriën jouw darmen bereiken. Daarnaast zijn er ook dingen die je beter helemaal kunt vermijden.

Prebiotica
Als we goed en gezond eten, krijgen we over het algemeen via onze voeding voldoende vezels binnen, maar mocht dat toch te weinig blijken te zijn, dan kunnen ook fermenteerbare vezels in de vorm van een supplement worden geslikt om dit extra aan te vullen. Dit heet prebiotica.

Verkeerde voeding
Een echte no-go wat betreft voeding voor je darmen zijn suikers. Schimmels en slechte bacteriën zijn namelijk dol op suikers en worden hierdoor gevoed. Omdat er in fruit ook al suikers zitten, is het wenselijk om daarnaast (zo veel mogelijk) suikervrij te eten. Ook vette voeding verstoort het darmmicrobioom, net als alcohol en sterk bewerkt voedsel.

Daarin zitten namelijk veel schadelijke stoffen die de balans in je lichaam verstoren. Biologisch eten is daarom ook aan te raden.

Supplementen
Er zijn een aantal belangrijke voedingsstoffen die de mentale gezondheid en de hersen-darm-as kunnen ondersteunen.

Magnesium
Magnesium moet bovenaan je voedingsstoffen-boodschappenlijstje staan! Het is betrokken bij meer dan driehonderd biochemische routes in je lichaam. Over het algemeen is onze magnesiumopname uit voeding niet heel hoog, als gevolg van de lage bodemkwaliteit van tegenwoordig. Hierdoor lopen we risico op tekorten. Interessant is dat een magnesiumtekort qua symptomen veel overeenkomsten vertoont met die van angststoornissen, en onderzoek heeft aangetoond dat mensen met een angststoornis over het algemeen ook te weinig magnesium binnenkrijgen.

Magnesium verlaagt de hoeveelheid glutamaat – je prikkelende neurotransmitter – tussen je breincellen, en het vermogen van glutamaat om zich aan de receptoren van je cellen te hechten. Dit vermindert de kracht van het signaal van glutamaat en kalmeert de signalen tussen de zenuwcellen. Magnesium is ook essentieel voor de productie van serotonine en het ondersteunen van GABA.

Zink
Zink is een essentieel mineraal met meerdere functies in het zenuwstelsel, waaronder de modulatie van bepaalde neurotransmitters. Ook is het betrokken bij secretoire signalering van bepaalde neuronen in het brein. Daarnaast is het nodig voor een gezonde functie van de darmen. Een zinktekort leidt tot aandoeningen in het centrale zenuwstelsel, waaronder depressie, een veranderde cognitie en een aangetast leervermogen.

B-vitamines
Een van de beste supplementen om stemmingsaandoeningen te behandelen en de mentale gezondheid te verbeteren is een vitamine B-complex. Vitamine B6 is bijvoorbeeld een belangrijke cofactor voor bepaalde enzymen, die weer essentieel zijn in de productie van GABA, dopamine en serotonine. Vitamine B5 is onderdeel van co-enzym A (CoA), dat essentieel is voor de productie van acetylcholine: de belangrijkste neurotransmitter van het parasympathische zenuwstelsel. B6, B9 en B12 ondersteunen ook methylering, een proces dat de cortisolproductie belemmert.

Vitamine C
Vitamine C is cruciaal voor het converteren van bepaalde stoffen naar neurotransmitters zoals serotonine, dopamine en noradrenaline. Het is ook een sterke antioxidant en belangrijk voor de regeneratie (vervanging) van andere antioxidanten, vitamine E en glutathion. Zenuwuiteinden bevatten de grootste hoeveelheid vitamine C in het menselijk lichaam (na de bijnieren). Wanneer vers fruit en groenten geen onderdeel van het dagelijks dieet zijn, dan is er een sterke behoefte aan suppletie (maar inname via de voeding raad ik je wel aan, supplementen zijn een mooie aanvulling, maar geen vervanging van een gevarieerd dieet.).

Omega 3
Dit essentiële vetzuur is een van de best onderzochte voedingsstoffen in de gezondheidsliteratuur. Online en in gezondheidsboeken lees je dan ook talloze claims over deze groep van essentiële vetzuren. Maar wat is nu de wetenschappelijke consensus en heeft het nemen van voeding of supplementen met omega 3 überhaupt zin?

Waar is omega 3 goed voor?
Je brein bestaat voor meer dan 60 procent uit vetten, je hebt dus vetzuren nodig om je brein gezond te houden. De verbindingen tussen je hersenen bestaan uit vet, een stof die myeline heet. Omega 3 is een groep van vetzuren waartoe het plantaardige alfa-linoleenzuur (ALA) en de visvetzuren eicosapentaeenzuur (EPA) en docosahexaeenzuur (DHA) behoren. Met name van EPA en DHA zijn de gezondheidsvoordelen in de wetenschappelijke literatuur uitvoerig gedocumenteerd. Zo zijn deze vetzuren bewezen goed voor het hart, gezichtsvermogen en hersenfunctie bij een minimale dagelijkse inname van 250 mg DHA of 250 mg EPA/DHA.

Maar hier houden de voordelen van omega 3 niet op. Zowel DHA als EPA hebben hun eigen specifieke invloed op de gezondheid. Van DHA is bekend dat het bij inname tijdens de zwangerschap zorgt voor een goed netvlies en gezonde hersenontwikkeling bij de baby. DHA wordt ook wel de bouwsteen van onze hersenen genoemd. EPA wordt vooral geroemd om de ontstekingsremmende eigenschappen, die er onder meer voor kunnen zorgen dat de stemming van mensen met een zware depressie aanzienlijk verbetert.

De belangrijkste voordelen van omega 3 worden zoals gezegd bereikt bij een minimale dagelijkse inname van 250 mg DHA of 250 mg EPA/DHA. Deze aanbeveling kan in veel gevallen worden gehaald door iedere week twee porties vette vis zoals zalm, haring of makreel te eten. Houd er hierbij wel rekening mee dat vette vis over het algemeen verhoudingsgewijs meer DHA dan EPA bevat. Maar je kunt er ook op een plantaardige manier aan komen, denk aan zeewieren, zeegroenten, lamsoor of zeekraal. Wat als alternatief ook nog kan, wanneer je geen viseter bent en geen zeegroenten tot je neemt, is het suppleren van omega 3-olie. Een vegan variant of een visolie.

Wanneer je kiest voor zeegroenten is het goed om er rekening mee te houden dat niet ieders darmen ze goed kan verteren. Dat betekent dat niet iedereen de zeegroenten optimaal opneemt. Daardoor kun je dus alsnog tekorten oplopen. Wil je graag weten of je een tekort hebt aan omega 3? Dan kun je je altijd laten testen. Laat het me even weten via de website als je hier gebruik van zou willen maken. Meten is immers weten.

Wat helpt je darmen gezond te worden en te blijven?

Vermijd:
- stress
- weinig bewegen
- slecht slapen
- alcohol
- suiker
- bewerkte voeding
- chemicaliën
- toxinen

Wel doen:
- ontspannen
- wandelen in de natuur
- je slaapkwaliteit verbeteren
- natuurlijke dranken drinken, zoals water en thee
- natuurlijke voeding eten
- voedingsmiddelen met veel antioxidanten nuttigen
- pro- en prebiotische voeding eten
- dagelijks een probiotica-supplement nemen
- meer vezels eten
- dagelijks 2 liter gefilterd water drinken
- je laten testen op een parasiet
- een darmscreening doen (dat kan ook bij ons in de praktijk)

Brain Food-tips bij een overprikkeld brein

1. Vermijd de inname van stimulerende voedingsmiddelen zoals koffie en alcohol, aangezien deze een staat van stress stimuleren. Met als gevolg disbalans in de neurotransmitters en receptoren in het brein. Cafeïne stimuleert ook de aanmaak van stresshormonen zoals adrenaline en cortisol, wat voor een onrustig gevoel zorgt en de hartslag, bloeddruk en bloedsuikerspiegel omhoog brengt.

2. Eet meer gefermenteerde voeding zoals kimchi, zuurkool, kombucha en kefir, en prebiotische vezels. Deze stimuleren de productie van korteketenvetzuren en ontstekingsremmende cytokinen, en helpen het moduleren en aanvullen van de diversiteit in het darmmicrobioom. Voedingsmiddelen die rijk zijn aan prebiotica zijn onder andere artisjok, knoflook, ui, prei, savooiekool, kikkererwten, linzen, nectarines, perziken, cashewnoten en pistachenoten.

3. Vermijd geraffineerde koolhydraten en zorg ervoor dat je genoeg complexe koolhydraten consumeert om de bloedsuikerspiegel te stabiliseren, en daarnaast de goede bacteriën in je darmen te voeden. Vermijd geraffineerde voeding zoals wit brood, witte rijst en pasta, koekjes, taart, voeding uit pakjes, chocolade en alcohol. Eet in plaats daarvan gezonde bronnen van langzame en complexe koolhydraten zoals bruine rijst, quinoa, boekweit, bonen en groenten.

4. Verhoog je inname van omega 3-vetten. Deze spelen een belangrijke rol in de structuur en functies van neuronale membranen, receptoren en signaaloverdrachten in het brein. Ook gaat omega 3 angst en depressie tegen door het stimuleren van de productie van belangrijke neurotransmitters als dopamine en serotonine, en heeft het ontstekingsremmende eigenschappen. Plantaardige voedingsmiddelen die veel omega 3 bevatten zijn avocado, walnoten, lijnzaad, chiazaad, hennepzaad, olijven en olijfolie.

5. Zorg ervoor dat iedere maaltijd genoeg eiwitten bevat, want daarmee krijg je automatisch genoeg aminozuren binnen die essentieel zijn voor een gezonde mentale functie en algeheel welzijn. Het aminozuur tryptofaan is bijvoorbeeld een belangrijke voorloper van het gelukshormoon serotonine. Je weet zeker dat je genoeg eiwitten binnenkrijgt als je regelmatig flespompoen, pompoenzaden, sesamzaad, walnoten, tofu, banaan, havermout en zeegroenten eet (kelp, zeekraal en zeewier). Houd aan dat je gemiddeld 0,8 tot 1 gram per kilo lichaamsgewicht nodig hebt aan eiwitten. Wanneer je zwanger, herstellende van een ziekte of operatie, of ouder dan 50 jaar bent, kan je behoefte hoger liggen. Dan kan het wel 1,5 tot 2 gram per kilo lichaamsgewicht zijn. Om een idee te geven: een ei bevat 10 gram eiwit. Een eiwitshake kan dan een goede aanvulling zijn, die je kunt aanmaken met een glas water of plantaardige melk.

6. Verhoog je inname van foliumzuur en B-vitaminen. Deze zijn nodig voor de synthese en het metabolisme van neurotransmitters. Tekorten van deze voedingsstoffen worden gelinkt aan problemen met de mentale gezondheid. Voeding rijk aan deze stoffen zijn bananen, peulvruchten, groene bladgroenten en aardappels.

7. Eet meer voeding die rijk is aan magnesium. Magnesium is noodzakelijk om ontstekingen te voorkomen, zenuwspanning te verminderen, stemmingswisselingen, irritatie en stress te voorkomen en om de nachtrust te verbeteren. Voeding die veel magnesium bevat is groene bladgroenten, noten (met name cashew en amandel), zaden, bonen, volkoren producten zoals quinoa en boekweit, avocado, bananen en cacao. Een brein dat overprikkeld is en veel stress ervaart, komt waarschijnlijk magnesium tekort. Magnesium wordt ook wel het antistressmineraal genoemd, dat je in tijden van stress dus hoger mag innemen. Naast dagelijks gevarieerd groenten en fruit eten, raad ik je dan ook aan om

magnesium dagelijks als basissupplement in te nemen. Kies dan wel voor een organische verbinding, en niet een anorganische, wat inhoudt dat je lichaam het niet kan omzetten naar een werkzame stof.

8. Vermijd voeding die een opgeblazen buik of een onregelmatige stoelgang tot gevolg kan hebben, aangezien deze voor ontstekingen in de darmen en daarmee ook het brein zorgt. De meest voorkomende voedingsmiddelen die dit effect hebben zijn zuivel, gluten, suiker, cafeïne, soja, eieren, maïs, noten en bepaalde groenten als tomaten en aubergine. Als je je opgeblazen en traag voelt, probeer dan om deze voeding één voor één voor twee weken uit je dieet te schrappen. Voeg ze daarna langzaam weer toe om te kijken of een van deze voedingsmiddelen de problemen veroorzaakten.

9. Eet via de Brain Food schijf, zie plaatje hieronder.

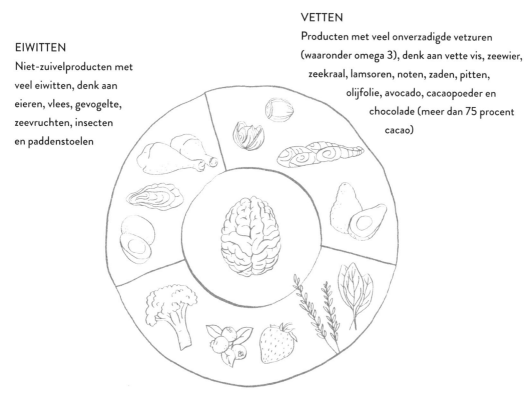

VETTEN
Producten met veel onverzadigde vetzuren (waaronder omega 3), denk aan vette vis, zeewier, zeekraal, lamsoren, noten, zaden, pitten, olijfolie, avocado, cacaopoeder en chocolade (meer dan 75 procent cacao)

EIWITTEN
Niet-zuivelproducten met veel eiwitten, denk aan eieren, vlees, gevogelte, zeevruchten, insecten en paddenstoelen

KOOLHYDRATEN
Glutenvrije producten met veel goede koolhydraten, denk aan teff, boekweit, gierst, haver, rijst en peulvruchten. Ook groente en fruit bevatten koolhydraten. Eet minimaal 500 gram groente en maximaal 2 stuks fruit per dag

10. Zet eens intermittent fasting in, dat is goed voor je brein. Het verlaagt de ontstekingswaarden, zorgt voor meer energie, herstelt je brein, gaat veroudering tegen, ontgift je cellen van vrije radicalen, zorgt voor een beter stressherstel. Houdt in gedachten dat het belangrijk is om te weten hoe je eet en wat je eet. Omdat je bij intermittent fasting langere tijd niet eet, wordt het tijdsbestek waarin je wel eet korter. Dat betekent niet dat je dan een mindere eetbehoefte hebt, je kunt je hormonen verstoren wanneer je jezelf gaat beroven van de voedingsstoffen. Daar kun je altijd met een expert naar kijken, die je op weg kan helpen om een persoonlijk plan op maat te maken voor jouw leven en doeleinde.

Wil je je graag meer verdiepen in de wereld van het brein en voeding? Lees dan een van mijn eerdere boeken, *Brain Food* en *Brain Food Smoothies*, waar je meer leest over de darmen, onze neurotransmitters, de functie van voeding, dat voeding informatie is en het bevat daarnaast ook nog hele fijne recepten om voor het hele gezin Brain Food-proof te koken.

HOE GA JE ONTSTEKINGEN TEGEN?

Zoals je gelezen hebt is van de grote oorzaken van een overprikkeld brein ontstekingen een van de boosdoeners. Ontstekingen hebben een functie en zijn er met een reden, maar te veel aan ontstekingen willen we voorkomen of genezen. Dit sluit mooi aan bij het vorige hoofdstuk, waarin ik kort de darmgezondheid en Brain Food heb omschreven, waarover nog veel en veel meer te delen is. Voeding kan een ontstekingsreactie veroorzaken, dit is een natuurlijk proces. Bij alles wat je in je mond stopt, gaat de ontstekingsreactie (even) aan. Heel normaal en hoort er ook bij. Echter is het tegenwoordig zo dat we te vaak en te veel eten, waardoor de ontstekingsreactie continu blijft aanstaan, wat zorgt voor overprikkeling en uitputting van je brein. Hoe dat werkt, wil ik graag met je delen.

Wat kun je doen om ontstekingen tegen te gaan? Het is belangrijk dat je zorgt voor voldoende goede voedingsstoffen, ik leg het aan Sky, mijn zoon van 6, weleens als volgt uit: je hebt allemaal soldaatjes in je lichaam, die zorgen ervoor dat indringers niet ver komen, zodat ze je niet ziek kunnen maken. Deze soldaatjes hebben voeding nodig om sterk te zijn, zodat ze jou kunnen beschermen en goed hun werk kunnen doen. Zorg dus voor de juiste vitamines en mineralen, zoals omega 3, dat las je al eerder in het vorige hoofdstuk, waarin EPA een belangrijke remmer is van ontstekingen.

Beperk de inname van bewerkt voedsel, suiker, medicijnen, alcohol, toxinen die je in schoonmaakproducten vindt, maar ook in je make-up, tandpasta, deodorant en scheerschuim, maar let daarbij ook heel bewust op je ademhaling. Je ademhaling kan je helpen om ontstekingen te verlagen. Ben je ernaast bewust van dat alles wat niet natuurlijk is, niet thuishoort in ons systeem en daar ontstekingen kan veroorzaken met vaak als gevolg hormoonverstoringen.

Zorg voor een goede mondhygiëne

Zorg goed voor je mondgezondheid en voorkom ontstekingen. Hoe kun je dat het beste doen? Uiteraard is een bezoek aan de tandarts altijd belangrijk. Maar zelf kun je mond en gebit gezond houden door dagelijks te flossen, met ragertjes tussen je tanden om etensresten te verwijderen, je tanden meerdere keren per dag poetsen met, het liefst, een fluoridevrije tandpasta. Waarom? Fluoride is een toxine, wat goed werkt voor je tandglazuur, maar niet voor je lijf. Wanneer er al kleine barrières in het gebit zijn ontstaan, gaat het fluoride via je bloedbaan zo naar je brein, wat toxisch is voor je hersenen. Er zijn verschillende soorten tandpasta zonder fluoride. Daarnaast is het niet alleen belangrijk om je tanden te poetsen, maar ook je gehemelte en je tong. Daar verblijven juist de meeste bacteriën. Wat ook nog fijn is, is om een natuurlijk mondwater te gebruiken, bijvoorbeeld van salie. En dan nog een fijne tip, mijn favoriet, om direct toe te passen is:

Oil pulling, ik zet het zelf nu een aantal jaar in en doe dit bijna dagelijks. Ik zou liegen als ik zeg dat ik het echt iedere dag doe, maar de routine is er zeker voor 5 dagen in de week. Oil pulling is een soort detox voor je mond. Misschien ken je het al, misschien doe je het al, maar misschien ken je het nog niet: oil pulling is een oude ayurvedische remedie die voor een goede mondgezondheid zorgt.

Zie oil pulling als het ontgiften van niet alleen je mond maar ook je hele systeem. Gedurende de nacht hopen alle toxinen zich namelijk op in onze mond. Oil pulling is de laatste jaren weer enorm populair geworden en ook bij ons in het Westen doen we dit steeds vaker. Kleine onderzoeken laten zien dat oil pulling met kokosolie of sesamolie de algehele mondgezondheid in stand houdt. Wanneer je iedere dag werkt met oil pulling dan worden bacteriën en toxinen uit je mond verwijderd, waardoor je brein, darmen en immuunsysteem minder toxinen hoeven te verwerken. Op deze manier kunnen ontstekingen in zowel de darmen als ook in ons brein voorkomen worden.

Hoe werkt oil pulling?
Het is heel simpel. In de ochtend neem je op een nuchtere maag 1 eetlepel biologische koudgeperste sesamolie of koudgeperste biologische kokosolie in je mond en daar ga je mee spoelen. Beweeg het gedurende 15-20 minuten door je mond heen. Je kunt hierbij kauwbewegingen maken. In het begin is 15 minuten erg lang, begin dus korter en bouw het iedere dag rustig uit. Je kunt dit bijvoorbeeld doen terwijl je een smoothie aan het maken bent, maar ook tijdens andere bestedingen. Bijvoorbeeld terwijl je aan het douchen bent, de krant leest, de hond uitlaat, of wat je dan ook te doen hebt. Het hoeft je dus helemaal geen tijd te kosten. En wanneer je er een gewoonte van maakt hoef je er niet over na te denken en kost het je ook geen energie. Je zult merken dat na een aantal weken die 20 minuten makkelijk te halen zijn. Door de olie door je mond te spoelen trek je de toxinen en bacteriën aan in de olie. Hoe langer je het oil pullen volhoudt hoe beter het resultaat is. De toxinen blijven als het ware in de vetten opgeslagen zitten en kunnen daardoor uitgespuugd worden. De olie ziet er dan dikkig en wit uit, dat is een teken dat het goed zijn werk heeft gedaan.

Het kan zo zijn dat je door het oil pullen merkt dat je lichaam zich aan het ontgiften is, je kunt je wat anders voelen in de eerste paar dagen tot weken. Je kunt verkouden worden, hoofdpijn krijgen, een zere keel krijgen of zelfs misselijk worden. Je lichaam is dan zo hard bezig zich te ontdoen van alle toxinen dat dit eigenlijk alleen maar een goed teken is.

Uitspugen van de olie is daarom wel een belangrijke stap, zorg dat je het niet inslikt. Anders slik je de toxinen en bacteriën namelijk ook in. Spuug de olie uit in de prullenbak om verstopping (vervetting) van je gootsteen te voorkomen.

Oil pulling werkt ontgiftend omdat bacteriën en andere organismen in de mond geabsorbeerd worden in de olie. Wanneer je oil pulling hebt ingezet is het goed om daarna altijd je mond met wat water na te spoelen. En erna een groot glas water te drinken. Vocht is belangrijk voor goed functionerende hersenen, maar ook voor de aanmaak van speeksel, wat ook weer bijdraagt aan een goede mondhygiëne.

Orale bacteriën die zich via de zenuwen verspreiden kunnen in de hersenen terechtkomen en daar een ontsteking veroorzaken. Een kaakontsteking kan bijvoorbeeld over gaan in een ontsteking in ons brein en daar cognitieve functies uitschakelen.

WAT WEETJES OVER MONDHYGIËNE

- Cellen aan de binnenkant van je mond vernieuwen zichzelf iedere 3-7 dagen.
- In onze mond bevinden zich ongeveer zeshonderd verschillende soorten bacteriën.
- Er wordt geschat dat er in totaal zo'n 10 miljard bacteriën in onze mond leven.
- Anaerobische bacteriën produceren enzymen en toxinen die zorgen voor ontstekingen.
- Met poetsen bereik je maar 60 procent van de mondhygiëne, er is dus meer voor nodig wil jij een goede mondgezondheid nastreven.
- De gemiddelde wc-bril bevat minder bacteriën dan onze mond.
- Ook op de zool van je schoenen zitten minder bacteriën dan in je mond.
- Onze mondflora kan onze hersenen beïnvloeden.
- Een slechte mondgezondheid wordt in verband gebracht met alzheimer.
- Een goede mondgezondheid kan cognitieve achteruitgang voorkomen.
- Als je goed voor je gebit zorgt, zorg je ook goed voor je hersenen.
- Oil pulling ondersteunt mogelijk het proces bij de celvernieuwing.
- Het kan de functie van onze darmen verbeteren, volgens verschillende onderzoeken.
- De wetenschap is er nog niet volledig uit, maar de positieve ervaringen die ik er mee heb en die ik de afgelopen jaren van vele mensen heb gehoord, maakt het zeker de moeite waard het ook eens uit te proberen.

Antioxidanten

Waarom we ze dagelijks nodig hebben
Gezond en gelukkig oud worden, dat willen we toch allemaal? Ook op latere leeftijd wil je lichamelijk fit zijn, je kinderen nog herkennen en volop genieten van het leven. Je hersenen zijn de dirigent van je zenuwstelsel en sturen al je fysieke en mentale functies aan. Dat betekent dat je goed voor je hersenen moet zorgen, want alleen dan heb je er zo lang mogelijk plezier van.

Extreem belangrijk voor een gezond stel hersenen zijn antioxidanten. Deze stofjes beschermen je cellen. Je kunt ze uit voeding halen, maar ook op andere manieren uit een gezonde lifestyle. Zuurstof is bijvoorbeeld een zeer krachtige antioxidant, waardoor bewuster ademhalen kan bijdragen aan je gezondheid. Maar let op: tegelijkertijd is zuurstof ook een vrije radicaal.

Vrije radicalen zijn moleculen die in ons lichaam ontstaan als bijproduct van de energie-aanmaak. Ze kunnen schadelijk zijn als ze te veel voorkomen in je lichaams- en hersencellen. Vrije radicalen vallen niet alleen je cellen, maar ook je DNA en mitochondriën (verantwoordelijk voor je energieproductie) aan. Hoe minder antioxidanten in de cellen aanwezig zijn, hoe meer schade de vrije radicalen kunnen aanrichten. Die schade kan leiden tot het niet goed functioneren van cellen, met mentale en fysieke klachten tot gevolg. De eerste en meest voorkomende klacht is weinig energie hebben, je futloos en vermoeid voelen.

Uiteindelijk draait in de natuur alles om balans. Dat geldt ook voor vrije radicalen en antioxidanten, want we hebben beide nodig om goed te kunnen functioneren. Zowel lichaamseigen antioxidanten (aangemaakt door ons eigen lichaam bij voldoende inname van mineralen en sporenelementen zoals mangaan, ijzer, selenium, koper en zink), als de antioxidanten die we uit onze voeding halen. Hou daarom altijd de balans in je voeding en in je leven in de gaten. Dat zorgt uiteindelijk voor de beste hersenfuncties en een langer, gezonder en gelukkiger leven.

Beweeg voordat je gaat eten en verlaag je ontsteking
We zijn als mens gemaakt om te bewegen, toch doen we dat veel te weinig. Voor je lichaam is het beter om regelmatig te bewegen en niet alleen vanwege de redenen die we allemaal kennen. Er is nóg een reden, en die ken je vast nog niet: elke keer dat je eet, ontstaat er in je lichaam een ontstekingsreactie. Je spieren maken stoffen aan die die ontsteking tegengaat. Maar wanneer je te weinig beweegt, kunnen je spieren die stoffen niet meer aanmaken. Om die stoffen aan te kunnen maken is het dus belangrijk om voor

VOEDING MET EEN HOGE DOSIS ANTIOXIDANTEN
- blauwe bessen
- pure chocolade
- broccoli
- spinazie
- matcha thee
- gemalen kurkuma (het liefst gecombineerd met zwarte peper en kokosolie, deze cofactoren zorgen ervoor dat je cellen de werkzame stoffen beter opnemen)
- komijnzaad
- gedroogde oregano
- sperziebonen
- walnoten
- zwarte bessen
- granaatappel
- bloemkool

Natuurlijk is deze lijst nog vele malen langer. Let vooral op de kleur van groenten, want hoe dieper de kleur, hoe meer antioxidanten erin aanwezig zijn. Regelmatig variëren is het geheim om zo veel mogelijk antioxidanten en andere gezonde voedingsstoffen binnen te krijgen.

DE GEZONDHEIDSVOORDELEN VAN ANTIOXIDANTEN
Antioxidanten:
- helpen je cellen en weefsels te beschermen tegen vrije radicalen (wetenschappelijk bewezen door The European Food Safety Authority (EFSA));
- boosten je immuunsysteem;
- zorgen (in de juiste hoeveelheid) voor meer focus;
- houden je hart en bloedvaten in goede conditie;
- verbeteren de kwaliteit van sperma;
- werken stressverlagend;
- verminderen hevige hoofdpijnen en migraine;
- houden de hersencellen in goede conditie;
- gaan het verouderingsproces tegen;
- gaan ontstekingen tegen;
- hebben een bloeddrukverlagend effect.

de maaltijd te bewegen. Een korte wandeling, de trap een paar keer op- en aflopen, een paar kniebuigingen; dat is al voldoende om je spieren te activeren.

Met al deze informatie kun je aan de slag om je nervus vagus te kalmeren en te stimuleren op een mooie, natuurlijke manier. Daarnaast kun je je darmen de aandacht geven die ze verdienen door met je voeding van start te gaan.

'Nieuwsgierigheid heeft haar eigen bestaansreden. Je kunt slechts vol bewondering zijn wanneer ze de mysteries van de eeuwigheid, het leven, de prachtige structuur van de werkelijkheid overpeinst. Elke dag een beetje van dit mysterie proberen te begrijpen is al genoeg. Blijf altijd nieuwsgierig'

ALBERT EINSTEIN

NIEUWSGIERIGHEID

We worden allemaal geboren met een natuurlijke nieuwsgierigheid, om te leren, te ontdekken, ons te ontwikkelen en te groeien. Onszelf vragen stellen stelt ons in staat om verbinding met onszelf te maken. Daarnaast helpt het stellen van vragen ons om een missie en doel in ons leven te hebben. Alles in het leven begint met een vraag, iedere ontwikkeling, iedere uitvinding, ieder product. Ook jouw breinprocessen en jouw leven. Om te weten hoe je als mens werkt en waarom je de dingen doet die je doet. Honderdduizenden jaren gebruiken onderzoekers, wetenschappers, psychologen en psychiaters, een vraag om meer te weten te komen over onszelf. Het waarom is een vraag die je jezelf kunt stellen om naar je innerlijke connectie te kunnen. Jouw interne wereld is waar al je processen plaatsvinden.

Daarom is het goed om nieuwsgierigheid naar jezelf, jouw processen en jouw interne wereld te ontwikkelen. Daar ga ik je bij helpen, door eerst uit te leggen wat het inhoudt (kennis), dan wat het je oplevert (beloning) en daarna kun je er stap voor stap mee aan de slag (toepassen).

Wanneer je je nieuwsgierigheid aanzet, activeer je je mind: je bewustzijn en gedachten. Het is heel natuurlijk om jezelf vragen te stellen over wie je bent en waar je voor staat. Voor de meeste mensen helpt nieuwsgierigheid om meer inzicht te krijgen in wie we echt zijn en waarom we doen wat we doen. Mensen die nieuwsgierigheid inzetten, blijkt uit onderzoek, ervaren een betere connectie met zichzelf en de mensen en de wereld om hen heen, hebben meer geluksgevoelens en het gevoel mentaal vrij te zijn. Niet vast te zitten in dat wat de wereld van ze verwacht. Studies laten ook zien dat het ontdekken van nieuwsgierigheid een groot potentie ontwikkelt bij het brein om nog beter te kunnen ontwikkelen op het persoonlijke vlak.

Wanneer nieuwsgierigheid wordt geactiveerd in het brein, zien we dat diegene die het goed beoefenen in een growth mindset terechtkomen. Wat veel meer mogelijkheden biedt om te weten wat er nog meer te zien valt in het leven. Wanneer je terechtkomt in een growth mindset dan hebben we het over alle mogelijkheden zien, kansen zien, open staan voor veranderingen en nieuwe informatie tot je nemen. Wanneer je een fout maakt, is je brein capabel om te zien dat het een fout is, dat je hiervan kunt leren en daardoor groei door kunt maken.

Het tegenovergestelde is een fixed mindset, waar we in tijden van een overprikkeld brein of burn-out snel al in terechtkomen. Je brein komt dan vast te zitten in bepaalde patronen en er is geen ruimte meer voor groei en beweging. Je ziet voornamelijk beren op de weg en geen uitweg meer. Het is wat het is, kan je brein je dan vertellen.

Wanneer je nieuwsgierig wordt naar je gedachten en gewoontes en je het initiatief kunt nemen om te gaan ontdekken wat er gebeurt, worden we minder afhankelijk van wat anderen denken en van ons vinden. We worden autonoom en vertrouwen daar ook volledig op. Jij bent de enige die toegang heeft tot jouw interne processen, de enige ook die kan uitvinden wat zich daar precies afspeelt. Nieuwsgierigheid brengt je tot een gevoel van vrijheid in je leven. Zeker wanneer we alles goed gaan bevragen in ons leven, tot onze eigen aannames aan toe. Bijvoorbeeld wanneer jij denkt dat je niet goed bent in gezond koken. Iedere keer wanneer je iets gaat koken, voor jezelf, voor je gezin of voor vrienden, kan dat gevoel van niet goed genoeg de kop opsteken. Waarschijnlijk gaat dat gevoel gepaard met een spanning in je lichaam, een opgejaagd gevoel. Merk je dat je zo'n fixed gedachte hebt met alle gevoelens van dien? Stel jezelf dan deze vragen: waarom voel ik wat ik nu voel? Is het echt waar dat ik niet goed ben in koken? Zijn er misschien situaties waarin ik wel een keer iets lekkers heb gemaakt? De antwoorden die jouw brein je gaan geven zullen nieuwe inzichten brengen.

Aannames en overtuigingen zijn onderdeel van jouw leven geworden, en dus ook van jouw brein. Hier anders mee om leren gaan kan je op veel gebieden helpen. Wanneer je bijvoorbeeld als leidinggevende of als ouder beter wordt in nieuwsgierigheid, dan zul je sterker worden in je metacognitie, het denken over het denken, het brengt je nieuwe inzichten, het activeert je en programmeert je, wat een gewoonte wordt. Je wordt beter in problemen oplossen, zonder dat het je belast en uitput.

Zet je brein vaker aan in nieuwsgierigheid en het levert je ontzettend veel op wanneer je nieuwsgierig bent. Je bent dan bezig iets te ontdekken, leert ervan en gaat misschien wel iets nieuws doen, iets wat je leuk of spannend vindt. Je activeert hiermee je intrinsieke geluk en welzijn, zodat je leert niet meer afhankelijk te zijn van externe factoren en triggers in de hoop dat die je geluk op zouden kunnen leveren. Je wordt weer wendbaar en flexibel, zowel in je leven als in je gedachten.

Een simpel voorbeeld: wanneer je iets eet wat een bijzondere en nieuwe smaak heeft, iets wat je getriggerd en geïnteresseerd heeft, en een smaaksensatie teweeg heeft gebracht kan je nieuwsgierigheid triggeren als je ervoor openstaat. Je kunt de nieuwe, bijzondere smaak niet plaatsen en wilt graag weten wat het is. Deze nieuwsgierigheid zorgt voor focus en aandacht, voor interesse in de dingen om je heen en in je eigen lichaam, en je bent in het hier-en-nu. Zo simpel kan het zijn.

Of wanneer je in een interessant gesprek zit en je bent volledig gefocust op iemands verhaal, en je bent nieuwsgierig geworden naar die persoon. Je wilt diegene beter leren kennen en met diegene connecten. Dat is zo veel waardevoller dan even scrollen op social media. Je gaat dan merken dat dat niet meer als afleiding voor je brein werkt, de nieuwsgierigheid en echte connectie winnen het van de negatieve gewoonteloop die je eerst inzette.

Op het moment dat we onze nieuwsgierigheid activeren, zet het ons veroordelingssysteem uit, waardoor we ons relaxter en ontspannener kunnen voelen. Zelfs veilig. En die veiligheid is nodig om weer terug in balans te komen.

Ga dus aan de slag met observeren wat je brein doet, welke staat kom je in? Wat is de onbewuste programmering? Wat triggert je brein om in een disbalans te komen? Vermoeid te raken? Mentaal een kort lontje te krijgen en irritatie te ontwikkelen? Ga aan de slag en ontdek hoe nieuwsgierigheid voor jou gaat werken.

Meer kennis over jezelf
Nieuwsgierigheid, we worden er allemaal mee geboren. Als kind ben je nieuwsgierig en dat zorgt ervoor dat je openstaat voor alle kennis en ervaringen, waardoor je leert en ontwikkelt. Helaas wordt nieuwsgierigheid op school al meteen gekaderd, je dient te leren volgens het systeem, waar geen ruimte is voor jouw persoonlijke nieuwsgierigheid. We raken het dus langzaam kwijt. Wanneer je je eigen nieuwsgierigheid weer kunt aanboren, helpt dat je de wereld op een andere manier te ontdekken en je kinderlijke verwondering weer aan te zetten. Waardoor je breder kunt kijken naar de wereld en veel ontvankelijker bent voor alle kennis die er voor je is, en je andere ervaringen kunt opdoen, anders kunt leren en nieuwe gewoontes kunt ontwikkelen.

Wanneer je jezelf beter kent, zul je je eigen processen maar ook die van een ander beter leren begrijpen. Je wordt empathischer, naar jezelf en naar je omgeving toe. Je angsten, onzekerheden en stress maken plaats voor flow en energie. Je kunt jezelf en anderen gaan supporten hierin.

Interesse en nieuwsgierigheid
Wanneer we nieuwsgierig zijn activeren we de orbitofrontale cortex, het breingedeelte dat wordt gelinkt met beloningswaarden en beloningsgericht leren. Dit draait om meer dingen doen die goed voelen en minder dingen doen die slecht voelen of negatief voor je zijn.

Onderzoek wijst uit dat wanneer je nieuwsgierig bent er een dopaminepiek ontstaat in het brein. En ontstaat een sterkere verbinding tussen ons beloningscentrum en de hippocampus, het gebied dat betrokken is bij ons geheugen. Waardoor je dus veel beter je geheugen kunt gaan trainen waarmee je je brein kunt herprogrammeren.

Deprivatie nieuwsgierigheid
Veel breinen zijn ingericht op deze vorm van nieuwsgierigheid, wat er is om direct een probleem op te lossen. We willen dit probleem oplossen en zijn dan nieuwsgierig naar hoe we dat kunnen doen. Bijvoorbeeld: je komt niet op de naam van een oude collega, dat wil je direct oplossen en je brein laat dat niet los. Je ontwikkelt een nieuwsgierigheid die dan voor het probleem in te zetten is. Wanneer het probleem opgelost is, verdwijnt ook die nieuwsgierigheid weer. We zijn eigenlijk op zoek naar de interesse nieuwsgierigheid, je brein aansturen om meer met verwondering naar de wereld te kijken, naar je leven, zodat je uit je tunnelvisie stapt en breder kunt kijken. Je speelveld wordt daardoor breder en groter.

Vragen stellen
Zoals ik eerder vertelde begint alles in het leven met een vraag. Ieder inzicht, onderzoek of elke ontwikkeling. Wellicht is vragen stellen en nieuwsgierig zijn wel een van de mooiste eigenschappen die wij als mens kunnen inzetten. We kunnen vraagstelling inzetten om onze eigen grenzen op te gaan zoeken, inzichten te krijgen in processen en daardoor ontwikkelen en groeien. De mooiste vragen die we onszelf kunnen stellen, zijn de persoonlijke vragen waardoor we naar binnen keren, naar onze interne processen. De processen die bepalen wie je bent en hoe je in de wereld en in je leven staat. Wat zouden dingen zijn waar je nieuwsgierig naar bent wanneer het over jou gaat? Schrijf deze vragen voor jezelf op, in een notitieboekje. Wat zou je willen ontdekken over jezelf? Misschien ben je nieuwsgierig hoe je brein werkt, wellicht hoe je fysieke processen betrokken zijn bij je brein, misschien hoe emoties opgeslagen worden en je jaren later nog in de weg zitten? Misschien vraag je je af hoe bepaalde emoties jou de gevoelens geven die ze je geven? Wellicht ben je benieuwd hoe energie werkt in je systeem en wat je eraan kunt doen om beter in je energie te komen? De kans is groot dat een van deze vragen je aandacht trekt.

Wanneer we onszelf een vraag stellen is de kans groot dat we in een staat van mindfulness terechtkomen. Vragen zoals:

- Wie ben ik?
- Waar sta ik voor in het leven?
- Waarom ben ik hier?
- Waar komen mijn gedachten vandaan?
- Waar komen mijn emoties vandaan?
- Waarom komen mijn emoties en gaan ze ook weer?

TIPS OM NIEUWSGIERIGHEID VOOR JE TE LATEN WERKEN
- Wanneer je een bepaald gevoel hebt, kijk er eens nieuwsgierig naar in plaats van een oordeel te hebben; wat wil de emotie of het gevoel je graag vertellen?
- Wanneer je nieuwsgierig bent naar waarom iets gebeurt in je leven en wat die gebeurtenis je te vertellen heeft, kom je op een ander gebied van het brein en krijg je meer inzichten en opties.
- Hoe voelt het om nieuwsgierig te zijn? Probeer maar eens of het werkt! Zeg het maar eens hardop!
- Gebruik verwondering en vraagstelling om nieuwsgierigheid te activeren.
- Wat voel je?
- Waar komen de gevoelens vandaan?
- Wat zeggen ze je?
- Wat is de onderliggende programmering?
- Is het een gewoonte wat je brein en lichaam nu doen?

VOORDELEN VAN NIEUWSGIERIGHEID
Nieuwsgierigheid:
- helpt ons inzichten te krijgen in onze emoties;
- helpt ons bij vraagstukken;
- geeft inzicht in wie we echt zijn;
- geeft inzicht in waar we voor staan;
- geeft inzicht in hoe onze gedachten en patronen onze levens beheersen en aansturen;
- helpt ons helderheid te krijgen in waarom doen we wat we doen;
- creëert een afstand tussen onze emotionele gevoelens en de externe gebeurtenis;
- zorgt ervoor dat we langer en vaker in een gezonde staat van zijn kunnen blijven;
- laat je inzien dat je programmering je emoties oproept, waardoor je in een staat komt waar je in komt;
- maakt ons oplossingsgericht;
- laat ons zien waarom gedachten er zijn, waardoor ze ons niet in de weg zitten;
- zorgt voor meer energie in ons leven;
- vergroot onze mogelijkheid tot ontwikkelen.

Begin met open vragen stellen aan jezelf
De belangrijkste stap is dat we gaan oefenen om nieuwsgierigheid te gaan activeren, niet de hunkering naar antwoorden, maar het beoefenen van nieuwsgierigheid. De reden dat ik dit zo expliciet noem is dat ons brein er op getraind is altijd antwoorden en oplossingen aan te bieden. Het nadeel daarvan is dat wanneer we onszelf vullen met antwoorden, oplossingen, aannames en oordelen, er geen ruimte meer is voor nieuwsgierigheid, en er daardoor geen groei en ontwikkeling kan plaatsvinden. Ook voor je brein geldt: vol is vol.

Wanneer je in een optimale staat van nieuwsgierigheid verkeert, sta je open voor een andere manier van denken, en wanneer we anders gaan denken, krijgen we andere emoties. Wanneer we andere emoties ervaren, voelen we ons anders, wanneer we ons beter voelen, gaat het brein beloningsgericht leren, dan willen we meer van dit, en gaan we ons inzetten om dit gevoel vaker te ontwikkelen: nieuwsgierigheid gaat voor ons werken, het wordt steeds makkelijker en een nieuwe manier van leven. Een onbewuste breinprogrammering heeft plaatsgevonden. Wat erop volgt is dat je interne processen veranderen, waardoor je naar buiten toe verandert. Zonder dat je hoeft te vertellen dat je iets anders doet, zal de wereld om je heen opmerken dat je anders bent. De manier waarop je jezelf vragen zult gaan stellen heeft een enorme impact voor de veranderingen in je brein en de connectie die je gaat maken. Het is belangrijk dat het open vragen zijn, die gaan over jouw processen.

Een open vraagstelling die kan gaan over jou zou kunnen zijn: de geur van appeltaart, wat voor emoties roept die bij je op? Die emoties, waar voel je die? Wanneer je die emoties voelt, voel je je dan veilig? Wat is de betekenis van veilig voelen voor jou? Wanneer voel jij je veilig? Welk geluid vind je fijn om te horen? Is dat dan een gevoel van geluk dat je ervaart als je de muziek hoort?

Wanneer je jezelf dit soort vragen gaat stellen, gebeurt er iets bijzonders in je brein. Geloof me, dat ga je voelen en ervaren, probeer het maar uit. Wat ervaar je wanneer je dit doet? Neem een moment de tijd om deze vragen die ik net met je deelde aan jezelf te stellen. Observeer de sensaties die je erdoor krijgt. Dit soort vragen creëren ingangen in ons brein, waardoor we de dingen die we ooit geloofden over onszelf en over de wereld, ineens heel anders blijken te zijn.

Begin met een serie van open vragen die dieper naar je gewoonten en programmeringen kunnen gaan. Nadat je een vraag op hebt geschreven, neem je een pauze, kijk er even naar, voel waar deze landt, is dit de juiste vorm van vraagstelling voor jou? Of zou je nog iets willen veranderen eraan? Laat het even bezinken. Sluit eventueel je ogen. Laat vervolgens die vraag de volgende vraag weer ontwikkelen. Duik er goed in en kijk waar je eindigt. Het kan er dan zo uitzien:

1. Waarom krijg ik een onrustig gevoel wanneer ik dit artikel lees?
2. Hoe weet ik dat ik dat onrustige gevoel ervaar?
3. Wat als het frustratie, teleurstelling of angst is?
4. Waar voel ik die emotie in mijn lichaam?
5. Waarom vind ik dit geen fijne emotie en voel ik me onrustig?
6. Hoe zou ik mijn programmering van de waarde van die onrust kunnen veranderen om een betere band met deze emotie te krijgen?
7. Wat zou het voor mijn leven opleveren als ik een gezondere relatie krijg met de emotie onrust, frustratie of angst?
8. Wat betekent een gezonde relatie?
9. Wat levert een gezonde relatie mij op?
10. Wat is ervoor nodig om een gezondere relatie met mijzelf te ontwikkelen?
11. Hoe ziet zelfliefde eruit?
12. Wat voel ik dan?
13. Waar voel ik dat?

Wat heel mooi is wanneer je de vragen gaat inzetten om nieuwsgierigheid voor je te laten werken, is om stiltes te geven aan je brein, zodat het kan uitrazen en dan pas tot de inzichten komt die je zoekt. Laat de vragen elkaar dus niet te snel opvolgen.

Een fijn ritueel zou er zo uit kunnen zien:

1. Zoek een fijne plek waar je rustig en ongestoord kunt zitten en met de vragen aan de slag kunt gaan.
2. Schrijf je eerste vraag op, zoals hierboven omschreven.
3. Wanneer je al je vragen hebt opgeschreven sluit je je ogen en word je je bewust van je ademhaling.
4. Observeer je ademhaling.
5. Ontspan je schouders.
6. Stel jezelf de eerste vraag.
7. Geef je brein en lichaam de ruimte om te antwoorden, neem er de tijd voor en laat stiltes vallen.
8. Pas wanneer je volledig het antwoord hebt en voelt dat dit ook zo is – het is belangrijk dat je voelt wat voor antwoord je krijgt – dan maak je de connectie.
9. Geef jezelf dan nog een extra moment van stilte en rust.
10. Schrijf op in je notitieboekje wat het antwoord is.

Train jezelf in nieuwsgierigheid, door het iedere dag te oefenen met aandacht, geduld en compassie. Dan pas kom je in de diepere lagen weer in de connectie met jezelf.

De emotie die de overhand neemt
Voel je je soms gekaapt door je brein in een situatie waar je te snel reageert en je er achteraf vaak anders mee omgegaan was? Train jezelf om voortaan anders te reageren. In zo'n situatie, neem een kleine pauze, zoom uit, geef aan de persoon/personen betrokken bij de situatie aan dat je even een moment van pauze nodig hebt om de juiste input te kunnen geven. Gebruik die pauze als observator, kijk nieuwsgierig naar wat je bracht in de emotie waar je nu in verkeert, maar kijk ook met nieuwsgierigheid naar de persoon met wie je je in die situatie begeeft. Wees nieuwsgierig naar zijn of haar beweegredenen om te doen wat hij of zij doet. Iedereen kijkt naar een situatie op een andere manier, op de manier van de waarheid van zijn of haar brein. Deze programmering kan een conflict opleveren en emoties oproepen. Een emotie komt tot stand doordat er een waarde aan een programmering wordt gehangen. Dat maakt het ook dat we ons in eenzelfde situatie totaal anders kunnen voelen. Dit gegeven helpt je er alleen maar bij om meer begrip te krijgen voor je interne processen, ze zijn hoe ze zijn, door het leven wat je leeft en de ervaringen en voorbeelden die je hebt meegekregen. Totdat jij nu ontdekt hebt en weet dat je die informatie kunt veranderen en aanpassen, wist je waarschijnlijk niet beter en kon je jezelf niet kwalijk nemen dat je deed wat je deed. Door te gaan ontdekken dat er verschillende mogelijkheden in emoties waar kunnen zijn (breinwaarheden) kun je ruimte gaan creëren tussen je brein en je hart, door meer compassie in te zetten. Je zult de wereld, gebeurtenissen, mensen en tegenslagen anders gaan bekijken, waardoor je andere inzichten krijgt.

Je eigen onderzoeker zijn

Wanneer je zelfonderzoek doet kun je jezelf vragen stellen als:
- Wat?
- Waar?
- Wanneer?
- Waarom?
- Hoe?

Zo ontdek je waarom je bepaalde emoties voelt. Bij deze techniek kunnen we onszelf leren om emoties in onze hersenen en ons lichaam te herkennen en er anders naar te kijken. Daardoor gaan we als observator kijken naar de emoties en kalmer worden en meer grip op de situatie krijgen, zonder het te hoeven forceren.

Het inzetten van de zelfonderzoeker bij het nieuwsgierig-zijn naar een emotie:
- Wat voor emotie ben je?
- Waar voel ik je in mijn lichaam?
- Waarom kijk ik ernaar zoals ik nu kijk?
- Hoeveel andere mogelijkheden zijn er om er anders naar te kijken?

Tijdens het schrijven van dit boek, hoe toepasselijk, kwam er een emotie opzetten bij mij die wel twee weken bleef en die ik niet doorbroken kreeg. Een opgejaagd gevoel, een druk op mijn borst, benauwd. Iets benam me de adem. Wellicht het grote werk dat ik wilde gaan delen, de impact die ik met het boek wilde gaan maken. In eerste instantie wilden mijn brein en lichaam ver weg van deze onaangename emotie. Een brein vindt een negatieve emotie die zo beladen voelt niet fijn. Ik belandde in een enorme *struggle*. Tijdens het schrijven over een overprikkeld brein, belandde mijn brein zelf op het hakblok. Met dit gevoel werd mijn emotie niet beter, maar werd de druk alleen maar groter. Pas toen ik mijn pen erbij neerlegde (lees: de laptop voor een week aan de kant legde), alleen maar ruimte gaf aan mijn emoties en deze tool inzette, kreeg ik weer toegang tot mijn onderbewuste. Wat mij de mooiste inzichten gaf die er zijn. Ook al praktiseer je alles zelf en denk je goed bezig te zijn met alles wat Brain Balance inhoudt, een emotie, iets uit het verleden, wat opgeslagen staat op je harde schijf, kan zomaar ineens aan de oppervlakte zijn, zonder er een reden voor op te geven, wat je enorm in de weg kan zitten. Maar wat je wel inzicht wil geven in je eigen processen.

Wat voor emotie voelde ik? Ik kreeg een benauwd gevoel, iets gaf met het gevoel van onveiligheid, van opgesloten te zijn, niet goed kunnen uiten, delen. Maar door stil te zijn na de antwoorden die mijn brein me gaf, kreeg ik een ander antwoord: ik vond het spannend om dit boek te gaan delen, de kennis die erin staat en de lat die ik voor mezelf enorm hoog legde – het was niet eenvoudig. De inzichten die ik nog helderder kreeg, benauwden mij enorm. Dat we, wanneer we deze kennis niet inzetten, voor een enorme uitdaging komen te staan en de wereld er niet gelukkiger op gaat worden. Dat, die emotie, benauwde me enorm.

Ik ging door naar de volgende vraag: waar voel ik je in mijn lichaam? Onrust in mijn hoofd, een druk op mijn borst, hyperventilatie, het gevoel te stikken. Het gevoel diep te moeten ademhalen en veel moeten geeuwen.

Op dat moment dacht ik ieder moment van de dag aan het boek, behalve als ik sliep. Ik stond ermee op en ging ermee naar bed. Het eerste kwartier van de dag voelde ik me gereleaset. Maar daar kwam het dan weer, het startte langzaam op en nam mijn hele dag in beslag. Ik werd er ongelukkig van en voelde me bij momenten ook echt depressief worden. Wat weer een frustratie gaf, want zo ben ik niet. Pas toen ik kon uitzoomen en ging observeren, ernaartoe ging met nieuwsgierigheid kon ik zien dat het op bezoek kwam wanneer ik geen connectie maakte met mijn lichaam, wanneer ik alleen nog maar mentaal bezig was en de energie niet meer doorstroomde mijn lichaam in.

Waarom kijk ik ernaar zoals ik nu kijk? Het gaf me angst, angst is niet goed, angst is iets wat er vroeger was in mijn leven, maar nu niet meer. Het is niet meer nodig, ik ben veranderd, mijn leven is anders, ik begrijp mijn brein, ik deel er kennis over, dus het is niet mogelijk dat dit mij overkomt. Weer stelde ik mezelf de vraag: waarom kijk ik ernaar zoals ik nu kijk? Ik vond dat het niet mogelijk was dat ik als expert en iemand die kennis deelt over het brein en mensen hierin traint en er boeken over schrijft, mij zo voelde. Dat voelde not done.

Oké, dus eigenlijk zeg je dat je geen mens mag zijn? Is dat het? Is dat het gevoel dat je hebt, waarom je er nu naar kijkt zoals het is? Stilte liet ik vallen naar mezelf toe… een diepe zucht… Tsja, dat is eigenlijk wat het is…

Hoeveel andere mogelijkheden zijn er om er anders naar te kijken? Ik had ruimte nodig, stilte, even rust. Die nam ik en gaf ik mijn brein ook. Toen kwamen er tal van mogelijkheden naar boven en de mooiste die ik met je wil delen heb ik opgeslagen, omdat zonder deze emotie ik dit boek niet goed kan schrijven. Pas wanneer je de emotie zelf ook ervaart en ondergaat, de stappen en kennis op jezelf goed kunt toepassen, kun je een ander zijn leven veranderen en een overprikkeld brein echt helpen. Dat deze emotie mij weer even mezelf laat zijn, me mens laat voelen, laat leven, dat het niet altijd vanzelf hoeft te gaan en goed hoeft te gaan. Dat ik niet altijd die voorbeeldfunctie hoef te hebben en ook gewoon zelf mag doorlopen in de dingen die er op mijn pad komen. En dat uitgesproken te hebben naar mezelf, mijn brein, mijn lichaam: ik mag er zijn met de emoties die ik heb en de ervaringen die ik meemaak. Het is oké. En toen was het benauwde gevoel verdwenen. Als sneeuw voor de zon. Door de connectie met mezelf te maken, mijn onderbewuste, en even stil te staan bij wie ik nu echt ben, kreeg ik inzichten die ik voor de rest van mijn leven meeneem en graag ook aan jou meegeef.

En juist het bekijken en bevragen van de andere mogelijkheden die er zijn, en anders te kijken naar de input van de emotie, bracht me in de opening dat er meer te ontdekken valt en er meer mogelijkheden zijn. Waardoor ik meer begrip kreeg voor mezelf, meer empathie, mededogen. Zelfreflectie en bovenal zelfliefde. Wanneer we het brein een keuze geven, komt er ruimte. Je verbreedt je blikveld en komt uit de tunnelvisie, weg van dat wat je belemmert en je vasthield waar je was.

'Jij bent de enige persoon die jouzelf werkelijk waar kunt leren kennen, omdat jij jij bent en jij de enige bent die de connectie met jezelf aan kan gaan op een manier die werkelijk telt'

Bij Brain Balance geven we je de handvatten en inzichten om je hierbij verder te helpen. Uiteraard is het aan jou om te bepalen wat je ermee doet, wanneer en hoe intens je ermee aan de slag gaat. Vergeet niet: verandering ligt om de hoek. Je hoeft er alleen nog maar heen.

Emoties en het brein

Emoties slaan zich op in onze cellen, niet alleen in onze lichaamscellen, maar ook in ons brein. Door een externe prikkel ontwikkelen we een emotie, die emotie herinnert ons aan iets, een periode of een moment in ons leven. Dit proces gebeurt onbewust. Het alleen al denken aan dit moment, geeft ons bepaalde gedachten en een bepaald gevoel.

Ben je je emoties?

Wanneer je in een heftige emotie zit kan het misschien voelen alsof het wel zo is, toch zijn we onze emoties niet. Emoties komen en emoties gaan, net als wolken in de lucht. Door met je nieuwsgierigheid als observator aan de slag te gaan met emoties, gedachten en gedragingen, kun je je emoties meer als iets tijdelijks gaan ervaren. Je kunt deze tool in je leven integreren op verschillende manieren. Door de vragen te stellen die we behandeld hebben, door zonder oordeel naar jezelf en anderen te kijken, wat je een krachtige mentale staat oplevert, waardoor je breder kunt kijken en veel meer informatie tot je kunt nemen zonder hierin in emoties meegesleept te worden en een troebele blik te krijgen.

De kracht van dankbaarheid voor je brein en lichaam
Wanneer we met nieuwsgierigheid kijken naar onszelf, komen we door de vraagstellingen en de nieuwsgierige staat in een diepere laag van dankbaarheid. Dankbaarheid is een van de mooiste frequenties als je kijkt naar de vibratieschaal van Hawkins. Waar dankbaarheid mijns inziens past in de lijn van de trilling 600 bij vrede, gelukzaligheid, perfect. Hoe hoger je in je emotionele staat kunt zijn, hoe gezonder, meer in balans, en connectie je hebt met jezelf en de wereld om je heen. Kijk eens naar het plaatje dat hierbij hoort. Geluk laat zich moeilijk vangen. Het zit hem vaak in die vluchtige momenten dat we intens genieten van de mensen of ervaringen in ons leven. We worden dan overvallen door een golf van fijnvoelende emoties zoals zorgeloosheid, blijdschap en dankbaarheid. Met name deze laatste emotie blijkt volgens neurowetenschappers zeer bepalend voor ons geluksgevoel. Dankbaarheid is misschien wel de kortste route naar een geluksgevoel voor jezelf en anderen om je heen.

In onze drukke wereld nemen we echter zelden de tijd om even stil te staan en dankbaar te zijn voor wat we hebben. Maar juist door dat wél te doen, vinden we het geluksgevoel dat we zo jachtig nastreven in onze volgeplande en carrière gedreven levens.

Wat is dankbaarheid?
Dankbaarheid is veel meer dan alleen het rationele besef dat je het getroffen hebt met je omstandigheden. Dankbaarheid is een van de meest krachtige emoties die je kunt voelen en staat gelijk aan geluk en positiviteit. Het is hiermee de tegenhanger van negatieve emoties en gewoonten, die het ervaren van dankbaarheid dan ook stevig in de weg kunnen zitten. Voorbeelden hiervan zijn onder meer het vergelijken van jezelf met anderen of een te grote focus op het verleden of de toekomst.

Wat dankbaar zijn doet met je brein
Dat dankbaar zijn je geluksniveau vergroot, is geen zweverige theorie. Neurowetenschappelijke onderzoeken laten zien dat dankbaarheid sterk bijdraagt aan het ervaren van positieve emoties en je persoonlijke ontwikkeling stimuleert. Regelmatig dankbaar zijn kan daarnaast je emotionele intelligentie en de neuronendichtheid in je brein vergroten. Dit zijn vier dingen die in de hersenen gebeuren als je dankbaar bent:

1. Je brein maakt meer dopamine aan
Wanneer je je dankbaar voelt, maakt je brein allerlei neurotransmitters aan. Een van die neurotransmitters is dopamine, een geluksstofje dat nauw is betrokken bij onder meer je plezier, beloning, motivatie, concentratie en beweging. Een verhoogde aanmaak van dopamine zorgt ervoor dat je je fijn voelt en meer positiviteit verspreidt in je omgeving.

2. Je brein maakt meer serotonine aan
Een andere neurotransmitter waarvan dankbaarheid de aanmaak verhoogt is serotonine. Ook dit is een geluksstofje, dat zorgt voor een stabiel humeur en helpt om je meer ontspannen te voelen. Een tekort aan serotonine speelt daarnaast een belangrijke rol bij het ontstaan van depressiviteit en chronische stress met alle bijbehorende symptomen.

3. Er is meer activiteit in de dorsomediale prefrontale cortex
De dorsomediale prefrontale cortex is een hersengebied dat onderdeel is van het default netwerk in je brein. Dit hersendeel is betrokken bij onder meer je creativiteit, leervermogen en het nemen van intelligente beslissingen. Dankbaar zijn verhoogt de activiteit in de dorsomediale prefrontale cortex, met name wanneer deze dankbaarheid ook verbaal of schriftelijk (door journalen) wordt geuit.

4. Er is meer activiteit in de ventromediale prefrontale cortex
Dankbaar zijn verhoogt ook de activiteit in de nabijgelegen ventromediale prefrontale cortex. Dit hersengebied wordt door neurowetenschappers geassocieerd met empathisch gedrag, waarbij je anderen helpt zonder eigenbelang. Dankbaarheid zorgt er dan ook voor dat je sociale verbinding zoekt, door je te richten op het belonen van anderen in plaats van jezelf.

Hoe zet je dankbaarheid in?
Dankbaar zijn is goed voor iedereen. Het zorgt voor meer geluk en positiviteit bij jezelf en anderen en leidt door empathischer gedrag tot een betere wereld. Maar hoe kun je nu vaker dankbaar zijn in het drukke dagelijkse bestaan van tegenwoordig? Hersenverbindingen die je vaakt gebruikt gaan steeds effectiever samenwerken. Het oefenen van dankbaarheid zorgt er dan ook voor dat je er steeds beter in wordt. Vanuit de neurowetenschap en ook uit eigen ervaring weet ik dat er twee extreem effectieve manieren zijn om dankbaarheid te oefenen: journalen en meditatie. Niet alleen voor dankbaarheid zijn journalen en mediteren goede oefeningen om in te zetten, ook voor het herstellen van je nervus vagus en de verbinding tussen je hart en je brein zijn dit uitstekende tools.

De voordelen van *journaling*
Journaling, in je *journal* schrijven, heeft eindeloos veel voordelen. De dag van je afschrijven, of je dag starten met schrijven. Wat er in je opkomt schrijf je op, of je gaat specifiek met vragen werken. Door te schrijven kun je helder de momenten, dingen, gevoelens of de dingen waar je dankbaar voor bent opschrijven en later teruglezen. Je kunt het ook gebruiken als een *braindump*, dus alles wat in je hoofd zit schrijf je op. Dit doe je een kwartiertje, om je hoofd leeg te maken. Voor sommige mensen is een journal misschien een vertrouweling en een plek waar ze hun worstelingen en zorgen

kwijt kunnen zonder oordeel; een journal kan deze rol absoluut vervullen. Het kan echter ook een plek zijn om je stemming en emotionele symptomen bij te houden, of als hulpmiddel functioneren om nieuwe, positieve gewoonten in te bouwen die je leven en mentale welzijn kunnen verbeteren. Regelmatig op die manier journalen kan je helpen om je reactie op stress te reguleren, nieuwe perspectieven te creëren en te ontdekken hoe je positiever tegen jezelf kunt praten. Je kunt het Brain Balance-journal hiervoor gebruiken, waarin naast praktische tips, ook vragen staan die je jezelf kunt stellen om journaling tot een dagelijkse gewoonte te maken. Ik schrijf zelf iedere dag, soms is dit in de ochtend 5 minuten, soms is het in de avond een kwartier. Het helpt me om meer rust in mijn brein te krijgen en overzicht te creëren in de doelen die ik heb, zowel op persoonlijk als op zakelijk vlak.

Dankbaarheid in de avond en in de ochtend
Zelf beoefen ik dankbaarheid nu zo'n vijf jaar en het is een onbewust automatisme geworden, iedere ochtend tel ik mijn zegeningen, tijdens het wandelen of een momentje met een kopje thee, ontspannen te benoemen waar ik dankbaar voor ben. Ik neem het ook weleens mee tijdens een ademhalingsoefening, en het kan zelfs op het toilet, het klinkt raar, maar ook dan kun je dankbaar zijn. Of tijdens het autorijden, wanneer je op de fiets zit, de hond uitlaat, of aan het koken bent. Je kunt heel bewust dankbaarheid inzetten door een dankbaarheidsmeditatie te doen. Deze vind je op www.charlottelabee.com/overprikkeldbrein. Het is maar een klein momentje dat niet veel tijd kost, maar enorm veel oplevert. Het geeft mij persoonlijk meer rust, helderheid gedurende de dag, ik kom in een flow en merk dat ik mijn energie daardoor ook veel beter in een balans hou. In de avond sluit ik de dag altijd met het gezin af door tijdens het avondeten met elkaar dankbaarheid voor elkaar te uiten. 'Ik ben dankbaar dat Sky mama vandaag hielp met het eten klaarmaken en ik ben dankbaar voor het gevoel dat ik daardoor kreeg. Ik voelde me heel gelukkig op dat moment toen we zo moesten lachen, daar ben ik dankbaar voor.' Ik benoem heel bewust de emoties en gevoelens waar ik dankbaar voor ben, zodat het niet hangt aan een specifiek ding of een prestatie van iemand anders, maar aan het gevoel dat iemand anders me gaf.

> *'Dankbaarheid brengt ons in een hogere frequentie, waardoor onze energie verandert en er energetische veranderingen ontstaan'*

Dit kun je heel makkelijk ook in bed doen, vlak voordat je gaat slapen, of wanneer je kinderen naar bed brengt. Deze 5 minuten dankbaarheid zorgen voor rust, stressverlaging, beter slapen, het aanmaken van de gelukshormonen. En we herhalen het positieve van de dag, waardoor we de dag positief afsluiten. Ook al is er die dag misschien ook iets vervelends gebeurd, het ophalen van een fijne herinnering, daar dankbaar voor zijn, verandert de hormonale huishouding in het brein en lichaam direct. Je lichaam weet het verschil niet tussen een gedachte en een werkelijke gebeurtenis, daar kun je dus gebruik van maken.

Nieuwsgierigheid naar je lichaam, en je gedachten, emoties en brein inzetten, kan heel goed werken om in een hogere staat te komen. Je lichaam is er iedere dag voor jou, met alle functies die jou automatisch iedere dag bedienen. Je voeten die je iedere dag brengen waar je moet zijn, maar ze zijn veel meer dan dat, de connectie van je voeten naar je ruggengraat en daarvandaan door naar je brein, het is een holistisch geheel, het een kan niet zonder het ander.

Je huid die al je organen beschermt, je cellen die je iedere dag van energie voorzien, je darmen die zorgen voor je immuunsysteem, je longen die je lucht geven, je hart dat je emoties geeft en voor je tikt. Is het allemaal maar zo normaal dan?

Laten we eens beginnen bij een connectie met ons lichaam, door nieuwsgierigheid in te zetten. En daarheen te gaan naar dat wat we niet dagelijks zien, maar wat ons wel maakt wie we zijn. Laten we starten bij ons lichaam, alle fysieke onderdelen, van je huid, je organen, je botten, spieren en alle vloeistoffen die er door je lichaam lopen. Neem een moment om je lichaam te observeren wat het is, zonder iets te veranderen of het gevoel te hebben iets anders te hoeven doen. Observeer je hart dat klopt, observeer je longen die pompen, observeer je darmen die voor je voedsel aan het verteren zijn, observeer hoe

Zie hier de schaal van Hawkins, die de frequenties mooi heeft uitgewerkt, hoe hoger je in je emotie zit, hoe beter je energie is, hoe gezonder je door het leven kunt gaan.

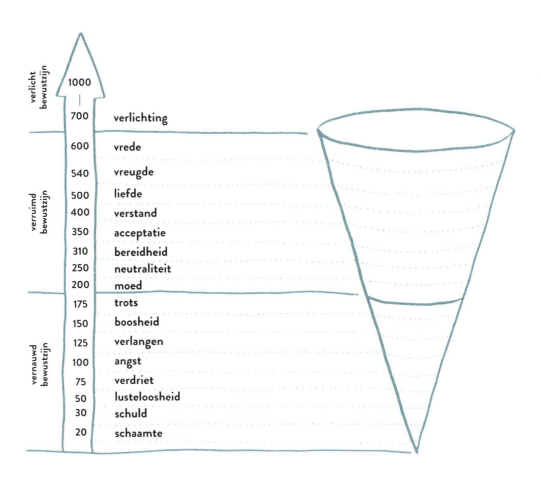

het bloed stroomt door je lichaam. Als je het niet goed kunt observeren of er met je brein nog niet bij kunt dat je deze connectie kunt maken, dan geeft dat niets, beeld je maar in dat het er is. Alles bij elkaar maakt jouw fysieke lichaam. Dan heb ik een vraag voor je: wat je nu aan het observeren bent, is dat je lichaam? Of is het wat anders?

Hoe meer en langer je je lichaam observeert, hoe meer je je realiseert dat de interne observator anders is dan jouw lichaam. Het is iets anders, het is los van elkaar en toch geconnect. Je lichaam is niet de observator, je lichaam wordt geobserveerd. En jouw lichaam verandert iedere dag; de afgelopen jaren, maanden, weken en dagen is je lichaam veranderd. Sterker nog: iedere seconde van de dag verandert je lichaam, veranderen neurale paden, hormonen, cellen. Alles verandert. En de interne observator zal al deze veranderingen signaleren en observeren. Zonder dat het zelf verandert. Wanneer je goed kunt observeren, geef je je brein nieuwe informatie waar jij heel bewust in kunt sturen. Dit komt doordat je informatie die je bewust gaat inzetten, je brein gaat updaten naar deze nieuwe informatie.

Je mag dankbaar zijn dat je lichaam er voor je is, dat het doet wat het doet, functioneert hoe het functioneert. Ook wanneer er ziekte is, of is geweest, er tegenslag is, dan is je lichaam heel hard voor je aan het werk om het weer goed te maken. Wees dan dankbaar voor al het harde werken en alle processen die je lichaam doorstaat om weer gezond te worden. Dankbaar voor het lichaam dat er iedere dag voor je is. In voorspoed en tegenspoed.

Weerstand
Het kan zijn dat je weerstand voelt. Wanneer je nieuwsgierig 'moet' zijn, voelt het vaak als een verplichting. Maar ook dat is maar net hoe je je brein hebt getraind ernaar te kijken. Wanneer je weerstand voelt in het doen van iets nieuws, dan zit daar je groei en vooruitgang. Wanneer je merkt dat je brein er geen zin in heeft, stel jezelf dan eens de vraag: hoe voelt het om nieuwsgierig te zijn? Deze vraag gaat je helpen om vanuit het probleemoplossende brein naar een bewuste openheid te stappen, waardoor je inzicht krijgt in wie je werkelijk bent.

Weerstand mag er zijn, voelen dat je ontdekkingen mag doen, dat je dingen mag uitvinden. Je mag ontdekken dat wat je geleerd hebt, je niet hoeft te volgen, maar dat het oké is dat je wat anders doet. Dit voelt voor het brein oncomfortabel en kan even onrust met zich meebrengen. Denk dan niet dat het onrust is die overprikkeld is, maar herken de onrust wanneer het nieuw is, dat dit erbij hoort en alleen maar goed is voor je groei.

Door te vertragen kun je observator zijn van je eigen leven, en pas wanneer je een goede observator wordt krijg je overzicht. Wanneer je overzicht krijgt, zul je in de meest chaotische momenten van je leven, anders kunnen kijken en dan komt mildheid en mededogen. Je verzacht in je proces, en dan kan jouw energie weer gaan stromen omdat je connectie maakt met je eigen proces.

Je hoeft niet gevangen te zitten in je eigen brein, je hoeft geen gevangene te zijn van jouw gedachten, je hoeft niet vast te zitten in onrust, in gewoonten van alles wat je hebt meegemaakt in je leven, wat jou maakt wie je bent. Uiteindelijk is dit alles een keuze, jij bepaalt zelf of je een gevangene bent van je brein. De enige die de sleutel heeft van die gevangenis, dat ben jij. En pas wanneer jij het echt wilt, en er klaar voor bent, kun je die sleutel gebruiken en jezelf bevrijden. Jouw mentale vrijheid is dus een keuze.

Tijd om weer connectie te maken
Het belang van connectie, met jezelf en de mensen en wereld om je heen wordt steeds belangrijker en gelukkig komt hier steeds meer aandacht voor. Door de enorme hoeveelheid prikkels, mogelijkheden en keuzes die we kunnen maken, raken we vaak de verbinding kwijt. En het gebrek aan verbinding brengt ons naar eenzaamheid. Volgens een onderzoekt voelt 10 procent van de Nederlanders zich eenzaam en 27 procent voelt zich zo nu en dan eenzaam. Dit is niet iets wat een fijne omgeving voor ons brein creëert. Een van de redenen dat we de connectie missen in ons leven is de digitale connectie die we hebben, maar die niet hetzelfde gevoel oplevert als echte connectie. Als je mij vraagt wat belangrijk is in mijn leven, dan is het de connectie met de lieve mensen om mij heen: mijn gezin, mijn familie, vrienden en collega's. Wanneer ik een mindere dag heb en ik ben onder de mensen, en heb een fijn gesprek, hoor iets hilarisch op kantoor, dan hervind ik mezelf direct weer. De verbinding die we als mens dagelijks nodig hebben is van groot belang voor ons gelukssysteem. We willen als mens graag gezien worden voor wie we zijn, ons gewaardeerd voelen, vertrouwen en respect krijgen. En weten dat er een vangnet is wanneer we iemands hulp nodig hebben.

Waarom is connectie zo belangrijk voor ons brein?
Samen staan we sterker, dat werkt ook zo voor ons brein. Met elkaar kun je meer gedaan krijgen en voelen we ons veiliger. In de prehistorie was het een heel stuk veiliger wanneer je in een groep verbleef, dan wanneer je buitengesloten werd. De kans op overleven was dan vele malen groter. Connectie en dus verbinding maken met andere mensen is daarmee evolutionair een stap voor het brein om zich veilig te voelen. Een fijne band met vrienden, collega's, familie of kennissen, die verliezen we dan ook liever niet.

Dat is dan ook een van de redenen dat we het soms zo moeilijk vinden om afscheid van iemand te nemen, ook al weet je dat de relatie niet oplevert wat het zou moeten opleveren voor je eigen ontwikkeling.

Een sociale band met iemand aangaan is gebaseerd op vertrouwen, eerlijkheid en respect. Zodra we een connectie maken met iemand anders verandert er biochemisch een hoop, we maken bepaalde neurotransmitters aan, denk aan acetylcholine dat wordt aangemaakt door de nervus vagus, wat een heilzaam effect heeft op ons lichaam. Daarnaast vertraagt onze nervus vagus ons hartritme. We reguleren ons hartritme, de hersengolven, de aanmaak van hormonen en de elektrische golven in ons zenuwstelsel, waardoor je je veilig voelt en je je kunt openstellen voor een sociale relatie.

Connectie is cruciaal voor geluk
Een studie van de Harvard Medical School laat zien dat connectie een zeer belangrijke rol speelt in het vinden van geluk. In zijn TED-talk, met het onderwerp What Makes a Good Life, laat dr. Waldinger, professor uit de psychologie aan Harvard Medical school, zien met zijn onderzoeken dat de connectie met andere mensen enorm belangrijk is in ons leven. Een ander onderzoek laat zien dat stellen die een goede connectie hebben met hun partner, minder kans hebben op een depressie en mentale disbalans, dan mensen die in een relatie vastzitten en geen connectie meer voelen met hun partner. Ook deed Harvard een onderzoek naar de vraag of, indien goede relaties ons een gezonder brein opleveren, het tegenovergestelde dan ook waar is. Deze onderzoeken laten zien dat wanneer er een slechtere connectie is met mensen om ons heen voor ons 28ste levensjaar, we de kans op depressies en mentale aandoeningen vergroten. Een sociale connectie is dan ook belangrijk, maar vergelijk een sociale connectie niet met social media of een andere online connectie. Ik heb het natuurlijk over echte connecties die aangegaan moeten worden. Niet alleen de connectie met een ander mens is belangrijk maar ook die met jezelf, jouw diepere ik, de wereld om je heen en de connectie met het doel in je leven wat je hebt. Of wat je misschien nog wil ontdekken? Een diepere connectie zit hem niet in het kopen van spullen, het hebben van spullen of in de likes op social media. Het zit niet in die ene vergadering met je collega's die je online inplant. Nee, de connectie begint bij hoe je de ervaring zelf bewust kunt observeren, wat connectie met je doet.

Sociale connecties
Studies hebben ook aangetoond dat een gevoel van sociale verbondenheid leidt tot meer positieve emoties, wat vervolgens weer de vagale tonus (de activiteit van de nervus vagus) verhoogt. Sociale verbondenheid verwijst niet naar de connecties die we online maken, maar naar face to face interacties. Deze interacties veroorzaken een parasympathische

reactie. Dit verbetert vervolgens de activiteit van de nervus vagus en werkt de stressreacties in je lichaam tegen die voorkomen uit je fight-or-flightmechanismen.

Veiligheid
De verbinding hebben met zowel jezelf als de ander biedt ons ook veiligheid; veiligheid die het zenuwstelsel kalmeert en het brein weer rust en ruimte geeft om flexibel en weerbaar in het leven te kunnen staan.

Door een betere connectie met jezelf en anderen aan te kunnen gaan, ontwikkel je je spiritualiteit. Lange tijd werd er gedacht dat spiritualiteit iets zweverigs was, inmiddels weten we door een baanbrekend onderzoek van neurowetenschapper Lisa Miller dat spiritualiteit daadwerkelijk het verschil kan maken voor ons brein.

Disconnectie: wat het ons oplevert
Wanneer we disconnectie ervaren, gebeurt er veel in ons brein en in fysiologische processen. Van de verwerking van emoties, je slaap, je energie, je focus, geheugen, voedselvertering, je hartcoherentie tot de aanmaak van hormonen, worden verstoord. Je zult eerder in een staat van stress terechtkomen en je daardoor nog meer afgesloten voelen. Een staat van stress zorgt al voor een verhoogde staat van disconnectie en minder empathie voor jezelf en de ander. Dit is wat je te allen tijde wilt voorkomen wanneer je iets goeds wilt doen voor je overprikkelde brein.

SPIRITUALITEIT

De afgelopen jaren ben ik me steeds meer gaan verdiepen in spiritualiteit. Eerst vond ik het zweverig en misschien wel spannend om daarmee bezig te zijn. Inmiddels ben ik iedere dag met spiritualiteit bezig. Kan ik dat zo noemen? Ermee bezig zijn? Ik denk dat een betere bewoording ervoor is dat je het leeft, spiritualiteit is onderdeel van ons mens-zijn. Dus ook van jouw leven. Een mens is namelijk spiritueel geboren, we hebben allemaal spiritualiteit. Het is zelfs een breinvoorwaarde om gezond en gelukkig te kunnen zijn.

Spiritualiteit is niet spannend of eng, niet vreemd of zweverig. Zoals ik zelf geobserveerd heb, vind ik het ook bijzonder om erachter te komen hoe het toch komt dat we dit in het Westen meteen apart vinden. Dat je dan niet met beide benen op de grond staat. Het tegendeel is eigenlijk waar. Spiritualiteit zorgt juist dat je gegrond bent, beide beentjes op de grond hebt en een enorme connectie kunt maken met jezelf. Dat vind ik krachtig en heel wijs. Het is niet iets unieks wat de ene persoon wel heeft en de andere persoon niet. We hebben het allemaal. Alleen worden de meeste mensen in Nederland er niet mee opgevoed en is het daarom misschien iets wat het brein niet kent.

Voor mij is spiritualiteit: heel bewust omgaan met je processen, weten wat er zich in je interne processen afspeelt, weten hoe je ermee om kunt gaan, weten hoe je lichaam en brein je signalen geven. Het in het hier-en-nu aanwezig zijn, openstaan voor wat de wereld en jouw omgeving je nog meer kunnen laten zien. Geloof me, er is veel meer te zien en te ervaren wanneer je je blikveld verruimt. Daar helpt spiritualiteit enorm mee. Spiritualiteit zweverig? Totaal niet, het is wetenschap, het is onderzocht, onderbouwd, bewezen. Joe Dispenza is wetenschapper en spiritueel. Lisa Miller is wetenschapper en heeft spiritualiteit helemaal uitgezocht. Spiritualiteit geeft ons enorm interessante inzichten, misschien wel de mooiste breininzichten die er te vinden zijn.

Ik geloof dat we momenteel op een kantelpunt staan in de wereld, waarin er meer ruimte voor ieders spiritualiteit mag komen. Dat kan natuurlijk op verschillende manieren. Daarover in dit hoofdstuk meer informatie zodat je wellicht geïnspireerd raakt om, indien je dat nog niet doet, jouw spirituele kant langzaam te gaan ontdekken. Spiritualiteit is voor iedereen iets om mee aan de slag te gaan, het kan zo zijn dat het nog niet het moment is in jouw leven. Stel je jezelf regelmatig de vraag of er meer zou kunnen zijn in het leven? Of ben je op zoek naar de waarheid achter dingen? Wil je inzicht krijgen in wat er werkelijk in jou gaande is? Heb je altijd geweten hoe je zou willen leven en weet je het nu niet meer? Ben je weleens geïnspireerd in iets groters te geloven dan jijzelf? Dan zit je met spiritualiteit in de juiste hoek.

Als kind was ik al heel gevoelig, ik dacht dat ik een rijke fantasie had, veel dingen zag, voelde, en dat zelf bedacht. Toch weet ik nu dat dat stukje 'spiritualiteit' betekent. Ik ben de afgelopen jaren dan ook mijn weg naar spiritualiteit gaan ontdekken en er ging een wereld voor me open toen ik alle kennis tot me begon te nemen die ik kon vinden over dit onderwerp. Het heeft voor mijn leven een verbazingwekkende transformatie opgeleverd en dat doet het nog steeds. Ik heb vooral leren luisteren naar wat mijn interne ik me wil vertellen. Ik kan er makkelijker door observeren, wat me inzichten geeft en kennis, niet de kennis die we leren uit boeken of op school, maar kennis over mij als mens. Mijn ziel. Daar is ruimte voor gekomen en dat is een enorme verrijking van mijn leven. Die ik jou ook gun. Daarnaast leert spiritualiteit je te kijken naar de gebeurtenissen in je leven dat ze er vóór je zijn en niet tegen je zijn. Dat iets gebeurt met een reden, een les, een leer- en groeimoment. Het is aan jou de vraag hoe je ernaar kijkt.

Zelfs obstakels zijn er om iets te leren en wanneer we nog niet genoeg geleerd hebben, zal hetzelfde soort obstakel terugkeren in je leven totdat je de les eruit hebt gehaald die erin zit. Soms heeft dat te maken met de oogkleppen die we op hebben en die ons belemmeren groter te kunnen kijken, waardoor we de ervaring niet kunnen zien, maar vast komen te zitten in onze breinprocessen. We zien iedere tegenslag als 'het overkomt me', maar laten we leren het anders te bekijken. Bijvoorbeeld: 'door deze tegenslag leer ik dit proces, wat me helpt bij de volgende stap in mijn leven', is een andere beredenering die mij veel verder zal brengen. Het leven is dynamisch, het verandert, het is leuk en minder leuk, de minder leuke momenten zijn de momenten waarop je interactie kunt hebben, en kunt vragen: hoe reageer ik? Hoe kijk ik naar de situatie? Wat zegt deze situatie mij? Is het iets wat vaker voorkomt? Wat kan ik eruit leren? Deuren openen en sluiten: als deze dichtgaat, welke gaat er dan weer open? Door dit in te kunnen zetten activeer je je ontwaakte bewustzijn, iedere situatie kan een betekenis hebben, waarde voor jouw leven. Moeilijke dingen zullen niet verdwijnen, maar de pijn en het verdriet die je er eventueel door hebt, zullen anders zijn, het moment zal minder als een strijd aanvoelen. Hoe jij naar de wereld en jouw leven kijkt met alle gebeurtenissen van dien, is een keuze.

Er zijn veel mensen die spirituele ervaringen hebben gehad, bewust en vaker nog onbewust. Zijn er weleens momenten in jouw leven geweest dat je iemand ontmoette die je iets meegaf, liet zien, of leerde waardoor je leven veranderde? Waardoor je andere inzichten kreeg? Je ineens een ander pad kon bewandelen? Heb je weleens een moment gehad dat je dacht dit is een déjà vu? Misschien een moment in de natuur waarop je je verbonden voelde, één was met de natuur en je daarin fijn en in flow voelde? Dat noem ik spiritualiteit, een connectie met jezelf en de wereld om je heen. Een moment dat je je gedragen voelt door iets wat groter is. Wellicht een ervaring tijdens een meditatie, dat je je nog heel bewust was mentaal, maar voelde dat je lichaam in een andere staat kwam en daardoor je brein ook? Dat je helemaal in het hier-en-nu bent, afgesloten van tijd, van de locatie waar je verblijft, je totaal in je interne proces bent in het hier-en-nu en niet meer extern beoordeelt en veroordeelt?

Dit alles is spiritualiteit, een vorm van inzicht, waardoor je anders gaat kijken naar je leven, de dingen die gebeuren, waarom ze gebeuren, kijken wat voor een boodschap er zit in de dingen die je meemaakt en tegenkomt in het leven. Welke deuren gaan er voor je dicht, en vooral, welke deuren gaan er voor je open? Welke inzichten en kennis geeft het je, waarvoor word je gewaarschuwd, of gestuurd naar een richting waarvan je niet had verwacht dat je die kant op zou gaan, maar die toch heel goed voelt.

Wellicht heb je weleens een festival of een concert bezocht, een theatervoorstelling, waar je je verbonden voelde met de bezoekers, waardoor je je op momenten één kon voelen met de rest van het publiek. Een intense ervaring, waarbij connectie met andere mensen en jezelf een grote rol speelt.

Een heel mooie vraag om jezelf te stellen om je meer bewust te worden van je spiritualiteit is: waar gaat mijn tijd in zitten? Ben ik aan het rennen en vliegen en gaat het leven aan me voorbij? Of is er ruimte voor stilstand, observeren, verbinden, de wereld anders bekijken en mezelf daardoor een enorm cadeau doen? Ik geloof dat we een simpeler en rijker leven kunnen leven, wanneer het niet alleen maar draait om de maatschappelijke eis, waar geen ruimte is voor spirituele groei.

Iedereen kan zich spiritueel ontwikkelen. Door deze ontwikkeling ontstaat er ruimte voor liefde, persoonlijke ontwikkeling, verbondenheid, de aarde en de natuur. Jouw innerlijke lens is niet je cognitieve vaardigheid die je geleerd hebt in te zetten. Je brein is gemaakt om alles wat verlichting, ontwikkeling, groei en positieve emoties biedt, te ontvangen en te zien, maar zien in een andere vorm: zien als in voelen en weten. Soms is spiritualiteit het aanvoelen van de band die we als mens hebben met de natuur om ons heen – zowel wijzelf als de natuur bestaan immers uit energie. Als je openstaat voor deze verbondenheid, zul je bepaalde dingen uit de natuur als tekenen kunnen gaan zien. Deze kunnen je helpen dingen waar je mee worstelt helderder te krijgen.

Zo vloog er laatst tijdens het wandelen de hele tijd dezelfde vogel bij mij in de buurt. Vlak voor me pikte hij iets van de grond, vloog ermee omhoog en liet het weer vallen. Hij kwam opnieuw naar beneden en pakte het weer op. En nog eens. Ondanks dat het hem moeite kostte, wilde hij het toch voor elkaar krijgen. Na de derde keer ging hij in alle rust op mijn pad zitten en keek me aan. Hij bleef zitten, alsof hij me iets duidelijk wilde maken.

Voor mij was dit zo'n duidelijk teken, iets wat niet voor niets nú gebeurde. Het is tijd om iets wat mij te veel energie kost en z'n vruchten niet afwerpt, los te laten. In mijn hoofd zei ik: Lot, als hij het nu niet meer oppakt, dan is dat een teken voor jou! (Zijn er meer mensen die dit zo doen? Of klets ik te veel in mijn hoofd?) Al maanden liep ik met de gedachte om met een tak van mijn bedrijf te stoppen en deze gebeurtenis maakte het helemaal duidelijk voor me: juist het loslaten van iets kan weer ruimte en rust geven voor nieuwe processen. Het gaf me rust en inzicht dat dit de juiste beslissing is.

Wat is spiritualiteit?
Spiritualiteit roept bij mensen verschillende associaties op. Voor de een is het een vanzelfsprekende manier van leven, terwijl de ander het als iets zweverigs ziet. Maar wat betekent spiritualiteit nu echt en hoe kun je het op een praktische manier integreren in je leven? Spiritualiteit is een begrip dat is afgeleid van het Latijnse woord 'spiritus', dat 'geest' betekent. Het spirituele domein houdt zich dan ook in brede zin bezig met alles wat met de geest of het bewustzijn te maken heeft. Spiritualiteit is van zichzelf niet iets religieus, maar heeft als overeenkomst met religie wel dat het kan bijdragen aan een gevoel van zingeving in het leven. In strikte zin wordt met spiritualiteit vaak een bewustzijn bedoeld dat in relatie staat tot een andere dimensie of hogere werkelijkheid. Dat klinkt zweveriger dan het is, want in essentie gaat het om het verdiepen van de connectie met je eigen onderbewuste. Door deze extra dimensie in jezelf te ontdekken, krijg je toegang tot een belangrijk en oeroud hersensysteem. Spiritualiteit en mindfulness worden vaak in één adem genoemd, maar toch zijn er belangrijke verschillen. Daar waar spiritualiteit zich richt op het in contact komen met je eigen onderbewustzijn, helpt mindfulness hierbij door de ruis weg te nemen die voortkomt uit je bewuste belevingswereld. Hoe dieper je deze dimensie in jezelf verkent, hoe mystieker de inzichten die je kunt krijgen.

Hoewel spiritualiteit vaak tot uiting komt in bepaalde wijsheden of gewoonten die cultureel worden overgedragen, hebben neurowetenschappers ontdekt dat ons menselijk vermogen om spirituele gevoelens te ervaren is aangeboren. Dit vermogen huist namelijk in ons eigen brein, om precies te zijn in een piepklein gebiedje dat het *periaqueductale* grijs heet. Het periaqueductale grijs bevindt zich in de hersenstam, het oudste gedeelte van ons brein, dat ook wel bekendstaat als het reptielenbrein. Wetenschappers hebben niet alleen spiritualiteit, maar ook zaken als religie, angst, pijn en seksualiteit weten te herleiden tot dit specifieke hersendeel.

In een recent onderzoek waar breintumoren rond dit hersengebied bij patiënten uit medische noodzaak waren verwijderd, rapporteerden de patiënten opvallend vaak een toename of juist een afname van hun spirituele overtuigingen ten opzichte van voor de operatie. Daar waar het periaqueductale grijs nodig is voor spiritualiteit, zijn andere hersengebieden betrokken bij het daadwerkelijk ervaren hiervan. Alleen al de gedachte aan eerder meegemaakte spirituele momenten, zorgt voor een verhoogde activiteit in de pariëtale kwabben en een verlaagde activiteit in de linker inferieure pariëtale kwab, mediale thalamus en nucleus *caudatus*. De pariëtale kwabben zijn verantwoordelijk voor het houden van focus, terwijl de genoemde minder actieve hersengebieden betrokken zijn bij zaken zoals het ervaren van zelfbewustzijn, emoties en zintuiglijke informatie. Dit kan volgens wetenschappers verklaren waarom het tijdens een spirituele ervaring kan voelen alsof je buiten je eigen lichaam treedt en de materiële werkelijkheid overstijgt.

Dat er een spiritueel systeem zit ingebakken in jouw brein, betekent natuurlijk niet dat jij ook volgens spirituele waarden hoeft te leven. Wel toont steeds meer onderzoek aan dat veel mensen baat hebben bij het verkennen van een diepere staat van bewustzijn, getuige ook de opkomst van hippe meditatievormen zoals mindfulness en bepaalde varianten van yoga.

De overeenkomst tussen veel van deze methoden is dat ze de beoefenaar helpen om meer in het nu te zijn. Deze verbeterde connectie met je eigen onderbewustzijn – een staat waarin je niet nadenkt en alles als vanzelf gaat – kan zorgen voor meer mentale en emotionele balans in een tijd waarin velen gebukt gaan onder een stressvolle levensstijl en soms worstelen met zingeving in het leven.

Een beter begrip van je onderbewustzijn helpt je ook om je breinbehoeften beter aan te voelen en je leven meer in te richten op basis van je innerlijke waarden. Zo toont onderzoek aan dat een spirituele levensbenadering kan bijdragen aan meer veerkracht, creativiteit, voldoening en optimisme en een kleinere kans op depressie.

Spiritualiteit en dopamine
Het stimuleren of juist remmen van de activiteit van bepaalde hersengebieden en zenuwcellen daarin gebeurt in het brein met behulp van boodschappersstofjes die wetenschappers neurotransmitters noemen. Spirituele ervaringen zetten in de hersenen een kettingreactie van dit soort stofjes in gang, die een sterke invloed hebben op jouw gevoelens, gedachten en gedrag. Een belangrijke neurotransmitter die vrijkomt tijdens het beleven van een spirituele ervaring is bijvoorbeeld dopamine. Dit bekende stofje is onder meer betrokken bij gevoelens van geluk, beloning en motivatie. Niet toevallig wijst onderzoek uit dat mensen die spiritueel actief zijn vaker positief in het leven staan en ook vaker intense geluksmomenten ervaren dan anderen. Niet alleen dopamine krijgt een goede boost van spiritualiteit, ook serotonine en oxytocine blijken allemaal op een positieve manier te maken te hebben met een emotionele band, je levensenergie, ofwel je

spiritualiteit. Al deze neurotransmitters hebben te maken met jouw persoonlijke spiritualiteit.

Een spiritueel brein is gezonder
Uit onderzoek van neurowetenschapper Lisa Miller blijkt dat spirituele ervaringen en een mentale aandoening zoals depressie vergelijkbare gebieden activeren in het brein, maar dan met een compleet tegenovergesteld effect. Daar waar een depressie een hersengebied zoals de prefrontale cortex verzwakt en dunner maakt, versterken spirituele ervaringen juist de functie van dit breingebied.

De prefrontale cortex is verantwoordelijk voor vele essentiële functies in een goede mentale gezondheidstoestand, waaronder zicht op de langetermijngevolgen van je eigen gedrag en het vermogen om dit aan te passen. Een levensstijl met spirituele kenmerken kan daarom bescherming bieden tegen niet alleen depressie, maar bijvoorbeeld ook tegen verslavingen of helpen bij het herstel daarvan. Mensen die vanaf jonge leeftijd in hun opvoeding al spiritualiteit meekrijgen, omdat de moeder en/of vader spiritueel zijn, is de kans vele malen kleiner om op latere leeftijd breinziektes te ontwikkelen.

Uit onderzoeken blijkt ook dat wanneer je geïnteresseerd bent in spiritualiteit je beter beschermd bent tegen depressie dan wanneer je daar geen belangstelling voor hebt. Wetenschappers gaan er nu al van uit dat spiritualiteit veel effectiever is dan antidepressiva. Jongeren die op hun 18e spiritueel waren en dit rond hun twintigste nog steeds waren , blijken na onderzoek minder vaak depressief te zijn, minder risico te lopen op verslaving en gezondere relaties te hebben. Ook zetten ze zich vaker in voor de maatschappij dan jongeren die geen spiritualiteit in hun leven hebben meegekregen.

Uit een ander onderzoek blijkt dat 15 procent van de groep die zich liet onderzoeken, zichzelf als spiritueel beschouwde en geen enorme angsten, depressies of drank- en drugsmisbruik vertoonde, wat vele malen lager is dan de rest uit de testgroep.

Conclusie van alle onderzoeken omtrent spiritualiteit is dat de kans op een depressie verkleint door spiritualiteit, spirituele mensen minder snel verslaafd raken en de effecten van externe factoren, zoals stress, het verlies van een geliefde, ziekte of tegenslag minder groot effect heeft op een spiritueel brein, dan op een brein dat niet gelooft in spiritualiteit en dit onbewust blokkeert.

Wat spiritualiteit nog meer voor het brein doet
Doordat het menselijk brein op de evolutionaire tijdlijn tienduizenden of zelfs honderdduizenden jaren lang is ontwikkeld met spiritualiteit, kan het ontplooien van je aange-

boren spirituele vermogen verrassend veel voordelen bieden in de dagelijkse praktijk. Zo blijkt uit onderzoek dat spiritualiteit kan bijdragen aan meer creativiteit, doorzettingsvermogen en voldoening in het leven. Ook hebben spirituele mensen vaker een lagere activiteit in hersengebieden die verantwoordelijk zijn voor stress en een hogere activiteit in delen van het brein verantwoordelijk voor sociaal contact met anderen. Dit wordt geassocieerd met meer veerkracht, optimisme en sociale vaardigheden. Spiritualiteit kan daarom een waardevolle aanvulling vormen voor jouw brein.

Hoe verwerk je spiritualiteit in je leven?

Zie jij jezelf als een nuchter of juist als een open-minded persoon? In beide gevallen kan het geen kwaad om op een laagdrempelige manier wat meer spiritualiteit in je leven te verwerken. Pas de volgende zes tips toe om het spirituele deel van je brein een boost te geven en meer balans in je dagelijkse leven aan te brengen:

1. **Meditatie**. Mediteren is een van de beste manieren om de poort naar je onderbewuste te openen.
2. **Dankbaarheid**. In spirituele en religieuze wijsheden wordt vaak het belang benadrukt van het dagelijks uiten van je dankbaarheid.
3. **Wandelen**. Buiten wandelen is goed voor je algehele welzijn en onderdrukt het angstcentrum in je brein dat je spirituele intuïtie soms kan overvleugelen. Wandel bij voorkeur in de natuur.
4. **Yoga**. Yoga heeft als doel je lichaam en geest te verenigen en is daarmee een van de meest spirituele vormen van beweging.
5. **Ademhaling**. Zoals je hebt gelezen is ademhaling een mooie manier om meer verbinding met jezelf te maken en je energetische verbinding te herstellen.
6. **Connectie** maken met de natuur en de tekenen die je op je pad tegenkomt. Wanneer je ervoor openstaat zal de natuur je meer laten zien dan wat je nu kunt bedenken.

Natuur

Tegenwoordig spenderen we een steeds groter gedeelte van onze tijd binnen en dan vooral online. Toch benadrukken grote denkers en filosofen al sinds mensenheugenis de voordelen van een verblijf in de natuur. Tal van recente onderzoeken bevestigen deze oeroude wijsheid. Het menselijk brein blijkt namelijk op een bijzondere manier op een groene omgeving te reageren.

Waarom voelen we ons zo goed in de natuur?

Net als elk ander organisme op aarde is de mensheid het resultaat van miljoenen jaren evolutie. Gedurende de enorme tijdlijn zijn we geëvolueerd in en met onze natuurlijke omgeving. We brachten ooit verreweg het grootste deel van de dag buiten door en leefden van de natuurlijke voedselbronnen die de leefomgeving ons te bieden had. We waren simpelweg één met de natuur. In deze natuurlijke setting heeft ook de evolutie van het brein plaatsgevonden. Dit betekent dat de natuur ons niet alleen heeft gemaakt tot wie we nu zijn, maar onze hersenen ook heeft aangepast om optimaal in deze natuurlijke leefomgeving te functioneren. Het is dan ook niet zo gek dat we ons goed voelen in de natuur; we zijn ervoor gemaakt! Ook jij hebt in de vorm van je brein een oersysteem in je zitten dat tot in perfectie is ontwikkeld om optimaal in een groene setting te gedijen.

Ons brein in een onnatuurlijke leefomgeving
Onze natuurlijke leefomgeving is in de loop der millennia over het algemeen relatief geleidelijk veranderd. Tot de afgelopen eeuw. Nooit eerder is onze wereld zo snel veranderd als in de afgelopen honderd jaar. En dat terwijl we nog steeds vrijwel hetzelfde reptielenbrein, cerebellum en cerebrum hebben als onze voorouders tien- tot honderdduizenden jaren geleden. Dat ons brein zich nog lang niet heeft aangepast aan deze nieuwe omgeving, blijkt wel uit de vele gezondheidsproblemen die de westerse wereld in toenemende mate teisteren. Van depressies tot burn-outs en van overgewicht tot angsten. Een onnatuurlijke levensstijl en de weinige tijd die we nog buiten bewegen, dragen hier in belangrijke mate aan bij.

Wat doet de natuur met onze hersenen?
Meer tijd in de natuur doorbrengen is dan ook een weldaad voor het brein. Deze oorspronkelijke leefomgeving heeft een helende werking en kan ons overprikkeld brein rust en balans bieden. Dat blijkt ook steeds vaker uit wetenschappelijk onderzoek. Volgens de laatste neurowetenschappelijke inzichten heeft een groene omgeving onder meer de volgende vijf positieve effecten op het brein:

1. Ontwikkel je spiritualiteit. Door in de natuur aanwezig te zijn maak je een diepere verbinding met jezelf, en daarmee met je spiritualiteit. Voel jij je weleens één met de natuur, of kom je tot rust in de natuur? Dit heeft met jouw innerlijke proces te maken, die door de connectie, met de geluiden, de geuren en de omgeving jouw spirituele ik laat ontwaken.

2. Natuur geeft je een gelukkig gevoel. Een onderzoek in het tijdschrift *PNAS* laat zien dat 90 minuten wandelen in een rustige groene omgeving een gelukkig gevoel geeft. Hersenscans wijzen uit dat dit waarschijnlijk komt door een verminderde activiteit in de subgenuale prefrontale cortex, het hersengebied dat wordt geassocieerd met de regulatie van depressieve gevoelens. De natuur biedt een natuurlijk medicijn tegen depressies.

3. Natuur is goed voor je gezondheid. Uit onderzoek in *Environmental Research* blijkt dat blootstelling aan een groene omgeving positieve effecten heeft op de gezondheid. Genoemd worden onder meer een verbeterde hartslag en bloeddruk, een verlaging in cholesterol, een kleinere kans op hart- en vaatziekten en een betere slaap. Al deze zaken hebben weer een positief effect op de gezondheid van onze hersenen.

4. Natuur verlaagt je stressniveau. Uit een onderzoek in *Environmental Science & Technology* komt naar voren dat de hoeveelheid natuur in de woonomgeving grote invloed heeft op je geestelijke gezondheid. Mensen die verhuizen naar een groenere omgeving, ervaren een aanzienlijk hoger gevoel van welbevinden en beduidend minder stress.

5. Natuur verbetert je concentratie en geheugen. Een onderzoek in *Psychological Science* toont aan dat de aanblik van natuur je concentratie en geheugen direct verbetert. Alleen al het bekijken van natuurfoto's is genoeg om dit effect te bewerkstelligen. Dat is goed nieuws voor mensen die in een stedelijke omgeving wonen. Zelfs korte momenten in de natuur zijn al genoeg om het brein positief te beïnvloeden.

Hoe breng je meer tijd in de natuur door?
In een tijd waarin mensen steeds vaker binnen verblijven, is elk moment in de natuur meegenomen. Onderzoeken laten zien dat in dit opzicht alle beetjes helpen. Volgens een specifiek onderzoek in *Behavioral Science* is het echter wel zo dat ongerepte omgevingen de positiefste effecten hebben op de hersenen. Zo is het stressniveau van mensen die in de ongerepte natuur wandelen flink lager dan dat van mensen die hun tijd doorbrengen in een groen stadspark.

Voor een helend effect en meer rust en balans in je brein, adviseer ik dan ook om het beste van beide werelden na te streven. Pak in het dagelijks leven geregeld je momentjes om naar buiten te gaan en zoek hierbij zo veel mogelijk een groene omgeving op.

Wil je zo veel mogelijk gezondheidsvoordelen voor je brein? Plan dan eens in de zoveel tijd een dagje weg of een langere vakantie in, zodat je echt voor langere tijd ongerepte gebieden kunt opzoeken. Belangrijk is hoe dan ook dat je voor even teruggaat naar de basis. Zo krijgt je overbelaste brein de rust die het verdient. Of je nu op een rustige natuurcamping staat of actieve wandeltochten maakt in de bergen, je zult al snel merken dat een groene omgeving wonderen doet voor je hersenen!

Wat mij persoonlijk enorm helpt is de regel dat ik de dag altijd start én eindig in de natuur. Ik doe veel afspraken en meetings wandelend in het bos. Ik ga ieder weekend twee uur naar het bos en plan zo nu en dan een eigen retreat in, waarin ik mijzelf vier dagen of langer totale rust geef in een boshutje. Zonder dat ik daar iemand mee naartoe neem. Ik kan ook rustig een uur in de natuur zitten op een bankje of een boomstam en daar intens van genieten.

Wat ik zo mooi vind om te zien is dat er in Canada op doktersrecept een abonnement wordt gegeven op een natuurgebied, een jaar lang de natuur in om te helen. Benieuwd of dit in Nederland binnenkort ook op doktersrecept gaat worden voorgeschreven.

Mindfulness
Mindfulness bestaat al duizenden jaren. De roots liggen in het boeddhisme, taoïsme, en zelfs het christendom. Als we kijken naar de geschiedenis hiervan is mindfulness een van de oudste en wereldwijd meest gepraktiseerde oefeningen die door de mensheid wordt ingezet. Toch wint mindfulness in ons land pas sinds een paar jaar meer terrein. Waar ze dit in het Oosten met de paplepel ingegoten krijgen, beginnen wij ons er nu pas meer en meer in te verdiepen en het toe te passen.

In 1970 kreeg mindfulness met name door Jon Kabat-Zinn, een arts, steeds meer bekendheid. Hij wordt vaak gezien als de grondlegger van mindfulness. Hij veranderde mindfulness in een techniek die wereldwijd gebruikt kon worden, zelfs als therapie in ziekenhuizen. Sinds dat moment is mindfulness een belangrijke speler in de moderne psychotherapie. Dat zette een verandering van ontzettend veel mensenlevens over de hele wereld in beweging. Van chronische pijnbestrijding en betere prestaties op school en werk, tot het verhelpen van depressies, angsten en burn-outs en nog veel meer. Mindfulness beïnvloedt ons emotioneel, mentaal en fysiek.

Voor mindfulness heb je geen spirituele achtergrond nodig, je hoeft niet gelovig te zijn, je hebt geen religie nodig. Wat je met mindfulness kunt oefenen is in het hier-en-nu zijn. Dat kun je overal ter wereld in iedere situatie toepassen.

Mindfulness = vertragen van je geest
Mindfulness = diepere connectie met jezelf
Mindfulness = verbinding met de mensen om je heen en de aarde
Mindfulness = observeren
Mindfulness = kalmeren
Mindfulness = intern geluk activeren
Mindfulness = stilvallen en groeien
Mindfulness = focus hebben op het moment waar je bent

Wanneer je innerlijke rust wilt creëren voor jezelf en daarmee je brein wilt kalmeren, je zenuwstelsel, je nervus vagus en daarmee je gezondheid en geluk wilt vergroten, is er introverte bewustwording nodig. Hierbij kan mindfulness je helpen om je zintuigen juist in te zetten en je in een wereld vol afleiding niet meer zo snel af te laten leiden.

Wanneer je start met mindfulness start je met het observeren van alles wat er intern gebeurt. Zo wordt je je ook bewust van wat er aangezet wordt door externe factoren. Jouw zintuigen, gedachten, emoties en acties worden steeds helderder. Je leert dit toepassen bij alles wat zich afspeelt in je leven.

Mindfulness helpt bij de overprikkeling van je brein, het zorgt ervoor dat je niet veroordelend gaat reageren, niet naar jezelf, maar ook niet naar anderen. Het zorgt daarentegen voor nieuwsgierigheid, wat je weer helpt om te observeren en open te staan voor verandering.

Wees je bewust van je aandacht
Mindfulness staat voor het focussen op het huidige moment, waarbij je je aandacht wegtrekt van mentale drukte en angstige gedachten door je op je zintuigen te richten. Focus je op wat je ziet, voelt, hoort, ruikt en proeft. Er is steeds meer wetenschappelijk bewijs dat mensen na het beoefenen van mindfulness minder stress ervaren, een betere fysieke en mentale gezondheid hebben en beter slapen. Mindful zijn wordt met de tijd en veel oefening steeds makkelijker. Het kan helpen je rust te bewaren, je gedachten, emoties en reacties te reguleren, en aanwezig en bewust te blijven, ook tijdens stressvolle momenten.

Mindfulness is de beste remedie om meer aandacht te trainen. Aandacht bij je interne processen houden in een wereld waar de aandacht naar externe processen wordt getrokken is niet altijd een makkelijke opgave. Is het dan vooral de wereld die onze aandacht opeist? Nee, dat is het zeer zeker niet, eerlijk is eerlijk, de omgeving waarin we leven stelt ons voor een uitdaging, echter is aandacht houden voor ons brein niet iets wat in deze tijden lastiger is dan eeuwen geleden. Zo blijkt uit getuigenissen uit het jaar 420, dat ook in die tijd aandacht houden moeilijk was. Monniken konden maar moeilijk hun aandacht erbij houden tijdens hun contemplatie, en werden afgeleid door hun eigen gedachten omdat ze constant aan eten of seks moesten denken. Het is dus niet het probleem van de moderne wereld, maar iets wat ons brein altijd al heeft gehad. Wellicht zijn in deze tijd de uitdagingen iets groter, omdat onze omgeving er niet op is ingesteld, en ons juist meer uitdaging geeft dan wat het voorheen al was. We reizen als het ware continu mentaal. En met mentaal reizen bedoel ik dat we snel afgeleid zijn, denken aan onze to-dolijst, deadlines, telefoontjes die we nog plegen, aan een herinnering of gebeurtenis; waardoor we in onze mind aan het reizen zijn en niet in het hier-en-nu aanwezig zijn. Uit onderzoek blijkt dan ook dat 50 procent van je leven aan je voorbijgaat doordat je mentaal eigenlijk niet aanwezig bent. Dit gebeurt iedereen. Sta bijvoorbeeld eens even stil bij deze vraag: hoe vaak heb je tijdens het lezen van dit boek gedacht aan iets anders? Aan een idee dat je hebt, misschien een telefoontje dat je wilde plegen, even scrollen door je socialmediatijdlijn, het nieuws even checken, een e-mail versturen, je kat aaien of je kind aandacht geven. Waarschijnlijk best een aantal keer. Het geldt voor iedereen dat ons brein niet stilstaat en snel zijn aandacht verliest. Het idee dat je zo veel in je leven mist kan beangstigend zijn, toch is er een oplossing en die vind je in mindfulness.

Het is eigenlijk de enige breintraining die op het gebied van aandacht echt het verschil kan maken, blijkt uit onderzoek van dr. Amishi Jha, hoogleraar psychologie. Haar onderzoek, dat twintig jaar duurde, werd baanbrekend. Volgens haar bevinden we ons in een regelrechte aandachtscrisis, waardoor we afgemat, overprikkeld en ongelukkig worden. Onze hersenen zijn kansloos om hun aandacht te behouden, de informatie is te overweldigend, te veel, te snel, te intens en te interessant om niet van links naar rechts te gaan. We geven gas bij om niets te hoeven missen in ons leven, vanuit het schaarste systeem werkt ons brein nu eenmaal zo. We kunnen de algoritmen die gebouwd zijn door psychologen, wetenschappers en IT-specialisten niet te slim af zijn. Toch zijn we helemaal niet hulpeloos en zijn er tal van mogelijkheden om ons brein te trainen en daarmee de overprikkeling tegen te gaan.

Ontwikkel een getraind brein, waardoor je de disbalans tegengaat in plaats van de strijd aan te gaan die je toch niet wint. Zoals bij zwemmen tegen de stroming in: je put jezelf uit, je frustreert jezelf en het levert je stress op, uiteindelijk verlies je het en zul je verdrinken. Beter is het om ermee te leren leven, meer mededogen voor jezelf te creëren, te observeren en praktisch aan de slag te gaan om je brein wendbaarder en flexibeler te maken. Ieder mens kan dit en dat gaan we ook oefenen samen. Doordat we nog te weinig weten wat er zich afspeelt in onze interne wereld, krijgen we het niet voor elkaar om er anders mee om te gaan. Daarnaast heeft ons beloningssysteem nog niet ervaren hoe het is als het anders kan zijn. Met 'anders' bedoel ik dat je meer grip hebt op je brein, zelf de bestuurder bent en niet alles klakkeloos overlaat aan de programmeringen en automatische piloot. Je hebt dus meer aandacht nodig voor je brein, aandacht voor je processen, zodat je hersenen anders voor je gaan werken. En geloof me, het is hard nodig om veel problemen te voorkomen.

Visualisatie: een makkelijke start met mindfulness
Visualiseren is niets anders dan een gedachte omzetten in een beeld. Je kunt je gedachte sturen door bewust aan iets te denken en dit met kleuren, geuren, wellicht met

omgevingsgeluiden, sterker te maken voor je brein. Eigenlijk doet het brein dit de hele dag door. Het verschil met bewust visualiseren is dat jij stuurt waar je aan denkt en je je bewuste intelligente breindeel dus inzet om je onderbewuste aan te sturen. Zo stuur je ook je hormonen en neurotransmitters aan waardoor je je gelukkiger kunt voelen en je stress kunt verlagen. Je brein kent geen verschil tussen werkelijkheid en onwerkelijkheid, daar kun je dus slim gebruik van maken.

Toen ik zelf begon met visualisatie vond ik het maar wat zweverig, je iets inbeelden en dus eigenlijk je gedachten creëren en dat zo helder en echt mogelijk voor je zien. Wat ikzelf ervaarde met visualiseren is dat ik continu mijn aandacht verloor aan gedachten die me weghaalden uit mijn aandacht en focus. Van boodschappenlijstjes maken tot terugbellen, die ene email, die afspraak, die verjaardag, de was: het kwam allemaal voorbij. En de hele tijd zette mijn brein dit in om me af te leiden van de taak die ik wilde volbrengen, van de aandacht die ik aan dit proces wilde geven, de aandacht aan mijzelf, mijn brein aansturen en activeren. Iedere keer als mijn brein dit deed, begon ik weer opnieuw, ik heb het wel duizenden keren opnieuw gedaan. Een enorm tijdrovende klus kan ik je vertellen, maar het is het waard. Niet op het moment zelf, dan geeft het je slechts frustratie en irritatie. Dan zorgt het ervoor dat het je heel veel energie kost, het is dan ook het makkelijkst om op te geven en je brein zijn zin te geven. Maar wie bepaalt er welke kant jij opgaat en waar jouw aandacht heengaat? Inmiddels weet je dat je brein snel en makkelijk is afgeleid en graag zoekt naar prikkels. Stilvallen en je aandacht richten op een visualisatie is dan niet datgene waar je brein op korte termijn blij van wordt. Toch is het de moeite waard om dit wel te doen. Ondanks dat het misschien wel een van de moeilijkste dingen was die ik ooit heb gedaan, deed ik het toch, en het leverde me op dat ik mijn brein door de herhaling, de aandacht en de routine ging programmeren om te visualiseren, niet een keertje in de week, maar iedere dag. Na twee maanden dit iedere dag geoefend te hebben begon het een stukje makkelijker te worden, het kostte me minder energie. Het ging me zelfs energie geven, ik merkte dat ik een stuk rustiger werd en dat de energie die ik inzette in de visualisatie me ook echt energie gedurende de dag gaf. Wat ik nog meer merkte is dat ik veel relaxter de dag doorging, externe gebeurtenissen waar ik voorheen de hele dag een rot gevoel door kon hebben, deden nu niets meer, ik kon anders naar de dingen kijken.

Dit was voor mij de eyeopener dat visualisatie echt werkte. Achter in dit hoofdstuk bij de oefeningen, vind je een aantal visualisatieoefeningen die je zelf kunt gaan doen. Door te visualiseren geef je je brein en lichaam het idee, een emotie, een gevoel, een gedachte, die positief voor je werkt, daarmee verander je de reactie van je genen, alsof je echt in dat moment daar bent. Het kan werkelijk zo aanvoelen dat je daar bent op dat moment, op die manier heb je enorme invloed op de ontwikkeling van je genen en alle biochemische stofjes die je lichaam en brein aanmaken.

Voor veel topsporters is visualisatie een essentieel onderdeel van hun training. Ze zien zichzelf al de wedstrijd voltooien en op het podium staan, nog voordat ze begonnen zijn met de wedstrijd. Zo blijkt ook dat topsporters die heel krachtig kunnen visualiseren, veel beter presteren dan topsporters die niet visualiseren en alleen fysiek hun training hebben ingezet om te oefenen voor de wedstrijd.

Zo blijkt ook uit een onderzoek onder drie Amerikaanse basketbalteams, waarvan een team trainde zoals het altijd trainde, een ander team ging trainen met een toptrainer en zichzelf fysiek meer ging uitdagen en het derde team aan de slag ging met alleen maar mentale training: die teamleden startten met visualisatie, ze trainden helemaal niet fysiek, maar waren alleen mentaal bezig met de overwinning van het toernooi. Het resultaat was dat team drie het toernooi won, met vlag en wimpel. Wat blijkt, het brein zorgt ervoor dat je op hoog niveau kunt sporten, zonder maar één training te hebben gevolgd.

Het begint allemaal bij het geloven dat je brein dit kan, en vaak is dat wat ons brein in de weg zit. We gaan twijfelen, we hebben een saboteur in ons hoofd, die tegen ons zegt dat het onzin is, dat het niet werkt. En daarmee verlies je alle controle over je brein, maar ook alle mogelijkheden die er zijn voor je. En de mogelijkheden, daar ben je inmiddels wel achter na het lezen van dit boek, zijn oneindig.

Meditatie

Mediteren is al zo oud als de weg naar Rome, in het Oosten worden mensen hiermee grootgebracht. Toch is het in Nederland iets wat langzaamaan steeds normaler wordt en zien we er steeds meer de kracht van in. Inmiddels zijn er al verschillende wetenschappelijke onderzoeken die bewijzen dat mediteren direct effect uitoefent op ons brein. Een aantal onderzoeken vind je ook aan het einde van dit hoofdstuk, zodat je die op je gemak kunt lezen.

In het verleden had mediteren een zweverig imago, maar dat is de laatste jaren helemaal verdwenen. Inmiddels is ook de wetenschap overtuigd: er zijn bijzonder veel studies gedaan naar het effect van meditatie op onze gezondheid. De voordelen blijken enorm! Ik ga er uiteraard ook een aantal met je delen in dit hoofdstuk.

Mediteren kun je op vele duizenden manieren doen. Het is iets wat je je brein aanleert, maar ook je lichaam, deze zijn namelijk beide betrokken in het meditatieproces. Is het makkelijk om het jezelf aan te leren? Nee, dit kan in het begin soms heel ongemakkelijk voelen, het is per persoon verschillend hoe je erop reageert. Wat ook allemaal weer te herleiden is naar de programmering van ons brein. Welke data er beschikbaar zijn voor je hersenen over dit onderwerp bepaalt hoe je je erbij voelt; voelt het ongemakkelijk of juist comfortabel?

DE VOORDELEN VAN MEDITEREN

- Vermindert stress. Door dit regelmatig te beoefenen vermindert stress, waardoor je je fijner gaat voelen. Je brein ontprikkelt en komt tot rust. Het stresshormoon cortisol kan hierdoor meteen dalen, waardoor de ontstekingen in je lichaam afnemen en je brein dus beter kan herstellen. Ook stressgerelateerde klachten en aandoeningen, zoals PTSS, PDS en fibromyalgie kunnen hierdoor verminderen.
- Vermindert angsten. Wanneer je minder stress ervaart, verminderen je angsten ook. Mensen die mediteren hebben minder last van angst, paniekaanvallen en fobieën, dan mensen die niet mediteren. Uit studies blijkt dan ook dat meditaties psychische ziektes kunnen tegengaan.
- Gaat ontstekingen tegen. Sommige onderzoeken laten zien dat ontstekingen op celniveau verminderen door dagelijks te mediteren.
- Vermindert eenzaamheid. Mensen die mediteren voelen zich beduidend minder eenzaam.
- Verbetert je geheugen. De hippocampus groeit in de hersenen door te mediteren. Dit breinonderdeel is verantwoordelijk voor het onthouden van informatie.
- Gaat depressie tegen. Mediteren kan zorgen voor de afname van depressieve gevoelens, tonen meerdere studies aan. Gedachten die als een maalstroom door je hoofd kunnen gaan, worden door meditatie verminderd. Er komt meer rust en overzicht. Hierdoor kom je sneller in een positieve energie te zitten in plaats van in een negatieve spiraal.
- Verbetert je concentratie. Na vier dagen mediteren zie je al effect bij je concentratie, blijkt uit onderzoek. Regelmatig mediteren helpt dus voor een betere focus.
- Verbetert je slaap. Je kunt de gedachten die je vaak wakker houden kalmeren waardoor je beter in slaap kunt vallen en ook beter gaat herstellen gedurende de nacht. Je pakt eerder de diepere hersengolven en verruilt je bètastaat voor de diepere hersengolven, thèta, alfa en delta.
- Vergroot je compassie. Mededogen voor jezelf en je omgeving neemt toe wanneer je mediteert. Meditatie maakt je dus vriendelijker, zachter naar jezelf, je processen en de mensen om je heen. Je verbinding met je medemens neemt duidelijk toe wanneer je mediteert. Laat dat nu eens een superboost voor je brein zijn, zeker in tijden van overprikkeling.
- Versterkt je immuunsysteem. Meditatie kan, wanneer je dit frequent en minimaal 8 weken doet, je immuunsysteem enorm beïnvloeden op de positieve manier, laat onderzoek zien. Je ontwikkelt vele antistoffen tegen virussen.

- Verlaagt je bloeddruk. Je bloeddruk gaat niet alleen tijdens het mediteren naar beneden, maar ook erna wanneer je regelmatig meditatie beoefent. Dit kan weer helpen om de druk op je hart te verminderen en in de toekomst hart- en vaatziekten voorkomen.
- Houdt je hersenen gezond en jong. Mensen die regelmatig mediteren hebben meer grijze stof. Die stof in de hersenen zorgt ervoor dat je meer informatie kunt verwerken. Het gaat hersenveroudering tegen en houdt het brein wendbaar en flexibel.
- Kan helpen met het tegengaan van verslavingen. Door meditatie krijg je meer grip op je brein, meer focus en aandacht en ben je meer in het hier-en-nu, waardoor het je helpt om je wilskracht te trainen. Hierdoor wordt het makkelijker om emoties te reguleren en niet in de valkuil te trappen van meer meer meer, maar leer je op die momenten uit te zoomen en weerstand hiertegen te kunnen bieden.
- Geeft je een positiever leven. Door te mediteren kun je positiever worden, fijner in het leven staan en makkelijker met tegenslag omgaan.

Het belangrijkste doel van mediteren is om de aandacht van je omgeving af te leiden en de aandacht echt helemaal op jezelf, op je interne processen, te hebben. Dat je voornemens, je gedachten, jouw interne gesprekken het middelpunt worden in plaats van alle externe factoren.

Ook voor meditatie kun je een neuraal netwerk aanleggen, waardoor de processen van moeilijk, naar beter, naar makkelijk, naar onbewust en automatisch aan wordt gezet. Hoe meer kennis je bezit, hoe beter je bent voorbereid op de meditatievoordelen.

Tip: het beste tempo om met meditatie aan de slag te gaan is dat waarbij het comfortabel aanvoelt, waarbij je je niet overrompeld voelt.

Starten met mediteren, wat kun je leren?
Ooit heb je moeten leren koken. Eerst met een recept en een boodschappenlijstje bij de hand. Zo zette je de eerste stappen om uiteindelijk een gerecht te kunnen maken. Tegenwoordig zal een simpel recept eenvoudig voor je te maken zijn, daar draai je je hand niet voor om. Door de veelvuldigheid waarmee je dit gedaan hebt, is het nu gemakkelijk. Zo werkt het bij mediteren ook. Stap voor stap door het proces heen en het telkens weer herhalen, maakt het bekend voor je brein, waardoor het steeds makkelijker gaat en je er na een tijdje ook je hand niet meer voor omdraait.

Tip: oefen minimaal 2 weken op een bepaald meditatieproces. Ontdek welke stap daarin voor jou belangrijk is, zo wordt het al wat bekender voor je brein en stuur je je neuroplasticiteit aan.

Locatie
De plek waar jij je meditatie beoefent, heeft beslist effect op hoe jouw meditatieprocessen zullen verlopen. Zorg daarom voor een fijne ruimte waar je niet gestoord wordt en waar je op je gemak kunt zitten of liggen. Ook wandelmeditaties zijn fijn, maar daar zou ik pas in een later stadium mee beginnen, pas wanneer de basis van de meditatie meer geaccepteerd is door je brein en het je makkelijker afgaat.

Zoek een comfortabele plek waar je alleen kunt zijn, waar je niet door te veel externe afleiders wordt afgeleid. De plek moet geïsoleerd, privé en makkelijk te begaan zijn voor je, zodat je brein geen excuses verzint om er niet naar toe te hoeven gaan. Ga iedere dag even op die plek zitten, ook je omgeving kan een programmering worden, zodat je brein al direct weet wat er van hem verwacht wordt. Wanneer je je ergens op je gemak voelt, zullen de meditatieprocessen veel makkelijker en sneller gaan dan wanneer je het overhaast en gestrest doet op een locatie waar je je niet helemaal op je gemak voelt.

Tip: gebruik alleen je slaapkamer als je een avondmeditatie doet die je slaapprocessen helpt ondersteunen, je brein associeert je slaapkamer met slapen, dus voor een dag- of ochtendmeditatie zou ik deze locatie niet aanraden.

Wanneer je de plek onbewust gaat programmeren zet je je neurale netwerken aan. Dat kan dus ook de associatie zijn met bepaalde ruimte, zo kan dit proces vóór maar ook tegen je werken, zoals het voorbeeld met het bed werkt het niet voor je. Je brein zal in een slaapstand gaan.

Voorkom afleiding
Wanneer je op je werk tussendoor zou willen mediteren, is het handig om een bordje NIET STOREN op je deur te hangen. Zodat je ook echt niet gestoord wordt. Hetzelfde geldt voor thuis. Heb je een gezin of een partner, geef duidelijk aan dat je tijdens je meditatie niet gestoord wil worden. Desnoods met een bordje op de deur van de ruimte waarin jij jezelf op dat moment terugtrekt. Maar ook je kleding kan je afleiden; een broek die te strak zit, een trui die niet lekker zit, een horloge dat knelt. Doe dat af, trek fijn zittende kleding aan zodat ook je kleding geen trigger kan zijn om jou uit je proces te halen.

Muziek
Muziek luisteren kan heel fijn zijn en daarmee ook nuttig om je in een meditatie te begeleiden, zolang het maar muziek is die geen afleiding veroorzaakt. Wanneer er een associatie, dus een programmering, op een nummer zit, zal je brein afgeleid zijn. Als ik zelf muziek opzet gebruik ik altijd *binaural* beats. Je vindt onze eigen Brain Balance binaural beats op YouTube en Spotify, speciaal voor je slaap, energie, geheugen, geluk, vrolijk zijn, tot aan herstel. Probeer voor jezelf uit wat een fijne is en sla die op. Niet alle binaural beats zullen fijn of geschikt voor je zijn. Dus probeer er wat uit en kijk wat ze voor je doen. Neem hier de tijd voor. Wanneer je niet naar muziek luistert, kan het fijn zijn om oordoppen in te doen, zodat je niet gestoord wordt door afleidingen van externe factoren.

Houding
Ikzelf vind het fijn om te liggen in een ontspannen houding, of ik ga rechtop zitten in een yogapose, met de benen over elkaar. Mijn rug is dan verticaal, mijn nek recht, armen en benen liggen stil en mijn lichaam is ontspannen. Wanneer je zit is de kans op in slaap vallen minder snel aanwezig, dus ben je hier gevoelig voor, blijf dan vooral zitten.

Totale ontspanning tot in slaap vallen
Het kan zomaar gebeuren dat je gaat knikkebollen, dat je zo enorm ontspant dat je bijna in slaap valt, ook als je rechtop zit. Dit is een goed teken, je beweegt nu naar de alfa- en thètahersengolfstaat. Je lichaam is gewend om te gaan liggen als de hersengolven trager worden, dat kan dan ook het signaal zijn dat je krijgt. In het begin zal dat intenser aanwezig zijn maar naarmate je vaker met meditatie bezig bent, zul je merken dat je brein eraan gewend raakt. Je hersenen zijn nu aan het vertragen, en dat is de exacte stand waar we naartoe willen werken met meditatie voor het brein. Zie ook nog verderop, over dat deze staat van de hersengolven ons toegang geeft naar ons onderbewuste, daar waar verandering mogelijk is.

Hoelang kun je het beste mediteren?
Dit is voor iedereen anders, maar 5 minuten mediteren is al een mooie start. Het betekent niet hoe langer hoe beter, maar in het begin is het wel fijn om dagelijks een iets langere sessie voor jezelf in te plannen, zodat je brein er steeds meer mee bekend raakt. In een onderzoek van Harvard kwam recent naar voren dat na 5 minuten mediteren ons brein al daadwerkelijk veranderingen laat zien, dat is behoorlijk snel dus.

Ik zou je aanraden om te proberen iedere dag minimaal 10-20 minuten te mediteren om jezelf het proces aan te wennen en je er fijn bij te gaan voelen. Wanneer je meer gewend bent aan dit proces, zou een goede meditatie zeker 40-50 minuten mogen duren. Dit is een mooie tool om iedere dag in te zetten. Probeer zo min mogelijk met de tijd bezig te zijn, want wanneer je gedachten met de tijd bezig zijn, ben je niet optimaal in de meditatie aanwezig.

Wanneer kun je het beste mediteren?
Mediteren is altijd goed, ieder moment van de dag. De stap die we met mediteren graag willen zetten is toegang tot ons onderbewuste krijgen. Dat is op twee momenten van de dag het best toegankelijk, in de ochtend, als je net wakker bent, en in de avond vlak voor het slapengaan. Dan is de verandering in onze hersenchemie makkelijker toegankelijk dan op andere momenten van de dag. Je komt op deze momenten makkelijker in de alfastaat of thètastaat.

Ikzelf mediteer 2 x per dag, zeker 5 dagen in de week. Dat doe ik in de ochtend en in de avond. Heel fijn. Ik zou je aanraden om te starten met 1 x per dag, dat is zeker in het begin meer dan genoeg. Pas wanneer dit een gewoonte is en het je brein geen energie meer kost, dan is een tweede moment op de dag toevoegen de volgende stap die je kunt maken. Ga voor jezelf ontdekken wanneer jij het liefst wilt mediteren, wat werkt goed voor je? Wat werkt niet fijn voor je? Dit is een persoonlijk proces.

Zelfs een korte meditatie kan al wonderen doen voor jouw brein en fysieke gezondheid.

GA AAN DE SLAG MET JE BREIN

Concrete oefeningen
Veel mensen zijn zich niet bewust van hoe hun brein werkt en al die jaren voor hen heeft gewerkt. Totdat ze deze kennis opdoen en verbaasd zijn over de kracht van hun brein en wat ze zelf kunnen veranderen. Het is dan ook een behoorlijke eyeopener wanneer je gaat ervaren hoe je brein je in de weg zit, maar ook hoe jouw brein je beste vriend kan worden. Theorie pas je niet in een oogwenk toe, maar kun je leren door haar te gaan programmeren in je brein en je lichaamscellen. Zodat je kunt leven vanuit positieve emotie en een flow. Met een energie die je brengt waar je wil zijn.

Daar zul je in het begin hard voor moeten werken, het leven zie ik dan ook als een doorlopende leerschool en een ontwikkelingsproces wanneer je ervoor kiest om ermee aan de slag te gaan. Uiteraard kun je ook achterover op de bank gaan hangen en niets doen, dat is een keuze en die optie is er ook zeker voor je. Al denk ik dat je, omdat je dit boek aan het lezen bent, dat type mens niet bent.

Jouw brein verander je niet door alleen dit boek te lezen of alle tips van social media op te volgen. Je verandert je brein en jouw gewoontes door ermee aan de slag te gaan. Aandacht en herhalen zijn daarin de twee belangrijkste woorden: indien je je brein geen aandacht geeft, je niet de informatie herhaalt en oefent, is er geen enkele mogelijkheid om je brein te kalmeren en te gaan veranderen. Het intelligent begrijpen is een eerste stap. Waarschijnlijk door het lezen van het boek weet je nu ongeveer hoe je brein werkt, dit is intelligent allemaal te plaatsen. Alleen nu het toepassen nog, daar heb je oefening voor nodig om je brein te trainen en continu in beweging te houden.

Alle oefeningen die ik hierna voor je heb uitgeschreven vind je ook op: www.charlotte-labee.com/overprikkeldbrein. Naast de uitgeschreven oefeningen, vind je daar nog een aantal extra oefeningen. Zeker de moeite waard om hiermee aan de slag te gaan.

Start met de zeven Brain Balance-pijlers
Om een brein niet overprikkeld te laten raken zijn deze zeven basisvoorwaarden noodzakelijk om je brein te supporten. Die noemen we de Brain Balance-pijlers:

- breinkennis
- beweging
- slaap
- ontspanning
- kennis over stress

- Brain Food
- omgeving

Al deze factoren spelen een grote rol in jouw mentale welzijn, uiteraard spelen je genen hierin ook een rol, zoals je al hebt gelezen. In mijn vorige boeken, *Brain Balance* en *Brain Food* lees je meer over de pijlers en hoe je deze kunt inzetten.

Wil je praktisch aan de slag, dan is de journal die ik speciaal hiervoor ontwikkeld heb ook erg fijn. De journal helpt je aan de slag te gaan met het oefenen van deze pijlers en er een gewoonte van te maken.

Hoe vaak heb jij wel niet vergeefs lopen worstelen met patronen en gewoonten waar je vanaf wilde? Dat het dan worstelen is, is eigenlijk logisch, want hoe kun je iets veranderen als je niet eens weet hoe het er exact is gekomen? Hoe kun je iets veranderen als je niet weet hoe het werkt? Jouw brein in kaart brengen is dus een belangrijke eerste stap. Met de kennis die ik met je gedeeld heb gaan we daarmee aan de slag.

Hartcoherentie vergroten

Om je brein te ontprikkelen en de onrust uit je leven te halen is een coherentere staat nodig dan waar je nu, waarschijnlijk, in verblijft. Ben ikzelf altijd coherent? Nee zeker niet, maar de tools die ik met je deel hebben mij geholpen en helpen mij nog steeds. Omdat ik ze al ruim een jaar lang dagelijks gebruik om sneller en makkelijker terug te gaan naar deze coherente staat, omdat ik weet dat het me rust, inzicht, overzicht, flexibiliteit en weerbaarheid oplevert. Het voelt heel goed om te weten dat ik deze tools in mijn gereedschapskist heb zitten en ze ieder moment eruit kan halen om mezelf weer terug te brengen en daardoor weer te kunnen connecten met mijn innerlijke processen.

Deze tools gaan voor jou ook zo werken; wanneer je er vaak genoeg mee oefent, wordt het op een gegeven moment een programmering, een gewoonte, die je kunt afspelen en ga je herkennen wanneer je die kunt inzetten en toepassen. Het is daarin belangrijk dat je je brein en lichaamsprocessen goed kunt observeren en weet wanneer er waar om gevraagd wordt. Je wil dus een betere connectie. Door alle informatie die ik hiervoor met je heb gedeeld, hoop ik dat je daar nu al mee aan de slag kunt.

Opdracht: bewust aan de slag met hartcoherentie, leer voelen wat je lichaam doet

Deel 1:
- Ga in een comfortabele houding zitten.
- Zet beide voeten op de grond.
- Maak connectie met je hart door met je gedachten vanuit je hoofd naar beneden naar de plaats van je hart te gaan.
- Geef jezelf de opdracht aan een onrustig moment te denken, waarop je stress en angst ervaarde.
- Maak connectie met je hart, wat voel je? Welke emoties ontstaan er?
- Open nu je ogen en schrijf op wat je ervaringen waren.

Deel 2 :
- Ga in een comfortabele houding zitten.
- Zet beide voeten op de grond.
- Maak connectie met je hart door weer met je gedachten visueel door je lichaam vanuit je brein naar je hart te gaan.
- Wanneer je aangekomen bent bij je hart, praat dan met je hart.
- Beeld je in dat je hart er voor jou is.
- Dat je hart tegen je praat en je vertelt dat alles goedkomt, dat alles veilig is.
- Laat op je inwerken wat je ervaart.
- Open je ogen, schrijf op wat je ervaringen waren.

Observeer in beide oefeningen hoe je ademhaling is, hoe het gevoel door je lichaam heen is, de emoties, waar voel je ze?

Heartfocus-ademhalingsoefening
Dit is een redelijk simpele oefening, misschien wel de fijnste om mee te beginnen wanneer je start met hartcoherentie. Ik doe deze oefening zelf meerdere keren per dag, zeker in tijden van drukte en onrust. Door tussendoor even deze oefening te doen, kun je jezelf ondersteunen in moeilijke momenten, bij negatieve ervaringen of wanneer je te veel prikkels krijgt uit je omgeving. Wanneer je positieve emoties ervaart, ervaar je die meestal op verschillende plekken in je lichaam en kun je het idee hebben dat alles weer stroomt. Dat zal ook met deze oefening zo kunnen zijn.

- Ga in een comfortabele houding zitten, staan of liggen.
- Ontspan je lichaam, laat je schouders zakken.
- Sluit je ogen.

- Ben je bewust van je ademhaling. Het bewust volgen van je ademhaling is alles wat je nu hoeft te doen.
- Wanneer je inademt, adem je bewust positieve zuurstof in, zuurstof die je nodig hebt.
- Voel heel bewust de ademhaling en zuurstof door je lichaam stromen.
- Adem 5 tellen diep in, adem door je hart naar je buik (wanneer je je hart nog niet bewust voelt, beeld je dan in dat je naar je borststreek ademt).
- Hou de ademhaling 5 tellen vast.
- Adem 7 tellen uit, beeld je in dat bij het uitblazen van de adem je alles uitblaast wat er niet toe doet en wat niet nodig is voor je; je blaast hiermee alle afvalstoffen en belastende emoties uit.
- Herhaal dit 4 keer.
- Doe dit heel natuurlijk in een zachte flow, zonder iets te forceren.
- Wanneer je deze ademhalingen goed onder controle hebt, wil ik je vragen om aandacht te besteden aan de sensatie die je voelt in je hart.
- Maak contact met de emotie, het gevoel, de warmte of ruimte die er komt in je borst.
- Het kan dat dit in het begin nog onwennig aanvoelt, dat het zich langzaam opent, het eerst nog vaag aanwezig is, maar waarna het steeds helderder mag zijn.
- Wat je hierin kan helpen is een gevoel van dankbaarheid op te roepen. Jouw hart is buitengewoon gevoelig voor dankbaarheid, voor vervulling, voor de warmte die dat met zich meebrengt.
- De gedachte bijvoorbeeld aan iemand van wie je houdt en waar je dankbaar voor bent, kan al voldoende zijn om je met die warmte te vervullen.
- Maar ook een mooi beeld uit de natuur, een hertje dat je hebt zien lopen, de natuur die zich in het voorjaar ontpopt, of het denken aan een mooie wandeling in de natuur waar je een blij gevoel van kreeg, wellicht het gevoel van vrijheid?
- Merk je dat er een glimlach opkomt?

Alternerende neusgatademhaling

Deze oefening kan je helpen meer rust en evenwicht te ervaren en je beter te kunnen concentreren. Doordat je de ademhaling alternerend (wisselend tussen de neusgaten) inzet verzorg je een betere luchtstoom naar beide hersenhelften.

1. Ga zitten in een comfortabele houding.
2. Maak contact met je innerlijke ik.
3. Plaats losjes je rechterduim op het rechterneusgat en de ringvinger op je linkerneusgat.

4. Adem diep in. Sluit je rechterneusgat met je duim en adem uit door het linkerneusgat. Adem weer diep in door het linkerneusgat.
5. Sluit het linkerneusgat met je ringvinger en open je rechterneusgat. Adem uit door het rechterneusgat. Adem weer in door het rechterneusgat.
6. Sluit het rechterneusgat en herhaal de oefening.
7. Herhaal in totaal minimaal 5 minuten.
8. Observeer wat je ervaart, hoe voelde je je voor de oefening? Hoe voelde je je erna?

Bodyscan, wat is dat?

Een bodyscan is een oefening die je ieder moment van de dag kunt inzetten, om te vertragen, connectie te maken met jezelf, om stress te verlagen, meer focus te krijgen en aandacht voor je eigen proces.

Deze opdracht kun je vinden op mijn website: www.charlottelabee.com/overprikkeldbrein. Hier vind je meer opdrachten, zo ook de bodyscan in een langere versie, van 45 minuten. Bewezen is dat wanneer we een maand lang iedere dag de bodyscan van 45 minuten oefenen, we de insula, ook wel het eiland van Reil, vergroten en daarmee ook de empathie naar onszelf vergroten.

Wanneer je de bodyscan een maand lang iedere dag 45 minuten oefent, zet je je empathische vermogen voor jezelf en de wereld aan.

De bodyscan
Oefening van 10 minuten.

1. Zoek een plek waar je ontspannen en ongestoord kunt gaan zitten. In een houding die fijn is voor je. Ik raad je aan deze oefening zittend te doen. Wanneer je de oefening liggend doet en je moe bent, bestaat de kans dat je brein zich aan de oefening wil onttrekken en je in slaap valt.
2. Blijf, zoals met alle oefeningen, gefocust op de oefening. Wanneer je afdwaalt met je gedachten, breng je liefdevol je aandacht en focus weer terug naar de bodyscan. Uiteindelijk draait het om het trainen van je brein, waarmee je iedere keer de aandacht terug zult brengen naar de connectie met jouw lichaam.
3. Neem waar de drie puntjes staan (…) 30 seconden, of langer, rust om te voelen.
4. Wanneer je klaar bent, breng dan je aandacht naar je lichaam. Waar voel je wellicht wat sensatie? Misschien voel je je rug, je billen, je zitbotjes op de stoel of plek waar je zit…
5. Breng je aandacht naar waar je sensaties voelt in je lichaam…
6. Adem rustig in en uit… adem in en uit… volg hoe je ademhaling door je lichaam stroomt…

7. Het is heel normaal dat je wordt afgeleid door je brein, door gedachten aan dingen die je nog zou moeten doen. Dit is wat je brein doet, vraag je brein gewoon weer zijn aandacht naar je lichaam te brengen en train je brein op deze manier.
8. Breng je aandacht naar je tenen... adem in en uit...
9. Breng nu je aandacht naar je linkervoet. De onderkant van je linkervoet... de bovenkant van je linkervoet... verplaats je aandacht naar je enkel... naar je scheenbeen... je kuit... door naar je knie... je bovenbeen...
10. Ben je bewust van alle sensaties in alle delen van je lichaam... overal zijn sensaties, kijk wat je kunt voelen... Breng je aandacht naar je linkerheup... misschien voel je de connectie met waar je op zit... welke sensaties voel je hier? ... wat er ook is, laat het zijn wat het is... oordeel niet, observeer alleen...
11. Dan gaan we door naar de rechtervoet, start bij je tenen... Ga naar de onderkant van je rechtervoet... de bovenkant van je voet... Sta even bewust stil bij wat je voelt... Wellicht is het tintelen, energie, rusteloosheid, doorstroming, kramp... Het mag er allemaal zijn, observeer alleen wat je voelt. Verplaats nu je aandacht naar je enkel... naar je scheenbeen... je kuit... voel wat je daar tegenkomt... Door naar je knie... door naar je heup, wat voel je daar? ...
12. Breng nu je aandacht naar je middel. Wat voel je? ...
13. Ga door met de bewuste aandacht voor je buik. Wat voel je in je buik? ... Ga naar binnen je darmen in... wat voel je in je darmen... Kijk zo veel mogelijk wat je kunt voelen...
14. Vanuit je buik ga je door naar je borst... van de linkerkant... naar de rechterkant... ben je bewust van de aandacht voor je borst...
15. Wanneer je je onrustig voelt, wanneer je brein je aandacht vraagt met gedachten, breng dan je aandacht weer terug naar je lichaam.
16. Breng je aandacht naar je schouders. Je linkerschouder... je linkerelleboog... je linkerpols... je linkerhand... de vingers van je linkerhand... wat voel je in je vingers? ...
17. Breng dan je aandacht naar je rechterschouder... je rechterelleboog... je rechter pols... je rechterhand... de vingers van je rechterhand... Wat voel je in je vingers?...
18. Breng je aandacht naar je nek... naar je hoofd... naar je gezicht... Naar je lippen... naar je neus... naar je ogen... breng je aandacht naar je linkeroor... naar je rechteroor... Ben je bewust van alle sensaties in je gezicht... breng je aandacht naar de spieren, hoe voelen die in je gezicht? ... Breng je aandacht naar je tanden, hoe voelen die? ... Hoe voelt je tong? ... Breng je aandacht nu naar je hersenen, wat voel je daar, wat zie je daar? ... Wat je ook ervaart, laat het zijn wat het is... Breng je aandacht naar alle sensaties die je voelt... Breng je aandacht naar de bovenkant van je hoofd, boven op je kruin...
19. Nu je een hele bodyscan hebt gedaan, neem de tijd om stil te staan bij wat je voelt...

20. Wanneer je klaar bent, beweeg dan heel rustig je handen en voeten… open dan rustig je ogen en voel nog even na.

Hoe was het voor je om deze oefening te doen? Was het op sommige vlakken lastig? Een uitdaging? Werd je afgeleid? Dat is volkomen logisch, dit is het trainen van je brein wat je nu aan het doen bent, je zult merken dat naarmate je verder bent in het oefenen, dit je steeds makkelijker afgaat.

Schrijf je ervaringen op, in een notitieboekje of journal. Over een aantal weken kun je terugkijken om te zien welke groei je brein al heeft doorgemaakt. Door simpelweg iedere dag te oefenen, zal je ervaren dat het over drie weken totaal anders voor je is dan nu.

Voel je je relaxter na het doen van de bodyscan? Dat is het mooie van de bodyscan. Wanneer we bewust aandacht richten op sensaties in ons lichaam, ontspannen we die gedeelten van ons lichaam automatisch. Geforceerd proberen te ontspannen is dus niet de beste optie. Even stilstaan en er met je aandacht en ademhaling bewust naartoe gaan en daardoor connectie maken wel. Dat is wat je helpt om echte ontspanning te vinden. Het enige wat je dus hoeft te doen is gaan observeren en contact maken met de plek waar je aandacht aan geeft. Zonder te forceren. Je laat op deze manier heel natuurlijk los. Wanneer je je bewust bent van de sensaties van je lichaam, ben je je ook bewust wanneer je overprikkeld bent en je lichaam je brein beïnvloedt en je brein je lichaam. Wat we met een bodyscan oefenen is dus je brein trainen en sterk maken.

Wanneer je van de bodyscan een gewoonte maakt, wordt het een gezonde routine die we in kunnen zetten om de overprikkeling van het brein direct tegen te gaan.

Persoonlijke bodyscan
Luister je het liefst naar de bodyscan, spreek dan eens de uitgewerkte bodyscan die je hierboven zag staan in als een voicememo op je telefoon. Zo heb je je eigen vertrouwde stem die je door de bodyscan heen begeleidt. Hou er bij het inspreken rekening mee dat je bij de drie puntjes (…) minimaal 30 seconden pauzeert, langer mag ook, en spreek het in alle rust in. Je kunt altijd het voorbeeld nemen wat ik voor je heb ingesproken, speciaal voor dit boek.

Aandacht besteden aan je brein kan heel vermoeiend zijn en zelfs frustraties opleveren, ik weet het, ik zie het in alle trainingen en ik herken het van mijn eigen processen. Zeker wanneer je je bewuster wordt van je brein en zijn strategieën, kun je je weleens afvragen: waarom ben ik hieraan begonnen? Wanneer je op dat punt terechtkomt, weet dan dat dit een heel goed signaal is, je brein is aan het veranderen. Het kost tijd en energie om te veranderen. Maak je geen zorgen, het is dus heel normaal. Wanneer je leert zien dat dit een proces is, leer je er ook anders naar te kijken. Ben en blijf jouw eigen observator.

En weet dat ook ik dit nog steeds weleens ervaar. Dus blijf het herhalen, inzetten, volhouden, oefenen, en dan ineens zul je ervaren dat er wat ruimte komt, ruimte voor de ontwikkeling. Voor zachtheid en mededogen, en precies dat gaat je weer helpen de volgende stap te zetten. Je mag wat liever zijn voor je brein, het werkt keihard voor je.

Oefening: connectie met jezelf

1. Ga rustig op een stoel zitten, of ga liggen, in een voor jou comfortabele houding.
2. Sluit je ogen.
3. Leg je handen op je buik.
4. Ontspan je schouders.
5. Voel hoe je zit op de stoel, of hoe je ligt.
6. Maak connectie met je lichaam door je ademhaling te volgen van je neus tot je buik en adem weer uit.
7. Herhaal deze ademhaling een aantal keer. Door alleen al te observeren waar je ademhaling is, maak je al contact met je lichaam.
8. Stel jezelf deze vraag: wat zou mijn lichaam mij nu willen vertellen?
9. Hierop krijg je een antwoord van je lichaam en van je brein.
10. Adem weer diep in en diep uit en laat de informatie die voorbijkomt door je heen stromen.
11. Stel jezelf deze verdiepende vraag: wat heeft mijn lichaam nu nodig?
12. Observeer het antwoord dat je krijgt van je lichaam en je brein.
13. Adem diep in en uit, herhaal dit drie keer, beweeg langzaam je hoofd van links naar rechts.
14. Open langzaam je ogen.
15. Voel nog even na.
16. Welke inzichten hebben deze oefening je gegeven?
17. Wat merk je op? Observeer wat je voelt en waar je het voelt. Ben je ontspannener na deze oefening?

Op de website vind je al deze oefeningen terug, als video of spraakmemo die je kunt beluisteren. Daarnaast vind je er nog een aantal oefeningen die niet in dit boek zijn uitgewerkt. Je kunt altijd terecht op www.charlottelabee.com/overprikkeldbrein.

LEVEL 4
WEER IN BALANS IN 10 WEKEN

TERUG IN BALANS

In de vorige levels heb je veel kennis over het brein en lichaam opgedaan. Nu is het tijd om met de geleerde informatie aan de slag te gaan. Want hoe fijn het brein het ook vindt om geïnspireerd te worden, het houdt er minder van om daadwerkelijk veranderingen aan te brengen. Het 10-wekenplan in dit level gaat je daar bij helpen. In het stappenplan ga je 10 weken lang aan de slag met het creëren van nieuwe en betere gewoonten. Dit is genoeg tijd om je huidige breinprogrammatie op belangrijke punten te veranderen. Hoe belonender jouw nieuwe gedrag in de komende 10 weken zal zijn (denk aan meer energie, lekkerder in je vel, een betere slaap et cetera), hoe meer het brein zich zal openstellen en hoe sneller je persoonlijke veranderproces zal verlopen.

Ik ben ervan overtuigd dat iedereen met de juiste stappen zijn brein weer op het rechte pad kan krijgen. Ook jij. Wanneer we de oorzaken van onze fysieke problemen weghalen en ons systeem weer geven wat het nodig heeft, kunnen we onszelf gaan helen. In level 4 gaan we hiermee echt aan de slag en wil ik samen met jou de verdieping in middels een 10-wekenplan. We pakken tijdens de 10 weken een hoop punten aan die ik in dit boek beschrijf, zoals ademhaling, ontspanning en een diepere connectie met jezelf.

Het stappenplan biedt je houvast. Op die manier ben je na 10 weken meer in balans en zul je je gegarandeerd een ander mens voelen. Deze nieuwe manier van leven kun je ook na de 10 weken voortzetten. Je weet dan inmiddels hoe je je brein moet herprogrammeren om dit voor elkaar te kunnen krijgen.

'Ieder mens heeft de capaciteit om van de verslavende prikkels uit de externe wereld naar interne voldoening te gaan, het zit in ons en dus doen we dat ook dagelijks'

Zodra je gaat begrijpen hoe je je brein anders kunt aansturen en je programmering kunt veranderen, zul je met sprongen vooruitgaan. Verwacht niet dat het altijd makkelijk is, het zal absoluut weerstand oproepen en je zult zeker geïrriteerd raken; een teken dat je brein liever doet wat het altijd heeft gedaan. Vanuit mijn ervaringen kan ik je zeggen dat het makkelijker wordt naarmate je het vaker doet.

Het feit dat het proces lastig is, is tegelijkertijd een teken dat we op de juiste weg zijn: je verandert bestaande verbindingen en netwerken en dat vinden je hersenen nu eenmaal niet prettig. Geeft het dan vooral niet op, zet door. Wanneer het je is gelukt om een verandering in je levensstijl aan te brengen, zul je jezelf dankbaar zijn en dat gevoel zorgt ervoor dat je meer wilt veranderen. Je kunt het zo zien: het fijne gevoel dat door dankbaarheid wordt veroorzaakt, werkt als een beloning. Daardoor willen je hersenen nog meer beloningen.

Dus hoe vaker je iets nieuws doet, hoe makkelijker het wordt. Doe dat wat je wilt aanpassen elke dag, maar niet te lang achter elkaar. Als je het 3 keer per dag, 5 minuten doet, kost het je maar een kwartier per dag. Dat is een haalbare stap. Het hoeft niet perfect te zijn en het geeft niet als het niet in één keer lukt. Werken aan je brein is een levenslang proces. Met het 10-wekenplan kun je stap voor stap je lifestyle aanpassen, en wanneer je dat trouw dagelijks doet, zul je merken dat er binnen die 10 weken veranderingen zijn opgetreden. Het levert je blijvende goede gewoonten en gezonde gedragspatronen op waar je altijd baat van zult hebben.

Het plan

Ik hoop dan ook dat je zonder vooroordelen aan dit stappenplan begint, maar begrijp het ook helemaal als je een beetje overdonderd bent door de hoeveelheid informatie. Neem gerust alle tijd die je nodig hebt om dit boek te lezen en te verwerken. Wel adviseer ik je om geen dagen over te slaan bij het toepassen van de opgedane kennis. Ga er liever iedere dag 3 keer 5 minuten mee aan de slag dan 1 keer per week 2 uur. Alleen door dagelijkse herhaling creëer je de relevantie die het brein nodig heeft om jouw neurale netwerken en de daarin opgeslagen gewoonten te veranderen.

In het 10-wekenplan krijg je iedere week 3 oefeningen om bewust aandacht aan te schenken. Iedere week voegen we iets toe, dus zo zet je wekelijks een nieuwe stap in je ontwikkeling. Om van je nieuwe gedrag een gewoonte te maken, is echter tijd en geduld nodig. Gemiddeld kost het 18 tot 250 dagen om iets in het brein structureel te veranderen. Pas na minimaal 4 tot 6 weken van dagelijkse herhaling is er in de hersenen een nieuw neuraal netwerk gebouwd. Een week lang aan een proces werken, is dus niet genoeg. Dit is ook de reden dat ik een 10-wekenplan voor je heb uitgewerkt. Als je de oefeningen hierin dagelijks doet, zul je over 2,5 maand een wezenlijk verschil zien in je gewoonten, stemming, gevoelens en gezondheid. Doe jij op dit moment al verschillende oefeningen uit dit stappenplan? Probeer hier dan een verdiepende laag in te vinden en observeer je eigen brein tijdens deze processen met nog meer aandacht en nieuwsgierigheid. Zo kun je geleidelijk verder groeien in de gewoonten die je al hebt ontwikkeld.

Veel van de theorie achter de oefeningen in het stappenplan is eerder in het boek al behandeld. Daarom zal ik bij elke oefening alleen een beknopte uitleg geven. Aanvullende uitleg kun je vinden in level 3. Voor bepaalde oefeningen heb ik instructies voor je ingesproken, die je kunt beluisteren via www.charlottelabee.com/overprikkeldbrein. Iedere oefening heeft een eigen nummer dat je op de website makkelijk kunt opzoeken. Probeer de instructies letterlijk op te volgen en dagelijks met de oefeningen aan de slag te gaan. Dat is niet altijd makkelijk in een wereld waar uitdagingen op je pad komen en wellicht niet iedereen in je omgeving begrijpt waar je mee bezig bent. Maar onthou: je doet dit voor jezelf, om jezelf beter en gelukkiger te voelen. Dagelijks actief met het programma aan de slag gaan, is nodig om het beste resultaat te behalen en echt structureel verandering te zien. Vul daarom ook aan het eind van iedere week de weegschaaloefening uit het laatste hoofdstuk van level 2 in. Zo kun je je eigen voortgang bijhouden en evalueren hoe je brein ervoor staat. Hieronder nog een keer de tekening. Deze tekening vind je aan het eind van iedere week nog eens terug, zodat je de weegschaaloefening makkelijk in het boek kunt invullen.

Sta stil bij jouw zingeving

Voordat je van start gaat met het 10-wekenplan, wil ik je eerst nog wijzen op een essentieel iets voor je brein: jouw zingeving in het leven. Zingeving is het vinden van de betekenis en waarde van jouw leven. Het gaat over de regie over je eigen leven, je talenten, doen waar je blij van wordt, waar de wereld blij van wordt, waar je energie van krijgt en waar je ook nog eens je geld mee kunt verdienen. Zingeving kan gaan over alle facetten in je leven. Denk aan je werk, gezin, liefdesrelatie, hobby's en sociale contacten.

Kijk daarom eens kritisch naar je leven. Wat is jouw zingeving? De reden dat jij hier op aarde bent? Datgene waar je iedere ochtend graag voor opstaat? Dat je doet niet omdat het van je verwacht wordt, maar omdat jouw hart er sneller van gaat kloppen? Doe jij op dit moment waar je gelukkig van wordt en energie van krijgt? Of is er zingeving die je mist?

Stel jezelf deze vragen de komende 10 weken het liefst iedere ochtend na het wakker worden. Je onderbewuste zal je een antwoord geven waarmee je intelligente brein het vast niet altijd eens is, maar het is cruciaal om naar deze onderbewuste stem te luisteren.

Stel dat jij in je huidige baan meer dan de helft van de tijd dingen doet die je niet leuk vindt. Dit kost je een groot deel van je levenslust, put je uit en draagt bij aan een overprikkeld brein. Onderbewust weet je dat deze baan niets voor jou is, maar je bewuste en intelligente brein vertelt je dat de hypotheek toch betaald zal moeten worden. Dit klopt en ik zeg dan ook zeker niet dat je de hele dag op een bergtop moet gaan zitten mediteren. Je hebt nu eenmaal een inkomen nodig om te leven. Gelukkig zijn er talloze banen die jou waarschijnlijk veel gelukkiger maken en waarmee je ook nog eens je hypotheek kunt betalen. Kijk dus naar de mogelijkheden die er zijn en laat je niet belemmeren door de overtuigingen die in je brein zijn geprogrammeerd. Leven vanuit je zingeving wordt ook wel je *ikigai* genoemd. In jouw ikigai komen 4 elementen samen:

1. waar je van houdt;
2. waar je voor betaald kan worden;
3. wat de wereld nodig heeft;
4. waar je goed in bent.

Bewezen is dat mensen die volgens deze 4 waarden leven, een lang, gelukkig en gezond leven leiden. Wil je meer weten over dit onderwerp? Dan kan ik je het gelijknamige boek *Ikigai* van Héctor Garcia zeker aanraden. Zelfs als je dit al eens gelezen hebt, is het de moeite waard om dit op een ander punt in je leven nog een keer te doen.

Voor de komende 10 weken wil ik je vragen om deze 4 ikigai-waarden mee te nemen en wat vaker stil te staan bij de zingeving in jouw leven. Schrijf nu ter plekke op wat jouw zingeving is. Dat kan in een eigen notitieboekje of hieronder:

……
……
……
……
………………………………………………… …………………………………………………
………………………………………………………………………………………………………
………………………………………………… …………………………………………………
………………………………………………………………………………… ………………
………………………………………………………………………………………………………
……

TIPS OM HET MAXIMALE UIT HET 10-WEKENPLAN TE HALEN
- Blijf de oefeningen dagelijks herhalen en lees ze regelmatig nog eens terug om zeker te weten dat je ze goed uitvoert.
- Doe de oefeningen die je fijn vindt het eerst. Ga daarna pas aan de slag met nieuwe of uitdagende oefeningen, zodat je al een stapje in je breinbalans hebt gemaakt als je ermee begint.
- Neem de tijd voor jezelf en het doen van de oefeningen, je zult merken dat alles hierdoor veel makkelijker gaat.
- Verwacht niet dat je alles wat in dit boek staat direct kan toepassen in deze korte periode
- Zie de 10 weken als een kennismaking, pak eruit waar jij je verdieping in gaat vinden en jezelf duurzaam mee aan de slag ziet gaan.
- Veroordeel jezelf niet als iets niet lukt, maar observeer wat er op dat moment gebeurt in je interne processen.
- Behou een stukje mededogen en mildheid voor jezelf, je hebt alle tijd en er is geen haast
- Niets moet per se vandaag, al heeft je brein wel dagelijkse sturing nodig om iets te kunnen veranderen.
- Sta open voor nieuwe informatie en ervaringen, alleen dan zul je als mens kunnen groeien en jezelf ontwikkelen.

Tip: maak voor de weegschaaloefening een kopie van bladzijde 272 of download deze pagina via charlottelabee.com/overprikkeldbrein en draai deze een aantal keer voor jezelf uit.

WEEK 1 – Leven vanuit je hart door dankbaarheid

Deze week begint met leven vanuit je hart. Door dankbaar te zijn voor wat je hebt, maak je een betere connectie met je hart. Dit begint met oog hebben voor de dingen om je heen, zodat je je innerlijke nieuwsgierigheid activeert. Hierdoor wordt het makkelijker om met stressvolle situaties en tegenslagen om te gaan en verhoog je jouw frequentie. Inmiddels weet je dat je *state of mind* – de staat waarin jouw brein verblijft – allesbepalend is voor je eigen programmering en gezondheid.

1. Start je dag met een Dankbaarheidsmeditatie (oefening 1 op de website). Deze meditatie duurt niet te lang en is hierdoor altijd in te passen in je dag. Bij dagelijkse beoefening zul je meer rust, ruimte en flexibiliteit ervaren.

2. Heartfocus-ademhaling: deze ademhalingstechniek heb ik eerder in het boek beschreven (zie blz. 226) en kun je vanaf nu drie keer per dag inzetten. De beste momenten hiervoor zijn 's ochtends na je meditatie, ergens in de middag en 's avonds. Deze manier van ademen zorgt voor een betere connectie tussen je brein en hart. Hoe sterker deze verbinding is, hoe beter jij in je vel komt te zitten.

3. Sluit je dag af met een Einde Dag Dankbaarheidsmeditatie (oefening 2 op de website). Sta een moment stil bij datgene waar je dankbaar voor bent. Dit brengt je brein in een hogere mentale staat, waarbij negatieve emoties minder de ruimte krijgen. Hierdoor kunnen je lichaam en brein meer tot rust komen en kun je beter slapen en herstellen gedurende de nacht.

To do
Vul aan het einde van deze week je weegschaaloefening in. Schrijf al je activiteiten op de stippellijntjes aan de linker- en rechterkant. Bepaal op basis hiervan de grootte van jouw linker- en de rechterbal en teken beide ballen op de weegschaal. Was jouw brein afgelopen week in balans?

WEEK 2 – Verminder je stress

Te veel stress zorgt voor een overactief zenuwstelsel, een nervus vagus die altijd aanstaat en daarmee voor een overprikkeld brein. Om je nervus vagus te kalmeren, is het verminderen van stress een belangrijke stap. Deze week zullen we daar meer aandacht aan besteden.

1. Zet iedere dag de 4-7-8 ademhaling (oefening 3 op de website) in om je nervus vagus te kalmeren, je hartcoherentie te verbeteren en stressniveau te verlagen. Hoe bewuster je gaat ademhalen, hoe effectiever je jouw stress kunt verminderen. Op bladzijde 153 lees je meer over de positieve effecten van bewuste ademhaling.

2. Doe deze week minder dingen in plaats van meer. Zet vanaf nu grote kruizen in je agenda om *me-time* aan te geven. Dit klinkt heel kinderachtig, maar toch is het nodig. Door onze dagen vol te plannen en nooit 'nee' te zeggen, overspoelen we ons brein namelijk met prikkels en blijft ons centrale zenuwstelsel 'aanstaan'. Dit geeft op den duur veel onrust en fysieke en mentale klachten. Wat kun jij deze week minder doen? Welke afspraak kan eruit?

3. Lummel eens wat vaker. Wanneer je tijd inplant voor me-time, is het belangrijk dat je brein op deze momenten ook echt rust krijgt. Drie minuten nietsdoen en naar buiten staren, geeft je brein een oplaadmoment. Zo verlaagt lummelen je stressniveau.

To do
Vul aan het einde van deze week je weegschaaloefening in. Schrijf al je activiteiten op de stippellijntjes aan de linker- en rechterkant. Bepaal op basis hiervan de grootte van jouw linker- en de rechterbal en teken beide ballen op de weegschaal. Was jouw brein afgelopen week in balans?

WEEK 3 – Vergroot je hartcoherentie

Je hebt in level 3 kunnen lezen hoe belangrijk een staat van hartcoherentie is. Deze week is bedoeld om jouw hartcoherentie te vergroten. De nervus vagus speelt hierbij een belangrijke rol, want hoe kalmer deze is, hoe beter het gaat. Daarom gaan we deze week ook aan de nervus vagus werken.

1. Kalmeer je nervus vagus door een hele simpele oefening: de hm-oefening. Door te hummen kun je met trillingen je nervus vagus kalmeren. Hoe dit werkt, deel ik met je in oefening 4 op de website. Wanneer je eenmaal doorhebt hoe het werkt, kun je deze oefening heel simpel op ieder moment van de dag inzetten.

2. Bewust voelen is belangrijk wanneer je jouw hartcoherentie wilt versterken. Wat voel je in je lichaam? Vaak is onze connectie tussen brein en lichaam verbroken, doordat we veel te druk bezig zijn met onze mentale processen. We zijn mentale werkers geworden en negeren daarmee de invloed en signalen van ons lichaam. Door de connectie met ons

lichaam te hervinden, kunnen brein en lichaam weer beter gaan samenwerken. Deze oefening helpt je om weer te gaan voelen en staat uitgeschreven op bladzijde 225. Doe deze oefening minimaal 1 keer per dag (liever vaker) en probeer je gevoelens bewust te observeren.

3. Leef meer in het hier-en-nu. Dat is makkelijker gezegd dan gedaan, maar je kunt er deze week in ieder geval een goed begin mee maken. Meer in het nu leven, doe je door je brein te trainen op het vasthouden van focus en aandacht. Dit kan best lastig zijn, maar zoals je hebt gelezen leert je brein beloningsgericht. Als er iets positiefs tegenover staat, zijn de hersenen bereid te veranderen en nieuwe dingen te leren. Wat krijg je er in dit geval voor terug? Geluk. Mensen die in het hier-en-nu leven, zijn over het algemeen gelukkiger, gezonder en minder stress- en verslavingsgevoelig. Alles dus wat je nodig hebt om overprikkeling te voorkomen of tegen te gaan.

Je kunt deze oefening simpel beginnen door een stukje mindfulness te integreren in je leven. Geef alles wat je doet de volledige aandacht. Ben je aan het koken? Bekijk dan de groenten in de pan en verwonder je over waar ze vandaan komen. Probeer niet af te dwalen en breng je bewustwording continu terug naar de activiteit die je doet. Wat je hierbij kan helpen, is je ademhaling bewust te observeren. Teruggaan naar je ademhaling brengt je in het hier-en-nu. Je zult merken dat je hierdoor een betere connectie maakt met je lichaam en de plek waar je nu bent.

Doe deze oefening meer keren gedurende de dag. Hoe vaker je hem doet, hoe sneller je je brein zult trainen. Kies deze week daarom elke dag drie activiteiten, waarbij je extra aandacht en focus legt op het proces. Denk aan je e-mails wegwerken, een spelletje spelen, een boek lezen, wandelen, koken of een meeting bijwonen. Train je brein om daar te zijn waar je bent. Niet alleen voelt dit goed, maar ook krijg je veel meer gedaan. Het zal je steeds gemakkelijker afgaan en veel opleveren. Ik weet dat uit ervaring, want vroeger was ik nooit in het hier-en-nu. Na jarenlang trainen ben ik daar nu 70 procent van de tijd.

To do
Vul aan het einde van deze week je weegschaaloefening in. Schrijf al je activiteiten op de stippellijntjes aan de linker- en rechterkant. Bepaal op basis hiervan de grootte van jouw linker- en rechterbal en teken beide ballen op de weegschaal. Was jouw brein afgelopen week in balans?

WEEK 4 – Laat los wat je niet langer dient

Hoe gaat het inmiddels met jouw zingeving? Wellicht merk je dat je op dit vlak bepaalde inzichten hebt gekregen, nu je de afgelopen weken meer met jouw breinprocessen bezig bent geweest. Neem deze week nog eens een extra momentje om over jouw zingeving na te denken. Doe je elke dag dingen waar je blij van wordt? De kans is groot dat ook jij in het leven dingen met je meedraagt die je helemaal niet dienen. Denk aan programmeringen, overtuigingen, gewoonten en handelingen die je iedere dag uitvoert vanuit je automatische processen. Maar wat je niet dient, kost je energie en levert je onderbewust stress op. Daardoor raakt je brein overprikkeld. Doe jij dingen in het leven die je niet echt leuk vindt, omdat het misschien van je verwacht wordt? Onderhoud jij bepaalde relaties die je niets opleveren, omdat dit nu eenmaal al jaren zo is? Word je nu echt beter van deze dingen, of doe je ze simpelweg omdat anderen dat ook doen?

1. Neem de tijd om bij jezelf te observeren wat jou in je leven in de weg zit. Wat doe jij wat je niet leuk vindt? Waardoor laad jij niet op? Wat kost je energie? Wat zou je graag anders willen? Welke emoties wil je verwerken, zodat je deze eindelijk kunt loslaten? Neem deze week 3 keer een moment om deze processen 15 minuten in alle rust in kaart te brengen. Schrijf ze op, evalueer ze en blijf ze daarna bij jezelf observeren. Waarschijnlijk kom je erachter dat je eigenlijk het liefst afscheid wil nemen van deze processen. Schrijf op wat je los wilt laten in je leven en ga hiermee aan de slag.

2. Luister deze week iedere dag op een moment dat het jou schikt de Loslaat Meditatie (oefening 5 op de website). Deze meditatie zal je helpen in het proces hierboven. Merk je dat je ergens te veel aan vasthoudt? Zet deze meditatie dan vaker in om je te ondersteunen in je breinproces.

3. Start deze week met jouw persoonlijke Brain Balance Journal. Journalen (schrijven) levert je brein vele voordelen op en is een van de mogelijkheden om dieper in je onderbewuste processen terecht te komen. Dat is extra van belang in deze week, die volledig in het teken staat van loslaten.

To do
Vul aan het einde van deze week je weegschaaloefening in. Schrijf al je activiteiten op de stippellijntjes aan de linker- en rechterkant. Bepaal op basis hiervan de grootte van jouw linker- en de rechterbal en teken beide ballen op de weegschaal. Was jouw brein afgelopen week in balans?

WEEK 5 – Nieuwsgierig zijn opent je brein

Door je eigen nieuwsgierigheid te trainen, kun je je brein anders laten kijken naar de dingen die je meemaakt in het leven. Dit zorgt voor een bepaalde afstand, waardoor je je eigen processen objectiever kunt observeren. We worden allemaal met nieuwsgierigheid geboren, alleen verliezen we deze door de maatschappij waarin we leven. Activeer je nieuwsgierigheid weer door die te trainen.

1. Word deze week nieuwsgierig naar de emoties die je ervaart. Waar komen deze vandaan? Waarom zijn ze er vóór jou in plaats van tegen jou? Wat proberen ze je te vertellen? Creëer hiermee een ruimte van minimaal 90 seconden. Zo krijg je weer toegang tot je intelligente brein en word je de observator van je eigen emoties.

2. Doe iedere ochtend de Positieve Emotie Visualisatie (oefening 6 op de website). Start hiermee op een goede manier je dag door rust, balans en een hoge staat van zijn bij jezelf te activeren.

3. Duik nog dieper in het observeren van jouw emoties. Schrijf vaak terugkerende emoties op en vraag jezelf af of deze je dienen. Is het echt waar wat je voelt? En kun je dit zeker weten? Durf jezelf dit soort vragen te stellen door je observaties in te steken vanuit oprechte nieuwsgierigheid. Hieronder een aantal voorbeelden:

- Waarom krijg ik een onrustig gevoel wanneer ik dit artikel lees?
- Hoe weet ik dat ik dat onrustige gevoel ervaar?
- Wat als het frustratie of teleurstelling of angst is?
- Waar voel ik die emotie in mijn lichaam?
- Waarom vind ik dit geen fijne emotie en ga ik me onrustig voelen?
- Hoe zou ik mijn programmering over de waarde van die onrust kunnen veranderen om een betere band met deze emotie te krijgen?
- Wat zou het me opleveren als ik een gezondere relatie krijg met emoties zoals onrust, frustratie en angst?
- Wat betekent een gezonde relatie?
- Wat levert een gezonde relatie mij op?
- Wat is ervoor nodig om een gezondere relatie met mijzelf te ontwikkelen?
- Hoe ziet zelfliefde eruit?
- Wat voel ik dan?
- Waar voel ik dat?

To do
Vul aan het einde van deze week je weegschaaloefening in. Schrijf al je activiteiten op de stippellijntjes aan de linker- en rechterkant. Bepaal op basis hiervan de grootte van jouw linker- en de rechterbal en teken beide ballen op de weegschaal. Was jouw brein afgelopen week in balans?

WEEK 6 – Observeren van je brein en lichaamsprocessen

Door nieuwsgieriger te worden naar je processen, kun je toegang krijgen tot jouw onderbewuste systeem en jezelf makkelijker observeren. Pas wanneer je weet wat je doet en waarom je het doet, kun je het veranderen. Niet alleen je breinprocessen, maar ook je lichaamsprocessen observeren is hierin een belangrijke stap. Stel jezelf daarom meerdere keren per dag de vraag: 'Wat leeft er nu echt in mij?' Hoe beter de connectie met je lichaam, hoe beter je je eigen emoties en sensaties kunt observeren en hoe beter je empathisch vermogen. Hoe beter je empathisch vermogen, hoe meer mededogen jij voor jezelf en je omgeving kunt ontwikkelen. Deze processen spelen zich in het brein af in de insula (het eiland van Reil) en kun je in gang zetten door observatie.

1. Doe vanaf nu elke dag een maand lang minimaal 40 minuten een Bodyscan (oefening 7 op de website). Het is bewezen dat je hiermee de empathie voor jezelf, de wereld om je heen, je relaties en de natuur versterkt. Als je meer mededogen voor jezelf hebt, wordt ook het maken van de juiste keuzes voor jezelf ineens een stuk makkelijker. In het begin zal de Bodyscan wellicht wat weerstand opleveren, maar na een week of 3 zul je merken dat je zachter en milder wordt in de processen naar jezelf. Het enige wat je hoeft te doen, is lekker te gaan liggen en actief te luisteren. Zorg dat je niet in slaap valt en observeer je proces. Wat voel je? Wat voor gedachten komen bij je op? Veroordeel ze niet, maar laat ze komen en gaan. Dat geldt ook voor sensaties, onrust, pijn en ongemak. Observeer het en laat het gaan. Je zult merken dat het observeren met de dag beter zal gaan. Wanneer je deze techniek in je Bodyscan eenmaal onder controle hebt, kun je deze ook makkelijker in je dagelijkse bezigheden toepassen.

2. Observeer de gewoonten die je hebt. Wat doe jij eigenlijk allemaal op een dag? Hoe reageer je op dingen? Hoe is deze gewoonte ontstaan? Probeer wat afstand te nemen als je iets doet en te analyseren waarom je het doet. Pas hierbij ook de andere tips uit dit level toe om een betere observator te worden.

3. Observeer de mensen om je heen. Wat doen ze? Hoe reageren ze? Welke breinprogrammering kan daarachter zitten? Maak jezelf nieuwsgierig naar de processen en verhalen van anderen, waardoor je op energetisch vlak de verbinding met elkaar aan kunt gaan.

To do
Vul aan het einde van deze week je weegschaaloefening in. Schrijf al je activiteiten op de stippellijntjes aan de linker- en rechterkant. Bepaal op basis hiervan de grootte van jouw linker- en rechterbal en teken beide ballen op de weegschaal. Was jouw brein afgelopen week in balans?

WEEK 7 – Brain Food, de juiste voedingsstoffen voor je brein

Voeding is informatie. Dat heb je kunnen lezen in dit boek en nog uitgebreider in mijn boeken *Brain Food* en *Brain Food Smoothies*. Niet alleen voor je DNA is voeding belangrijk, maar ook voor je cellen en het DNA van de microben in je darmen. Het eten op jouw vork bepaalt hoe je brein, darmen, immuunsysteem en hormonen functioneren. Ook beïnvloedt voeding jouw energieniveau, hoe je stress en ontstekingen verwerkt en hoe je genen zich ontwikkelen en veranderen. Alles wat je eet, verandert deze processen al binnen 1 tot 4 dagen. Een mooie reminder voor deze week is dat alles een programmering is. Ook wat je eet, is een gewoonte geworden voor je brein.

1. Houd deze week een Brain Food-dagboek bij. Wellicht eet je minder Brain Food dan je zelf denkt. Door het op te schrijven, ga je bewuster met je voeding om. Evalueer na deze week wat je dagelijks allemaal eet. Vergeet niet alle eetmomenten te noteren; ook het kleinste tussendoortje telt hierin mee.

2. Verminder het aantal eetmomenten. Eet je nu 6 of 7 keer op een dag? Verlaag dat dan naar 3 eetmomenten per dag. Dat is meer dan genoeg. De hoeveelheid eetmomenten van de gemiddelde Nederlander bevordert het ontstaan van ontstekingen die het brein beschadigen. Hierdoor kun je hersenmist ervaren, chronisch moe zijn en je focus verliezen.

3. Beweeg voordat je gaat eten. Als mens zijn we gemaakt om te bewegen, maar toch brengen we in Nederland de meeste uren zittend door. Wanneer we eten maken we ontstekingen aan: dit is een normaal biologisch proces. De tegenreactie die ons lichaam behoort te geven, is echter niet aanwezig wanneer we niet bewegen voordat we eten. Beweeg daarom altijd eerst voordat je gaat eten. Zo maken je spieren stofjes aan die de ontstekingsreactie weer onder controle krijgen. Je kunt bijvoorbeeld even bewegen door een aantal keer de trap op te lopen of enkele minuten oefeningen te doen, zoals push-ups, een *wall sit* of plank. Je kunt ook tien kniebuigingen doen. Deze korte inspanning levert je al veel voordelen op.

To do
Vul aan het einde van deze week je weegschaaloefening in. Schrijf al je activiteiten op de stippellijntjes aan de linker- en rechterkant. Bepaal op basis hiervan de grootte van jouw linker- en de rechterbal en teken beide ballen op de weegschaal. Was jouw brein afgelopen week in balans?

WEEK 8 – Ontdoe je brein van gifstoffen

Soms heeft het brein als het ware een reset nodig om weer optimaal te functioneren. Dit begint bij het afvoeren van gifstoffen (toxinen), want deze veroorzaken een breed scala aan klachten. Zo worden toxinen gelinkt aan neuro-ontstekingen in de hersenen en ernstige mentale breinziekten zoals parkinson. Een aanrader om te lezen is dan ook *De parkinson pandemie* van neuroloog Bas Bloem. In dit boek deelt hij hoe gifstoffen ziekten zoals parkinson, kanker en dementie in de hand werken.

Tegenwoordig krijgen we veel meer gifstoffen binnen dan waar het brein, de darmen en nervus vagus op berekend zijn. Deze week zetten we daarom drie stappen om een begin te maken met het afvoeren van deze gifstoffen. Wanneer je deze stoffen afvoert en je systeem reinigt, kan het in eerste instantie zijn dat je je rillerig voelt, hoofdpijn krijgt of vermoeid raakt. Dit is normaal. Vind je het fijner om met een persoonlijk plan op maat aan de slag te gaan? Boek in dat geval een consult via www.charlottelabee.com. Wanneer je een of meerdere van onderstaande symptomen hebt, dan is er voor jou werk aan de winkel.

- hersenmist
- vermoeidheid
- lager libido
- kort lontje
- hormoonverstoring
- burn-outklachten
- moeite hebben met afvallen
- vocht vasthouden
- 's nachts niet doorslapen
- trek in suiker, alcohol of zuivel, waar je maar niet vanaf komt
- het gevoel te veel verplichtingen en stress te ervaren
- je geheugen dat je in de steek laat
- hoofdpijn of migraine

1. Start deze week met het verhogen van je omega 3-inname. Eet minimaal 3 keer per week wilde verse vis, bijvoorbeeld zalm. Eet je liever geen vis? Dan kun je omega 3 ook binnenkrijgen uit onder meer zeekraal, zeewier en lamsoren. Realiseer je wel dat niet alle darmen in staat zijn om deze zeegroenten optimaal te verteren. Hierdoor kun je nog steeds een tekort aan omega 3 ontwikkelen. Wil je zeker weten dat je voldoende omega 3 binnenkrijgt? Dan is een omega 3-supplement een goede en praktische oplossing. Kijk altijd op de verpakking of de dosering DHA en EPA hoog genoeg is. Helaas zijn er veel supplementen op de markt met lage doseringen. Ook bevatten deze vaak opvulproducten, die voor extra omega 6 en daarmee juist voor meer ontstekingen zorgen.
Om die reden heb ik zelf hoogwaardige omega 3-supplementen ontwikkeld, die verkrijgbaar zijn in de vorm van visolie, algenolie of capsules. Ook kun je via de website een handige omega 3-thuistest bestellen om inzicht te krijgen in de verhouding tussen omega 3 en omega 6 in jouw lichaam. Aan de hand van de uitslag kun je jouw voeding en supplementeninname op maat afstemmen. Meer weten? Je mag altijd een mailtje sturen!

2. Drink iedere dag voldoende water of kruidenthee, dit helpt je bij het afvoeren van toxinen. Vermijd andere, onnatuurlijke dranken.

3. Eet vanaf nu meer antioxidanten. Deze vind je onder meer in groene bladgroenten, blauwe bessen, broccoli, pure chocolade (met mate), zwarte bessen en matcha thee. Maar denk ook aan supplementen als vitamine C, kurkuma en resveratrol. Al deze antioxidanten helpen je lichaam met het ontdoen van toxinen.

To do
Vul aan het einde van deze week je weegschaaloefening in. Schrijf al je activiteiten op de stippellijntjes aan de linker- en rechterkant. Bepaal op basis hiervan de grootte van jouw linker- en de rechterbal en teken beide ballen op de weegschaal. Was jouw brein afgelopen week in balans?

WEEK 9 – Verbinding zorgt voor jouw geluk

Je weet inmiddels dat jouw interne processen staan of vallen bij de connectie die je kunt maken met je eigen brein en lichaam en de wereld om je heen. Deze week staat daarom in het teken van verbinding.

1. Start deze week iedere dag met de geleide visualisatie die hoort bij verbinding (oefening 8 op de website). Maak door middel van deze visualisatie weer verbinding met jezelf, je omgeving en de mensen om je heen.

2. Ga gedurende de dag de verbinding aan met je ademhaling door je aandacht hier heel bewust op te richten. Ga rustig zitten, sluit je ogen, leg je handen op je buik en ga op zoek naar je ademhaling. Waar is je adem op dit moment? Ga hier met je aandacht volledig naartoe en maak de connectie met je lichaam.

3. Zoek de verbinding met datgene wat je leuk vindt. Doe deze week iedere dag iets wat jij echt heel leuk vindt. Wandel in de natuur, ga naar een festival met vrienden, organiseer een etentje, knuffel je huisdier of voer een goed gesprek met iemand die je lief is. Neem de tijd om echt met elkaar te verbinden. Ook met vreemde personen kun je de connectie opzoeken. Begroet mensen die je tegenkomt op straat of knoop een gesprekje aan met iemand in de trein. Dit zorgt ervoor dat je ook nog eens uit je comfortzone komt, wat je brein weer openstelt voor verandering.

To do
Vul aan het einde van deze week je weegschaaloefening in. Schrijf al je activiteiten op de stippellijntjes aan de linker- en rechterkant. Bepaal op basis hiervan de grootte van jouw linker- en de rechterbal en teken beide ballen op de weegschaal. Was jouw brein afgelopen week in balans?

WEEK 10 – Stop met verslavend gedrag

De wereld waarin we leven, maakt ons brein op verschillende manieren verslaafd. Wellicht is jouw verslaving je mobiele telefoon? Je werk? Die reep chocola? Je gepieker? Of dat wijntje om 's avonds te ontspannen? Laten we eerst eens observeren welke verslavende gewoonten er in jouw leven aanwezig zijn. Waarschijnlijk zijn deze het gevolg van een onderbewuste programmatie, waar je je zelf niet van bewust bent. Neem deze week daarom goed de tijd om door dit proces heen te gaan en pak de regie over je leven terug.

1. Schrijf op welke processen voor jou verslavend zijn en waarin je soms onbewust komt vast te zitten. Observeer die processen deze week heel bewust en vul je lijstje iedere dag aan. Wellicht ontdek je morgen weer iets nieuws wat je vandaag nog niet bedacht hebt.

2. Welke dagelijkse gewoonte zit jou het meeste in de weg? Maak een plan hoe je hiervan af gaat komen. Neem hier de tijd voor, maar plan de stappen die je gaat zetten wel concreet in. Door duidelijke afspraken met jezelf te maken, weet je zeker dat je echt met dit probleem aan de slag gaat. Neem stap voor stap al jouw verslavingen door en breng in kaart van welke je het beste afscheid kunt nemen. Wees ook eerlijk in dit proces; je hoeft jezelf en anderen niet voor de gek te houden.

3. De mobiele telefoon is tegenwoordig de grootste stoorzender van onze breinprocessen. Wat kun jij minderen op je telefoon? De onderstaande tips kunnen je hierbij helpen.

- Verwijder apps en socialmedia-accounts die je niets opleveren.
- Wees doelgericht als je op internet naar iets op zoek bent.
- Beperk je onlinemomenten tot 3 keer 20 minuten per dag.
- Plan deze week een 3-daagse socialmedia-detox in en observeer wat het je oplevert.

To do
Vul aan het einde van deze week je weegschaaloefening in. Schrijf al je activiteiten op de stippellijntjes aan de linker- en rechterkant. Bepaal op basis hiervan de grootte van jouw linker- en de rechterbal en teken beide ballen op de weegschaal. Was jouw brein afgelopen week in balans?

TOT SLOT

Als je dit leest, ben je hopelijk al lekker aan de slag gegaan met je eigen breinprocessen. Hoe staat het nu met jouw zingeving? Is deze helemaal helder en leef je hier ook naar? Probeer hier iedere dag bewust op te letten en spendeer ook meer tijd in de natuur. Alleen al een momentje met je blote voeten in het gras helpt om te aarden, verbinding te maken, je parasympathische zenuwstelsel te activeren en jezelf weer energie te geven. Houd het ook leuk en wees vooral lief voor jezelf. Als het een keer niet lukt is dat ook prima; morgen weer een dag. Ik gun je veel liefde voor jezelf, een fijne energie en vooral mooie ontwikkelingen en innerlijke processen.

Natuurlijk is er nog veel meer te leren, waardoor jij weer grip op je brein kunt krijgen en de regie over je leven in eigen handen kunt nemen. Voor nu is het toepassen van alle informatie echter al een hele uitdaging voor je brein. In 10 weken zul je waarschijnlijk al veel veranderingen bespeuren, maar werken met het brein en lichaam is een levenslang proces. Blijf de oefeningen daarom dagelijks herhalen en focus je op het consistent zetten van kleine stapjes die voor jou een groot verschil maken. Voeg stap voor stap iets nieuws toe zodra je de ruimte hiervoor voelt. Trek voor sommige stappen en oefeningen gerust wat meer tijd uit. Liever doe je er een jaar over om dit 10-wekenplan als lifestyle te implementeren, dan dat je overhaast te werk gaat en je brein er geen plezier mee doet.

Hoe nu verder?

Je hebt het boek nu bijna uit, maar dat betekent niet dat je ook klaar bent met je processen. Het is nu aan jou om alle geleerde informatie toe te passen en aan de slag te gaan. Goed zorgen voor je brein is een levenslange taak, maar als je dit doet, zorgt je brein ook goed voor jou.

Hopelijk heb je in dit boek een stukje herkenning gevonden waardoor je anders bent gaan kijken naar jezelf, je omgeving en je doelen. Ook hoop ik dat de informatie over het vinden van een spirituele connectie iets bij je heeft aangewakkerd. Door mijn eigen ervaringen en die van vele anderen, weet ik dat dit een enorm mooie stap is om te zetten. Ik raad je aan om hiermee te experimenteren en er vooral open-minded in te gaan. Voel je een bepaalde weerstand? Dan weet je nu dat deze voortkomt uit jouw breinprogrammering en dat jouw groei juist hier zit. Probeer je eigen breinstrategieën, reacties en emoties daarom dagelijks te blijven observeren. Je zult merken dat je anders gaat kijken naar je processen en een stuk milder zult worden voor jezelf. Van verschillende deelnemers aan mijn jaartraining heb ik gehoord dat juist deze mildheid de sleutel was tot hun persoonlijke veranderingsproces.

Het uitlezen van dit boek is een mooi begin, maar zeker niet het einde van jouw veranderingsproces. Het is hopelijk een start van al het moois dat nog op jouw pad komt en dat je nog mag ontdekken in het leven. Want hoewel ik mijn eigen ontdekkingsreis met liefde met je heb gedeeld, doe je de mooiste ontdekkingen in het leven uiteindelijk zelf. Ben je door het lezen van dit boek zo geïnspireerd geraakt dat je graag een volgende stap wilt zetten? Dat kan! Er is nog zo veel meer over dit onderwerp te vertellen, dat ik hiermee graag met je aan de slag ga op een van de volgende manieren:

Brain Balance-retreat
Ben je toe aan een break in je leven? Een aantal dagen van totale rust, in een omgeving die jouw brein stimuleert om zich los te maken van de snelle maatschappij? Dan is het nieuwe Brain Balance-huisje zeker wat voor jou. Midden in de bossen op een prachtige plek in Nederland, kun jij jezelf terugtrekken en de eerste stappen zetten naar innerlijke rust. Laat de vele eisen die je jezelf oplegt los en doe even helemaal niets of werk aan jouw persoonlijke plan. Deze plek is er speciaal voor wie op zoek is naar rust en er even helemaal tussenuit wil. Voor meer informatie kun je kijken op www.charlottelabee.com.

Brain Balance-opleidingen
Wil jij graag aan de slag met je eigen breinprocessen? Live in onze studieruimte in Rotterdam bieden we verschillende trainingen aan, van een tweedaagse tot een jaartraining. Je kunt meer informatie vinden op www.brainbalanceopleidingen.nl. Wil je hierbij het liefst met mij aan de slag? Ook dat is binnen een groepssetting mogelijk in de training Level 1 'Update je brein'. In deze 9-daagse training ga je aan de slag met je breinprocessen en leer je jouw bestaande breinprogrammaties herprogrammeren. Hierdoor ga je anders naar situaties kijken en kun je je dagelijkse gedragingen en gewoonten duurzaam veranderen. Deze actieve training wordt door deelnemers gewaardeerd met het cijfer 9,8. Hieronder een aantal recensies:

'Door aan Level 1 deel te nemen, heb ik mijn leven kunnen veranderen. Van negatief en een laag zelfbeeld ben ik gaan leven, genieten en tegenslagen als positief gaan zien. Inmiddels is mijn brein zo rustig en ben ik veel milder voor mezelf. Ik heb grote beslissingen en heb een lange reis naar het buitenland gemaakt. Iets wat ik altijd al wilde doen, maar nooit heb gedaan omdat ik mezelf ervan weerhield. Fysiek en mentaal ben ik een ander mens geworden. Ik sta nu zo positief in het leven dat ik veel weerbaarder en flexibeler ben. Ook kan ik zeggen dat ik een leuker mens voor mijn omgeving ben geworden. Vaak vragen mensen aan me wat ik heb veranderd. Dan zeg ik dat het allemaal in je brein zit. Deze training is het beste wat ik mezelf heb gegeven in mijn leven.' Jozien H.

'Het verwondert mij hoe ons brein werkt en hoe makkelijk je hiermee veranderingen in gang kunt zetten. Door het inzetten van alle kennis en vooral ook de praktische tools uit de training zijn bij mij de ogen geopend. Charlotte is enorm goed in het met enthousiasme overbrengen van zowel wetenschappelijke kennis als ervaringen. Ze doet dat in begrijpelijke taal, waardoor het gaat leven in mijn eigen brein. Als leek vind ik dat erg fijn. Er is een nieuwe wereld voor me opengegaan, waardoor ik weer kan stralen, genieten en het leven nog meer kan waarderen. Het heeft mijn leven veranderd.' Marcel P.

'*Life changing*, dat is de term waarmee ik de opleidingen van Charlotte Labee het beste kan omschrijven. Level 1 is life changing geweest voor mijzelf en met Level 2 mag ik andere mensen inspireren en motiveren om met hun breinprocessen aan de slag te gaan. Charlotte is een expert binnen haar vakgebied en haar trainingsdagen zijn van de eerste tot de laatste minuut enorm inspirerend. Sta open voor de wondere wereld van het brein en gun jezelf deze bijzondere reis.' Nanda C.

'Om andere mensen te kunnen coachen, is het belangrijk om eerst je eigen ui te pellen. Ik vind deze opleiding persoonlijk, confronterend en leerzaam. Vanuit de Brain Balance-methodiek krijg je de handvatten mee om stabieler te leven. Hierdoor heb ik enorme bewustwording gekregen over mijn eigen processen, programmeringen en gedachten. Het zou in mijn ogen een basisopleiding moeten zijn voor iedere zorgprofessional. Ik heb de regie hervonden over mijn leven en weet beter hoe ik mijn cliënten op een interessante en haalbare manier naar een gewenst resultaat kan coachen.' Laura D.

'De opleiding Level 1 'Update je brein' heeft mij een schat aan inzichten opgeleverd over hoe het brein ontstaat en werkt. Tijdens de training heb ik veel van mijn eigen breinpatronen en die van anderen leren herkennen. Daarna ben ik actief aan de slag gegaan met het veranderen van de patronen die mij niet dienden. Dit bleek best uitdagend, want je eigen ""vastgeroeste" patronen verander je niet zomaar.' Nynke K.

'Charlotte weet als geen ander een ingewikkeld onderwerp als "je brein" heel toegankelijk en begrijpelijk uit te leggen. Ook inspireert ze je om er ook echt mee aan de slag te gaan en nieuwe gewoonten vol te houden. De groep deelnemers biedt elkaar onderling veel support en er heerst een heel positieve energie. Een absolute aanrader voor iedereen die zichzelf wil ontwikkelen en gelukkiger en gezonder wil leven!' Michiel S.

Brain Balance Coach-opleiding
Als professional is het mogelijk om Brain Balance in te zetten in jouw praktijk. Na het succesvol afronden van de training Level 1 kun je doorstromen naar Level 2. In dit level doe je nog meer specialistische kennis op over het brein, zodat je als coach andere

mensen kunt helpen om een optimale breinbalans te behouden. Ook als je zelf nog geen coach bent, is deze opleiding zeker iets voor jou. Je kunt dan je eigen praktijk starten en mensen begeleiden om preventief aan de slag te gaan met hun eigen brein.

1-op-1-traject
Ben je op zoek naar een persoonlijk coachingtraject waarin jij samen met een van onze coaches of therapeutes aan de slag gaat met je brein? Dat kan op onze locatie in Rotterdam. Met een team van inmiddels 7 therapeuten en coaches begeleiden we mensen in hun traject naar meer gezondheid en Brain Balance. In het coachingtraject zetten we kennis uit de orthomoleculaire geneeskunde en psychiatrie in om jou te helpen op jouw weg naar gezondheid en balans. Via www.charlottelabee.com kun je je afspraak inplannen en meer informatie vinden.

Boeken
Er zijn meerdere Brain Balance-boeken, die je kunt lezen om nog meer inspiratie op te doen. Van mijn eerste boek *Brain Balance* zijn inmiddels 30.000 exemplaren verkocht. In *Brain Food* en *Brain Food Smoothies* deel ik specifieke kennis over voedingsstoffen en ons brein. In de Brain Balance Journals (er is een versie voor volwassenen, kids en tieners) kun je praktisch aan de slag met alle informatie.

Nationale Breindag
Elk jaar organiseren we de Nationale Breindag voor meer bewustwording rondom mentale gezondheid. Tijdens deze dag zijn er meerdere online of offline events, waarin verschillende breinthema's uitgebreid belicht worden.

Charlotte Labee Supplements
Voor de juiste voedingssupplementen, kennis en persoonlijk advies kun je terecht bij mijn supplementenmerk. Weten welke voedingsstoffen jij als individu nodig hebt, is van essentieel belang om je gezondheid met supplementen goed te ondersteunen. Met onze therapeuten werken we graag op basis van persoonlijk advies en met supplementen die aan de allerhoogste kwaliteitsstandaarden voldoen. Zie voor meer informatie en alle supplementen www.charlottelabeesupplements.com.

Overig
Heb je ergens vragen over, ben je geraakt door iets in het boek of wil je misschien een toevoeging doen? Inmiddels weet je hoeveel waarde ik hecht aan connectie en verbinding. Ik sta dan ook open voor alle contact, zeker met mensen die zich bezighouden met bewustwording en daarmee openstaan voor verandering. Mail me op info@charlottelabee.com of stuur een bericht via Instagram: @charlottelabee.

'Love the life you have while you create the life of your dreams'

HAL ELROD

DANKWOORD (Lees dit hoofdstuk, het is geschreven voor jou)

Daar zijn we dan, aan het einde van het boek. Hoewel je dit boek in je eentje leest, zeg ik bewust 'we'. Want door alle passie en toewijding die ik in het schrijfproces heb gestopt, heb ik een klein beetje met je meegelezen. Net als ik sluit jij straks dit boek. Dat moment markeert hopelijk een afsluiting van iets wat je in de weg zat, misschien wel van jouw oude 'ik'. Het betekent ook een opening naar iets nieuws, jouw nieuwe 'ik' en een nieuwe manier van omgaan met dat wat er op je pad komt. Het leven is een reis waarin je allerlei mensen tegenkomt, informatie verzamelt, kennis en vooral ervaringen opdoet. Ik hoop dat je de informatie uit dit boek meeneemt in jouw reis, al is het maar voor een klein deel van de route die je aflegt. Luister onderweg zo min mogelijk naar de interne criticus die ongetwijfeld geregeld tegen je zal praten. Leg je aandacht op wat je allemaal kunt bereiken en waar je naartoe wilt. Je hoeft niet te doen wat een ander of de massa van je verwacht. Jij bent jij en daar mag je trots op zijn. Je bent uniek, inspirerend en hebt je eigen verhaal. Durf hier nieuwe en geweldige pagina's aan toe te voegen. Je hebt misschien niet altijd invloed op wat je overkomt, maar wel op hoe je hiermee omgaat.

Mijn dank naar jou als lezer is enorm groot. Dat je dit boek hebt gekocht en de moeite hebt genomen om het te lezen, er hopelijk mee aan de slag bent gegaan en mooie stappen hebt gezet door het toepassen van het 10-wekenplan. Ik wens dat je door het lezen van dit boek mijn visie, maar vooral jouw eigen brein beter hebt leren kennen. Door het uitgebreide onderzoeks- en schrijfproces heb ik dat zelf ook weer een beetje gedaan. Het schrijven van een boek zoals dit kan een enorme uitdaging zijn, waarbij je jezelf onderweg altijd wel een paar keer tegenkomt. Het schrijfproces gebeurt altijd onder tijdsdruk en zorgt daarmee voor activatie van je stresssysteem. Dit heeft mij de nodige overprikkelde momenten opgeleverd, waardoor ik dankzij dit boek zelf ook weer een wijzer mens ben geworden en nieuwe inzichten heb opgedaan.

Meer dan ooit ben ik me ervan bewust dat het een enorm voorrecht is om een boek te mogen schrijven en mijn passie en kennis te delen met andere mensen. Ieder mens is bijzonder en neemt uit het leven waardevolle inzichten mee. Die inzichten bepalen wie jij echt bent en hoe je in het leven staat. Je weet nooit wat voor cadeau je vandaag krijgt. Zolang je alles wat je mag ervaren kunt zien als een cadeau en mooie les, ben je een zeer gezegend mens. Een mens dat kan groeien en bloeien. Het gaat er niet om dat jij en ik hetzelfde denken of dat jij hetzelfde denkt zoals je partner, zus, vriend of vriendin. Het gaat om de verbinding, die ik ook tijdens het schrijven van dit boek sterker dan ooit heb ervaren. Ik voel dat er een tijd komt van meer verbinding met elkaar, wat ons als mens enorm zal sterken in wie we zijn. Dat we kunnen accepteren dat we allemaal verschillend zijn en toch zo veel overeenkomsten hebben. Het verschil is namelijk de overeenkomst.

Ik wil graag mijn gezin bedanken, dat mij tijdens het schrijfproces tijd, ruimte en liefde gaf wanneer ik door alle drukte even niet zo lekker in mijn vel zat. Ik wil mijn ouders bedanken, die er altijd voor me zijn. En natuurlijk mijn zusje Caroline, dat tijdens vele wandelingen met me spardere en me doelgerichte vragen stelde. Daarnaast mijn geweldige team van toppers, die ik niet allemaal bij naam zal noemen, maar een diepe buiging naar jullie allemaal voor wie je bent en wat je doet. Dank aan Dominique, die het bedrijf runt wanneer ik er niet ben, mijn rug dekt als ik focus nodig heb en me zo nu en dan ook op de rem zet. Dit heb ik echt nodig, dank daarvoor. Ik wil mijn uitgever bedanken, voor het vertrouwen in mijn werk, de missie en kennis die ik graag deel. Hierdoor kunnen we veel mensen helpen en inspireren om een gelukkiger en gezonder leven te leiden. Ik wil verder iedereen bedanken die aan het boek heeft meegewerkt. Robert, Dorette, Dana, Levi, Saskia en Diewertje: bedankt voor jullie geweldige support en jullie inzet bij de soms wat strakke deadlines, waar we enorm goed doorheen zijn gegaan. Dank aan Mischa Selis, Marcia Goddard en alle cliënten, coachees en deelnemers aan mijn programma's waarvan ik de eerlijke verhalen mocht delen. Ik kan nog zov eel meer mensen bedanken. Iedere dag word ik opnieuw geïnspireerd door persoonlijke verhalen; op social media, op kantoor, tijdens trainingen en consulten. Jullie zetten mij allemaal aan. Ik hoop dan ook dat we nog meer met elkaar de verbinding zoeken om samen te groeien. Niet als individuen, maar als groep mensen.

Ik heb dit boek met enorm veel liefde geschreven.Ik wil jou als lezer hoe dan ook bedanken dat je via dit boek de connectie met mij zoekt. Ik ben dankbaar dat ik op deze manier een heel klein beetje deel mag uitmaken van jouw leven. Laten we vooral met elkaar in contact blijven, via social media, mijn nieuwsbrief of wellicht een van de vele live events die we organiseren. Het lijkt me leuk om je daar te ontmoeten.

In de tussentijd hoop ik jou te mogen blijven inspireren over die geweldige machine in je hoofd; jouw eigen brein! Ik zal blijven komen met nieuwe informatie die hopelijk bijdraagt aan jouw balans, gezondheid en geluk. Geluk in het leven gaat niet over materialisme of wat de externe wereld van je verwacht. Het gaat over jouw eigen verwachtingen en de verbinding met jezelf, andere mensen en de wereld om je heen. Groei verloopt nooit zonder tegenslagen en altijd met pieken en dalen. Kijk daarom met mildheid en zonder oordeel naar je interne processen, want deze bepalen hoe jij je voelt. Al zou je alleen maar deze boodschap uit dit boek halen, dan is mijn missie al geslaagd. Nu is het tijd om te stoppen met lezen en te starten met creëren; het creëren van jouw eigen brein en daarmee van jouw leven, gezondheid en geluk.

Liefs,
Charlotte Labee

WOORDENLIJST

Het brein is een complex onderwerp. In het boek gebruik ik regelmatig termen uit de neurowetenschap, waarvan de betekenis wellicht niet direct voor iedereen duidelijk is. Daarom volgt hieronder een korte verklarende woordenlijst. Hier kun je op terugvallen als je tijdens het lezen een breingerelateerd begrip tegenkomt dat je niet begrijpt.

Amygdala
De amygdala is een amandelvormige kern van neuronen in de hersenen, die deel uitmaakt van het limbisch systeem. De twee belangrijkste functies van de amygdala zijn het aansturen en verwerken van emoties en het reguleren van je geheugen. Dit hersengebied zorgt er dan ook voor dat herinneringen gekoppeld worden aan emoties. Een goede samenwerking tussen de amygdala en de hippocampus is hierbij van belang. Er bestaan veel verbindingen tussen de amygdala en de nabijgelegen orbitofrontale cortex en ventromediale prefrontale cortex. Deze circuits zijn betrokken bij de verwerking van prikkels en de regulatie van angst. Dat werkt als volgt. De emoties die je ervaart in een bepaalde situatie worden vastgelegd in het geheugen. Maak je in de toekomst een soortgelijke situatie mee, dan kun je automatisch en zonder nadenken reageren. Eevoorbeeld hiervan is een fight-flight-freeze-reactie (vechten, vluchten of bevriezen).

Anterior cingulate cortex
De anterior cingulate schors (of cortex) is een hersenstructuur die betrokken is bij het leervermogen en de verwerking van pijn en emoties. Het vormt een onderdeel van het limbisch systeem en ligt als een soort riem (*cingu*) om de hersenbalk heen. De anterior cingulate cortex ontvangt informatie van onder andere de thalamus en de neocortex en let specifiek op gebeurtenissen die een reactie vereisen. Het gebied is betrokken bij positieve en negatieve prikkels zoals beloning en straf en integreert aandacht, geheugen en de keuze voor reacties in bijvoorbeeld conflictsituaties.

Bewuste
Het grootste gedeelte van ons brein, de neocortex, is ons bewuste systeem. Dit is ons intelligente en rationeel denkende brein. Dit bewuste hersengedeelte kost ons veel energie, die nodig is om zaken te beredeneren, te vergelijken en complexe problemen op te lossen. Dit is de reden dat we slechts 5 procent van al onze beslissingen met ons bewuste systeem nemen.

Cerebrale cortex
De cerebrale cortex ofwel de hersenschors is een dunne hersenlaag over de buitenste laag van de hersenen, het cerebrum, heen. Het gebied is ongeveer 1,5 tot 5 mm dik. Alle

informatie uit het lichaam wordt naar de cerebrale cortex gestuurd, die de informatie ontvangt, analyseert en interpreteert. Vervolgens zet het breingebied deze informatie om in gedachten, interne monologen en interne beelden. Op deze manier stuurt je brein je lichaam aan en kun jij handelen en je verbaal uiten. De hersenschors speelt dan ook een zeer belangrijke rol in je bewustzijn.

Corpus striatum
Het corpus striatum bevindt zich binnen in de hersenhelften en ligt onder de schors van de grote hersenen, ook wel de gestreepte kernen genoemd. Dit breingebied bestaat uit twee delen: het ventrale striatum en dorsale striatum. Het corpus striatum is betrokken bij motorische vaardigheden, leren en herinneren, ons beloningssysteem en sociale angststoornissen.

Dorsale vagus
De nervus vagus heeft drie evolutionaire lagen. Een hiervan is de dorsale vagus. Dit is de eerste en de oudste laag van het autonome zenuwstelsel. De dorsale vagus zorgt voor bevriezing en verstarring (freeze-reactie) bij dreigend gevaar. Dit oeroude systeem zorgt dat onze vitale functies door blijven gaan en we kunnen overleven in tijden van stress of angst. Een belangrijk verschil met de ventrale vagus is dat we immobiliseren mét angst. Voorbeeld: een hert dat doodstil blijft liggen om aan een roofdier te ontkomen. De vetrale vagus immobiliseert zonder angst. Voorbeeld: een beer in winterslaap.

Epigenoom
Het epigenoom is het besturingssysteem van dna en kan genen aan- en uitzetten in de cellen (genregulatie). Het wordt ontwikkeld in de baarmoeder en is erfelijk overdraagbaar. Externe factoren kunnen het epigenoom zowel positief als negatief beïnvloeden. Belangrijke externe factoren zijn voeding, beweging, toxinen, stress, slaap, milieuvervuiling en uv-straling. Gelukkig is het epigenoom omkeerbaar en heb jij me de juiste leefstijl een positieve invloed op je gezondheid.

Hartcoherentie
Een korte benaming voor een coherent hartritmepatroon. 'Coherent' betekent 'samenhangend'.
Er is sprake van een hoge hartcoherentie als je hartritme mooi samenvalt met je ademhaling. Bij een lage hartcoherentie is dat niet het geval. Het is een mooie manier om te meten in welke staat je verkeert. Het Heartmath Institute heeft hier baanbrekende onderzoeken naar gedaan.

Hormonen
Hormonen zijn signaalstoffen die door het lichaam worden gemaakt van eiwitten of vetzuren. Via de bloedbaan komen hormonen bij andere cellen terecht en zetten zo de lichaamscellen in beweging.

Insula
De insula wordt ook wel het 'eiland van Reil' genoemd. Het ligt onder de oppervlakte van de grote hersenen aan de zijkant en is onderdeel van het limbisch systeem. De insula is samen met andere delen betrokken bij basisemoties zoals verdriet, afkeer, angst, woede, verrassing en blijdschap. Uit onderzoek blijkt dat de insula als enige actief is bij walging. Ook speelt de insula een belangrijke rol bij empathie, waardoor je kunt meevoelen en meeleven met zowel jezelf als een ander.

Limbisch systeem
In de evolutie ontwikkelden zoogdieren boven op het reptielenbrein het limbisch systeem. Dit deel is verantwoordelijk voor emoties en gevoelens en is continu op zoek naar genot en aangename ervaringen. In het limbisch systeem wordt bijvoorbeeld dopamine aangemaakt, een beloningshormoon. Dat zorgt voor een fijn gevoel wanneer je een knuffel krijgt, iets lekkers eet of nieuwe schoenen koopt. Daarnaast is dit onderdeel van je hersenen betrokken bij het in stand houden van je innerlijke balans (homeostase) en de aansturing van talloze interne processen. De informatieverwerking in het limbisch systeem is razendsnel maar primitief.

Neocortex
Dit hersenonderdeel komt alleen voor bij zoogdieren. Van alle zoogdieren heeft de neocortex van de mens de grootste capaciteit. Dit relatief jonge breinonderdeel is ongeveer 400.000 jaar geleden ontwikkeld en beslaat zo'n 80 procent van onze hele hersenmassa. Hierdoor bevat de neocortex veel meer zenuwcellen (neuronen) dan andere breinonderdelen. Bij mensen is dit hersengebied vooral betrokken bij de ontwikkeling van taal, abstract denken en rationaliteit. Dankzij de neocortex kun je logisch nadenken, persoonlijke herinneringen opslaan en je problemen analyseren.

Nervus vagus
De nervus vagus is de langste en meest complexe hersenzenuw van de in totaal twaalf hersenzenuwen die we hebben. Het is de primaire route waarover de darmen en het brein met elkaar communiceren. De nervus vagus staat ook bekend als de tiende hersenzenuw of zwervende hersenzenuw.

Neurale netwerken
Een neuraal netwerk is een netwerk waarin verschillende neuronen met elkaar verbonden zijn. Alles wat wij denken, doen of voelen, komt voort uit neurale verbindingen die samen neurale netwerken vormen. Eén hersencel kan met duizenden andere cellen verbinding maken.

Neuronen
Neuronen, ook wel zenuwcellen genoemd, zijn de cellen in het zenuwstelsel en de bouwstenen van het brein. We hebben ze nodig om te denken, voelen, handelen en reageren. Mensen hebben ongeveer 90 miljard neuronen, die een belangrijke informatie- en signaalfunctie vervullen. Deze cellen slaan informatie zoals herinneringen op en communiceren met andere cellen in het lichaam om ze te vertellen wat ze moeten doen.

Neuroplasticiteit
Je brein kan zich gedurende je hele leven ontwikkelen en aanpassen. Dat komt doordat je hersenen het vermogen hebben om doorlopend nieuwe verbindingen tussen neuronen aan te maken. Dit proces start in je eerste levensjaren en loopt door tot in je laatste levensfase, wat betekent dat je nooit te oud bent om te leren. Hoe meer neuronen je hebt en hoe sterker deze neurale verbindingen zijn, hoe slimmer jouw brein doorgaans is.

Neurotransmitters
Neurotransmitters zijn net als hormonen signaalstoffen die zorgen voor de chemische overdracht van signalen. Het verschil is dat we in de hersenen spreken van neurotransmitters en in het lichaam van hormonen. Neurotransmitters hebben een belangrijke functie binnen de hersenen en zorgen voor een goede communicatie tussen zenuwcellen (neuronen). Ook sturen deze signaalstoffen hormonale processen aan en zijn ze van invloed op onze stemming en emoties.

Onderbewuste
Ons onderbewuste systeem is altijd in het hier-en-nu. Het bestaat uit twee onderdelen: het limbisch systeem en het reptielenbrein. Het onderbewuste is verantwoordelijk voor 95 procent van onze dagelijkse beslissingen en is maar liefst een miljoen keer krachtiger dan ons bewuste systeem. Ook verbruikt het onderbewuste veel minder energie dan het bewuste, omdat het niet intelligent is en geen intelligente beslissingen kan nemen. Het brein slaat alle emoties, mensen, handelingen, omgevingen, geuren, pijn, ervaringen, kleuren en beslissingen uit ons leven op in het onderbewuste, net als onze automatismen en programmeringen.

Orbitofrontale cortex

Dit gebied is een ontzettend belangrijk onderdeel van de prefrontale cortex. Het ligt onder meer ten grondslag aan sociaal gedrag en het nemen van beslissingen. De orbitofrontale cortex ligt boven de oogkassen (orbito = oogkas en frontalis = vooraan in het hoofd) en hoort bij het limbisch systeem. Dit gebied is verantwoordelijk voor de verwerking en controle van emotionele prikkels en zorgt ervoor dat jij je impulsen kunt beheersen. Ook jouw motivatie om te handelen en je reactie op beloningen en straffen liggen opgeslagen in de orbitofrontale cortex.

Posterior cingulate cortex

De posterior cingulate cortex vormt een belangrijke verbinding met het default network in de hersenen. Het is betrokken bij emoties (sociaal gedrag), herinneringen (leren en motivatie) en meditatie (aandacht). De posterior cingulate cortex kan met verschillende hersenonderdelen tegelijk communiceren. De stofwisseling en doorbloeding zijn in dit hersengebied 40 procent hoger dan gemiddeld.

Prefrontale cortex

De prefrontale cortex is onderdeel van de neocortex en wordt ook wel de cockpit van de hersenen genoemd. Dit evolutionair gezien jongste breingebied is pas rond je 27ste helemaal volgroeid en zorgt ervoor dat jij intelligent kunt nadenken, vooruit kunt plannen, kunt communiceren, complexe problemen kunt oplossen en rationele beslissingen kunt nemen. Maar belangrijker nog is de rol bij prikkelverwerking. Mentale klachten en overprikkeling zijn vaak het gevolg van een overbelaste prefrontale cortex. Dit gebied is ook het gevoeligst voor veroudering door stress en een ongezonde leefstijl.

Pruning

Elke dag sterven er miljoenen neuronen af, maar door nieuwe ervaringen en kennis maken de hersenen iedere dag ook weer nieuwe neuronen aan. Het afbreken van de neuronen, ook wel pruning (snoeien) genoemd, is nodig om je brein de ruimte te geven om nieuwe en sterkere verbindingen te maken. Pruning gebeurt gedurende je hele leven, want je hersenen maken ook je hele leven nieuwe verbindingen aan.

Reptielenbrein

Het reptielenbrein is niet alleen het oudste, maar ook het kleinste onderdeel van je hersenen. Het is volledig gericht op overleving en voortplanting en stuurt alle vitale lichaamsfuncties aan, waaronder je ademhaling, hartslag en bloedsomloop. Het reptielenbrein is onderdeel van jouw onderbewuste, denkt niet na, onthoudt niets en reageert automatisch en instinctief. Door de sterke focus op overleving kan het reptielenbrein jouw persoonlijke ontwikkeling belemmeren. Het reptielenbrein heeft namelijk het liefst dat jij in een veilige en bekende omgeving blijft en vooral niet uit je comfortzone treedt.

Synaptogenese
Het tegenovergestelde van pruning is synaptogenese. Dit is de aanleg van synapsen, verbindingen in de hersenen. Pruning en synaptogenese zorgen samen voor de aanleg van specifieke neurale netwerken en voor een betere kwaliteit van verbindingen. Verbindingen die weinig worden gebruikt, zullen verdwijnen in het snoeiproces. Veelgebruikte verbindingen daarentegen zullen steeds sterker worden. Hieruit ontstaan in onze kindertijd bepaalde vaardigheden en gewoontes.

Thalamus
De thalamus is betrokken bij de motoriek, en geeft informatie door vanuit de kleine hersenen en de basale ganglia naar de motorische hersenschors. Daarnaast speelt dit breindeel een rol bij de handhaving van het bewustzijn.

Ventrale vagus
Een andere laag van de nervus vagus is de ventrale vagus (de derde laag is de sympathicus).
Deze laag speelt een belangrijke rol bij de verbinding van het hart en de longen met het gezicht en de hersenen. De ventrale vagus heeft een sterke connectie met de prefrontale cortex. Dit zorgt ervoor dat we bij een menselijke conflictsituatie met elkaar kunnen blijven communiceren en niet meteen in vecht- of vluchtgedrag schieten. Omdat de ventrale vagus is verbonden met het hart kan deze ons kalmeren en geruststellen. Wel is deze laag sterk afhankelijk van veiligheid. Als het lichaam en brein in een veilige staat zijn, kan de ventrale vagus zich optimaal inzetten voor interne processen zoals het immuunsysteem en hormoonsysteem.

Zelfgestuurde neuroplasticiteit
Ik ben ervan overtuigd dat deze term de komende tientallen jaren steeds belangrijker gaat worden. Voor jou, voor mij, maar ook voor de jongere generaties. Zelfgestuurde neuroplasticiteit is het aangeboren vermogen om je eigen brein te veranderen. Door de aandacht die je aan dingen schenkt, de kennis die je opdoet en de ervaringen die je meemaakt, kun jij zelf beïnvloeden waarmee jouw neurale netwerken gevuld worden. Zo kun jij je eigen breinprogrammering veranderen en je hersenen op neurobiologisch niveau veranderen.

BRONNEN

Voor het boek heb ik veel gelezen, zowel boeken als wetenschappelijke artikelen, papers en onderzoeken. Ik deel ze graag met je, mocht je nog wat naslagwerk zoeken over bepaalde onderwerpen, kan ik je deze zeker aanraden.

De boeken die me geïnspireerd hebben:
Bloem, B. *De parkinsonpandemie*. Poiesz, 2012
Brewer, J. *The Craving Mind*. Yale University Press, 2017
Bridgeman, R. *Start vandaag met lichter leven*. Uitgeverij AnkhHermes, 2020
Bridgeman. R. *Start vandaag met meditatie*. Uitgeverij AnkhHermes, 2014
Bridgeman, R., & Van den Hout, M. *Start vandaag met ademen: de Bridgeman Ademmethode*. Uitgeverij AnkhHermes, 2016
Chopra, D. *De zeven spirituele wetten van succes*. Altamira, 2014
Chopra, D. *Balans in je leven: totale gezondheid van lichaam en geest*. Uitgeverij AnkhHermes, 2015
Collins, S. *I've Been Thinking...: Reflections, Prayers, and Meditations for a Meaningful Life*. Penguin Adult, 2018
Dijksterhuis, A. P. *Het slimme onbewuste*. Prometheus, 2011
Dispenza, J. *Jij bent de placebo*. Succesboeken.nl, 2017
Dispenza, J. *Overstijg jezelf*. Servire, 2013
Lin, S. *The dental diet*. Hay House, 2019
Lynch, B., & Griffith, K. *Dirty Genes*. HarperCollins, 2018
Miller, L. *Het ontwaakte brein*. Spectrum, 2021
Pruimboom, L. *Word weer mens*. Plumtree Editorial, 2019
Thich Nhat Hanh. *Mindfulness*. BBNC
Tolle, E. *Een nieuwe aarde: dé uitdaging van deze tijd*. AnkhHermes, 2012
Porges, S. W. *Die Polyvagal-Theorie. Neurophysiologische Grundlagen der Therapie. Emotionen, Bindung, Kommunikation und ihre Entstehung*. Paderborn: Junfermann, 2010

Wetenschappelijke bronnen die ik heb gelezen en die ik graag met je deel:
Brein en overprikkeling
Black, B. A., & Kern, M. L. (2020). A qualitative exploration of individual differences in wellbeing for highly sensitive individuals. *Palgrave Communications*, 6(1), 1-11.
Greven, C. U., Lionetti, F., Booth, C., Aron, E. N., Fox, E., Schendan, H. E. & Homberg, J. (2019). Sensory processing sensitivity in the context of environmental sensitivity: A critical review and development of research agenda. *Neuroscience & Biobehavioral Reviews*, 98, 287-305.

Brein en verslaving

Brewer, J.A. *The Craving Mind: From Cigarettes to Smartphones to Love – Why We Get Hooked and How We Can Break Bad Habits.* Yale University Press, 2017

Brewer, J.A. (2019). Mindfulness Training for addictions; has neuroscience revealed a brain hack by which awareness subverts the addictive process? *Current Opinion in Psychology, 28*, 198-203. https://doi.org/10.1016/j.copsyc.2019.01.014

Dittmar, H., Bond, R., Hurst, M., & Kasser, T. (2014). The relationship between materialism and personal well-being: A meta-analysis. *Journal of personality and social psychology, 107*(5), 879.

Garrison, K.A., Scheinost, D., Constable, T., & Brewer, J. A. (2014). BOLD signal and functional connectivity associated with loving kindness meditation. *Brain and Behavior, 4*(3) https://doi.org/10.1002/brb3.219

Goldstein, R.Z., & Volkow, N. D. (2011). Dysfunction of the prefrontal cortex in addiction: neuroimaging findings and clinical implications. *Nature Reviews Neuroscience, 12*, 652–669. https://doi.org/10.1038/nrn3119

Kasser, T. (2016). Materialistic values and goals. *Annual Review of Psychology, 67*, 489-514.

Kasser, T., Rosenblum, K. L., Sameroff, A. J., Deci, E. L., Niemiec, C. P., Ryan, R. M., & Hawks, S. (2014). Changes in materialism, changes in psychological well-being: Evidence from three longitudinal studies and an intervention experiment. *Motivation and Emotion, 38*(1), 1-22.

Sussman, C. J., Harper, J. M., Stahl, J. L., & Weigle, P. (2018). Internet and video game addictions: Diagnosis, epidemiology, and neurobiology. *Child and Adolescent Psychiatric Clinics, 27*(2), 307-326.

Tromholt, M. (2016). The Facebook experiment: Quitting Facebook leads to higher levels of well-being. *Cyberpsychology, behavior, and social networking, 19*(11), 661-666.

Zhou, Y., Lin, F., Du, Y., Qin, L., Zhao, Z., Xu, J., & Lei, H. (2011). Gray matter abnormalities in Internet addiction: A voxel-based morphometry study. *European Journal of Radiology, 79*(1), 92-95. https://doi.org/10.1016/j.ejrad.2009.10.025.

Brein en hart

Abdel-Haq, R., Schlachetzki, J. C. M., Glass, C. K., & Mazmanian, S. K. (2018). Microbiome–microglia connections via the gut–brain axis. *Journal of Experimental Medicine, 216*, 41–59. https://doi.org/10.1084/jem.20180794

Akselrod, S., Gordon, D., Ubel, F. A., Shannon, D. C., Berger, R. D., & Cohen, R. J. (1981). Power spectrum analysis of heart rate fluctuation: a quantitative probe of beat-to-beat cardiovascular control. *Science, 213*, 220–222.

Brosschot, J. F., Van Dijk, E., & Thayer, J. F. (2007). Daily worry is related to low heart rate variability during waking and the subsequent nocturnal sleep period. *International journal of psychophysiology: official journal of the International Organization of Psychophysiology, 63*(1), 39–47. https://doi.org/10.1016/j.ijpsycho.2006.07.016

Cerritelli, F., Frasch, M. G., Antonelli, M. C., Viglione, C., Vecchi, S., Chiera, M., & Manzotti, A. (2021). A Review on the Vagus Nerve and Autonomic Nervous System During Fetal Development: Searching for Critical Windows. *Frontiers in neuroscience, 15*, 721605. https://doi.org/10.3389/fnins.2021.721605

Grossmann, I., Sahdra, B. K., & Ciarrochi, J. (2016). A heart and a mind: Self-distancing facilitates the association between heart rate variability, and wise reasoning. *Frontiers in behavioral neuroscience, 10*, 68.

Jung, W., Jang, K. I., & Lee, S. H. (2019). Heart and Brain Interaction of Psychiatric Illness: A Review Focused on Heart Rate Variability, Cognitive Function, and Quantitative Electroencephalography. *Clinical psychopharmacology and neuroscience : the official scientific journal of the Korean College of Neuropsychopharmacology, 17*(4), 459–474. https://doi.org/10.9758/cpn.2019.17.4.459

Park, G., & Thayer, J. F. (2014). From the heart to the mind: cardiac vagal tone modulates top-down and bottom-up visual perception and attention to emotional stimuli. *Frontiers in psychology, 5*, 278. https://doi.org/10.3389/fpsyg.2014.00278

Schwerdtfeger, A. R., Schwarz, G., Pfurtscheller, K., Thayer, J. F., Jarczok, M. N., & Pfurtscheller, G. (2020). Heart rate variability (HRV): From brain death to resonance breathing at 6 breaths per minute. *Clinical Neurophysiology, 131*(3), 676-693. https://doi.org/10.1016/j.clinph.2019.11.013

Brein, emoties en welzijn

Grossmann, I., Karasawa, M., Kan, C., & Kitayama, S. (2014). A cultural perspective on emotional experiences across the life span. *Emotion (Washington, D.C.), 14*(4), 679–692. https://doi.org/10.1037/a0036041

Johnson-Laird, P. N., *How we Reason.* New York, NY: Oxford University Press, 2006

Scherer, K. R. (2005). What are emotions? And how can they be measured? *Social Science Information, 44*(4), 695–729. https://doi.org/10.1177/0539018405058216

Rudd, M., Vohs, K. D., & Aaker, J. (2012). Awe expands people's perception of time, alters decision making, and enhances well-being. *Psychological science, 23*(10), 1130–1136. https://doi.org/10.1177/0956797612438731

Ontstekingen en immuunsysteem

Dhabhar, F. S. (2009). Enhancing versus suppressive effects of stress on immune function: implications for immunoprotection and immunopathology. *Neuroimmunomodulation, 16*(5), 300-317.

Dorshkind, K., Montecino-Rodriguez, E., & Signer, R.A. (2009). The ageing immune system: is it ever too old to become young again? *Nature Reviews Immunology, 9*(1), 57-62.

Felger J. C. (2018). Imaging the Role of Inflammation in Mood and Anxiety-related Disorders. *Current neuropharmacology, 16*(5), 533–558. https://doi.org/10.2174/1570159X15666171123201142

Felger, J. C., Li, Z., Haroon, E., Woolwine, B. J., Jung, M. Y., Hu, X., & Miller, A. H. (2016). Inflammation is associated with decreased functional connectivity within corticostriatal reward circuitry in depression. *Molecular psychiatry, 21*(10), 1358–1365. https://doi.org/10.1038/mp.2015.168

Galea I. (2021). The blood-brain barrier in systemic infection and inflammation. *Cellular & molecular immunology, 18*(11), 2489–2501. https://doi.org/10.1038/s41423-021-00757-x

Ricklin, D., Hajishengallis, G., Yang, K., & Lambris, J. D. (2010). Complement: a key system for immune surveillance and homeostasis. *Nature immunology, 11*(9), 785-797.

Thomson, C.A., McColl, A., Cavanagh, J., & Graham, G. J. (2014). Peripheral inflammation is associated with remote global gene expression changes in the brain. *Journal of Neuroinflammation 11*(73), https://doi.org/10.1186/1742-2094-11-73

Walker, K. A., Hoogeveen, R. C., Folsom, A. R., Ballantyne, C. M., Knopman, D. S., Windham, B. G., Jack, C. R., Jr, & Gottesman, R. F. (2017). Midlife systemic inflammatory markers are associated with late-life brain volume: The ARIC study. *Neurology, 89*(22), 2262–2270. https://doi.org/10.1212/WNL.0000000000004688

Darmen en voeding

Butler, M. I., Cryan, J. F., & Dinan, T. G. (2019). Man and the Microbiome: A New Theory of Everything? *Annual review of clinical psychology, 15*, 371–398. https://doi.org/10.1146/annurev-clinpsy-050718-095432

Dobbing, J. (1964). The influence of early nutrition on the development and myelination of the brain. *Proceedings of the Royal Society of London. Series B. Biological Sciences, 159*, 503-509. https://doi.org/10.1098/rspb.1964.0016

Israel, N. yan, & Margolis, K. G. (2019). Serotonin as a link between the gut-brain-microbiome axis in autism spectrum disorders. *Pharmacological Research, 140*, 115-120.https://doi.org/10.1016/j.phrs.2018.12.023

Lee, S. H., Yoon, S. H., Jung, Y., Kim, N., Min, U., Chun, J., & Choi, I. (2020). Emotional well-being and gut microbiome profiles by enterotype. *Scientific reports, 10*(1), 1-9.

Pagliai, G., Dinu, M., Madarena, M. P., Bonaccio, M., Iacoviello, L., & Sofi, F. (2021). Consumption of ultra-processed foods and health status: a systematic review and meta-analysis. *British Journal of Nutrition, 125*(3), 308-318.

Sarkar, A., Harty, S., Lehto, S. M., Moeller, A. H., Dinan, T. G., Dunbar, R., Cryan, J. F., & Burnet, P. (2018). The Microbiome in Psychology and Cognitive Neuroscience. *Trends in cognitive sciences, 22*(7), 611–636. https://doi.org/10.1016/j.tics.2018.04.006

Schmidt, E. (2012). This is your brain on sugar: UCLA study shows high-fructose diet sabotages learning, memory. *UCLA Newsroom*. http://newsroom.ucla.edu/releases/this-is-your-brain-on-sugar-ucla-233992.

Schnorr, S. L., Candela, M., Rampelli, S., Centanni, M., Consolandi, C., Basaglia, G., Turroni, S., Biagi, E., Peano, C., Severgnini, M., Fiori, J., Gotti, R., De Bellis, G., Luiselli, D., Brigidi, P., Mabulla, A., Marlowe, F., Henry, A. G., & Crittenden, A. N. (2014). Gut microbiome of the Hadza hunter-gatherers. *Nature in Communications, 5*. https://doi.org/10.1038/ncomms4654

Sheikh, K. (2017). How Gut Bacteria Tell Their Hosts What to Eat. *Scientific American Mind, 28*(4), 4-6.

Spencer, N. J., Hibberd, T. J., Travis, L., Wiklendt, L., Costa, M., Hu, H., Brookes, S. J., Wattchow, D. A., Dinning, P. G., Keating, D. J., & Sorensen, J. (2018). Identification of a Rhythmic Firing Pattern in the Enteric Nervous System That Generates Rhythmic Electrical Activity in Smooth Muscle. *The Journal of neuroscience: the official journal of the Society for Neuroscience, 38*(24), 5507–5522. https://doi.org/10.1523/JNEUROSCI.3489-17.2018

Steenbergen, L., Sellaro, R., Hemert, van, S., Bosch, J. A., Colzato, L. S. (2015). A randomized controlled trial to test the effect of multispecies probiotics on cognitive reactivity to sad mood. *Brain, Behavior, and Immunity, 48*, 258-264. https://doi.org/10.1016/j.bbi.2015.04.003

Sudo N, Chida, Y., Aiba, Y., Sonoda, J., Oyama, N., Yu, X., Kubo, C., Koga, Y. (2004). Postnatal microbial colonization programs the hypothalamic–pituitary–adrenal system for stress response in mice. *The Physiological Society, 558*(1), 263-275. https://doi.org/10.1113/jphysiol.2004.063388

Spiritualiteit

Anandarajah, G., Roseman, J., Mennillo, L. G., & Kelley, B. (2021). Spirituality in primary palliative care and beyond: A 20-year longitudinal qualitative study of interacting factors impacting physicians' spiritual care provision over time. *Journal of Pain and Symptom Management, 62*(6), 1216-1228.

Ahmadi, A., & Shahmohammadi, N. (2015). Studying the relationship between mental health, spirituality and religion in female students of Tehran Azad University: south
Branch. *Procedia-Social and Behavioral Sciences, 205*, 236-241.

Miller L, Bansal R, Wickramaratne P, Hao, X., Tenke, C. E., Weissman, M. M., & Peterson, B. S. (2014). Neuroanatomical Correlates of Religiosity and Spirituality: A Study in Adults at High and Low Familial Risk for Depression. *JAMA Psychiatry, 71*(2), 128–135. https://doi.org/10.1001/jamapsychiatry.2013.3067

Nieuwsgierigheid, zelfcompassie, dankbaarheid en verbinding

Branson, C. M. (2007). Improving leadership by nurturing moral consciousness through structured self-reflection. *Journal of Educational Administration, 45*(4), 471-495. https://doi.org/10.1108/09578230710762463

Mezirow, J. (1997). Transformative learning: Theory to practice. *New directions for adult and continuing education, 74*, 5-12.

Murray, T. (2009). Knowing self through the journey: Graduate students' experiences of self-knowledge development. *Journal of Adult Development, 16*(2), 108-128.

Popov, S., Radanović, J., & Biro, M. (2016). Unconditional self-acceptance and mental health in ego-provoking experimental context. *Suvremena psihologija, 19*(1), 71-79.

Sneed, R. S., & Cohen, S. (2013). A prospective study of volunteerism and hypertension risk in older adults. *Psychology and Aging, 28*(2), 578.

REGISTER

A

aandachtsspanne 154, 216
acetylcholine 36, 72-73, 168, 173
ademhalingstechniek 65, 72, 154, 157, 159, 161, 167, 170, 198, 226, 239
AD(H)D 88, 98-99, 112, 122, 154
adrenaline 20, 49-50, 57, 72, 78, 89, 141, 143, 174-175
afvalstoffen 90-91, 111, 227
alcohol 34, 48-50, 88, 93, 111-113, 134, 165, 172, 175-176, 179, 246
alfastaat 28, 219, 222-223
algoritmen 216
Alzheimer, ziekte van 8, 80, 181
amygdala 55, 57, 65, 74, 79, 89, 93-95, 149, 153, 167, 257
anandamine 36
angststoornissen 9, 36, 41-42, 46, 49, 67, 73, 77, 87-88, 96, 100, 122, 167-168, 173
anterior cingulate cortex 53, 257
antibiotica 110, 112, 168
antioxidantensysteem 107, 111, 174-175, 182-183, 247
astma 88, 103, 108, 154
atriaal natriuretisch peptide (ANF) 143
autisme 98-99, 103, 112
auto intoxication 103

B

baroreflex 166-167
Baylor University 93
Behavioral Science 213
beloningsgerichtheid 165, 187, 190, 241
bètastaat 28, 162, 219
bloed-hersenbarrière 111-113
bloedbaan 89-91, 179, 259
bloeddruk(golven) 20, 35, 73, 112, 122, 141, 143-145, 153, 156, 158, 175, 183, 213, 220
Bloem, Bas 246
bodyscan 65, 228-230, 244
Brain Balance 24, 37, 40, 54, 84, 87, 98, 100-101, 108, 132, 169, 193, 195, 198, 222, 224-225, 242, 251-253
Brain Food 108, 110, 175, 177-179, 225, 245, 253
breinfilter 43, 45-47, 52-53, 65, 155
breintumor 208
burn-outs 8, 36, 41-42, 45-46, 67, 80, 83, 88, 96, 100-101, 112, 118, 135, 152, 186, 212, 214, 246

C

C-reactief proteïne (CRP) 94
cafeïne 170, 174, 177
cellichamen 17-18
chocolade 50, 113, 176-177, 183, 247
choline 168
cocktailpartyeffect 45
colitis ulcerosa 73, 115

coronapandemie 8-9, 47, 54, 65, 67
cortisol 20, 50, 55, 57, 74, 79-80, 89, 95, 141, 150-151, 161, 173, 175, 219
Crohn, ziekte van 73, 115
cytokinen 168, 175

D

dankbaarheid 145, 169, 196-199, 211, 227, 235, 239
darmflora 46, 89, 91, 93, 105-106, 108, 110-111 *zie ook* microbioom
darmklachten 42, 95, 108, 125
darmslijmvliezen 89, 111-112, 117
Darwin, Charles 120
dehydro-epiandrosteron (DHEA) 95, 141, 150-151
deltastaat 28-29, 219
depressiviteit 8-9, 20, 34-35, 41-42, 46, 55, 67, 70, 73, 80, 86-88, 90, 94, 96, 98, 100-101, 103, 105, 107-109, 112, 118, 122, 130-131, 142, 145, 152, 161, 167, 173-174, 176, 193, 203, 209-210, 212, 214, 219
diabetes 50, 80, 88, 103, 112, 121, 166
diarree 108, 115-117, 168
disconnectie 95, 129, 204
Dispenza, Joe 59, 158, 205
dopamine 20, 34-35, 48-49, 55, 70, 94, 105, 128, 165, 173-174, 176, 187, 196, 209, 259

dorsale vagus 66, 92, 258
dorsomediale prefrontale cortex 197
drugs 34, 49, 77, 88, 210

E
early life stress 9, 80-81, 84-88, 123
eczeem 108-109
Einstein, Albert 51, 184
eiwitten 34, 111, 114-115, 120, 176-177, 259
elektrocardiogram (ECG) 147
elektromagnetisme 141, 147-148
Elrod, Hal 254
Environmental Science & Technology 213
epigenetica 4, 40, 87, 120
epigenoom 121, 258
European Food Safety Authority (EFSA) 183
exotoxinen 111

F
femtotesla 147
fermentatie 107, 172, 175
fibromyalgie 166, 219
fight-flight-freeze 75, 167, 204, 257
fixed mindset 117, 186
frustratie 42, 125, 141, 147, 149, 191, 194, 217, 230, 243

G
gamma-aminoboterzuur (GABA) 34-35, 105, 168, 173
García, Héctor 237
gastro-intestinale infecties 70, 73

geheugenverlies 20, 42
gejaagdheid 12, 20, 42, 46, 76, 82, 127, 129, 186, 193
genregulatie 120, 258
gifstoffen 111-112, 115, 154, 156, 246 *zie ook* afvalstoffen
Goddard, Marcia 98
Google 52
growth mindset 99, 118, 185

H
haaruitval 21, 42, 95
hart- en vaatziekten 80, 88, 90, 95, 103, 112, 122, 213, 220
hartcoherentie 95, 142, 144-145, 147-150-152, 155, 157, 165, 204, 225-226, 240, 258
HeartMath Institute 142, 146, 258
hersen-darm-as 70-71, 105, 171, 173
hersenmist 11-12, 20, 92, 95, 108-109, 122, 134, 245-246
hersenstam *zie* reptielenbrein
Hippocrates 103-104
holisme 16, 23, 25, 73, 89, 94, 199
hoofdpijn 9, 42, 77, 109, 115, 145, 166, 180, 183, 246
hoogsensitiviteit (HSP) 47, 96
hormoonsysteem 80, 149, 262
hyperpermeabiliteit 111
hyperventilatie 21, 36, 42, 44, 46, 153, 157, 193
hypothalamus-hypofyse-bijnier-as (HPA-as) 72

I
ijzer 34, 113, 182
ikigai 237
immuunglobulines 89
immuunsysteem 72-73, 80, 87, 89-93, 107, 111-112, 123, 146, 149, 151, 156, 162, 180, 183, 199, 219, 245, 262
inferieure pariëtale kwab 209
intermittent fasting 178

J
Jha, Amishi 216
Johns Hopkins University 93
journaling 197-198

K
Kabat-Zinn, Jon 214
kanker 82, 114-115, 121-122, 159, 246
kinderbrein 84, 98-99
kindertijd 16, 27028, 262
koffie 23, 48, 50, 127, 175
'kort lontje' 9, 34, 42, 44, 46, 108, 129, 145, 155, 161, 187, 246
kortademigheid 42, 46, 125, 157
koudetherapie 166-167

L
lactoferrine 89
lagegraadinflammatie (LGI) 92-93
lekkende darm 111-112
levensenergie *(chi)* 140, 209
libido 109, 246
limbisch systeem 17, 25, 53, 257, 259-261
lusteloosheid 12, 200

lymfevatenstelsel 156
Lynch, Ben 121, 123
lysozymen 89

M
magnesium 34, 173, 176-177
magnetocardiogram 147
Mayo Clinic 93
mediale thalamus 209
medicatie (medicijnen) 8, 13, 23, 34, 48-49, 63, 77, 93, 99, 101-103, 112, 115, 117, 131, 134, 162, 179
meditatie 11, 24, 28, 44, 54, 65, 135-137, 152, 155, 167, 197-198, 206, 209, 211, 218-223, 237, 239, 242, 261, 263
melatonine 88, 170
menstruatie 122
metacognitie 186
microben 91, 103, 168, 245
microbioom 70-71, 80, 91, 105, 108-110, 114, 117, 123, 168, 171-172, 175
middenrif 19, 72, 156, 158, 167
migraine 77-78, 96, 108, 122, 183, 246
Miller, Lisa 130, 204-205, 210
mindfulness 54, 65, 101, 162, 167, 188, 208-209, 214-215, 216, 241
mitochondriën 107, 182
mondhygiëne 179, 181
mucosal immune system 89

N
nachtrust 170, 176
neocortex 17, 25, 28, 45, 257, 259, 261

nervus vagus 19-20, 36, 43, 57, 66, 70-74, 105, 107, 125, 143, 166-169, 171, 184, 197, 203-204, 215, 239-240, 246, 258-259, 262
Netflix 50, 52, 66, 137
neurologie 70, 141, 146
neurotransmitters *passim*
Nhat Hanh, Thich 3, 155
Niet Aangeboren Hersenletsel (NAH) 40
nieuwsgierigheid 156, 184-192, 194-196, 199, 215, 239, 243
nucleus caudatus 209

O
obesitas *zie* overgewicht
obsessief-compulsieve stoornis (OCD) 42
obstipatie 108, 115, 117, 172
oertijd 16, 20, 25
oil pulling 180-181
omega 3-vetzuren 34, 91-93, 174-177, 179, 247
omega 6-vetzuren 92-93, 247
onderbewustzijn 25-28, 30, 32-33, 37, 41, 45, 57, 63, 72, 79, 82, 87, 132, 151, 157, 193-194, 208-209, 217, 222-223, 2236-237, 242, 244, 248, 260-261
onderwijs(systeem) 87, 99-101
ontlasting 90, 113-117, 172
ontstekingen 37, 42-43, 73, 80, 85, 89, 91-95, 107, 111-113, 140, 154-156, 168, 171, 177, 179, 183, 219,

245-247, 265
'onverklaarbare fysieke klachten' 12, 42, 97
onzekerheid 52, 65, 84, 126, 145
orbitofrontale cortex 187, 257, 261
overgewicht (obesitas) 49-50, 80, 88, 90, 103, 109, 121, 123, 212
overspannenheid 83, 96
oxytocine 54, 141, 143, 209

P
pancreas (alvleesklier) 76, 111, 114
paniekaanvallen 23, 36, 42, 44, 219
parasympathisch zenuwstelsel 18-19, 75, 77, 154, 161, 166-167, 173, 203, 250
Parkinson, ziekte van 8, 246
pathogenen 89
Pearsall, Paul 148
periaqueductale grijs 208-209
perifere zenuwstelsel 18, 74-75, 166
placebo-effect 61, 63
Porges, Stephen 143
posterior cingulate cortex 65, 261
posttraumatische stress-stoornis (PTSS) 73, 88, 162, 219
prebiotica 172, 175
prefrontale cortex 17, 45, 52-53, 56, 65, 86, 89, 93-95, 161, 197, 210, 212, 257, 261-262
premenstrueel syndroom (PMS) 95, 122

prikkelbaredarmsyndroom (PDS) 88, 117-118, 167, 219
probiotica 117, 168, 175
pruning 17, 261-262
psychiatrie 70, 102-103, 166, 185, 253
Psychological Science 213

R

religies 208, 211, 214
reptielenbrein (hersenstam) 16-17, 19, 25, 43, 153, 156, 208, 212, 259-262
resolvines 91
reumatoïde artritis 88, 166
ruggengraat 18, 199

S

schermtijd *zie* telefoongebruik
schildklierdisfunctie 122
schuldgevoel 23, 82
seksualiteit 35, 77, 208, 215
Selis, Mischa 102
Seppälä, Emma 157, 162
serotonine 20, 34-35, 70, 86, 95, 105-106, 117, 141, 169-170, 173-174, 176, 197, 209
Shatz, Carla 29, 32
shoppen 50, 77, 165
slaapproblemen 8-9, 12, 21, 42, 46, 77, 88, 93, 108, 112-113, 142, 145, 175
sociale media 9, 48-49, 53-56, 60, 65-66, 74, 77, 87, 131, 165, 187, 197, 203, 216, 224, 249, 256
spijsvertering 34, 46, 72, 75, 79, 91-92, 105, 109, 111, 113-115, 145, 155, 161
spiritualiteit 4, 10, 130, 152, 163, 204-212
sudarshan kriya yoga (SKY) 162, 167
suiker(spiegel) 20, 48, 77, 79, 93-95, 111-112, 134, 171-172, 175-177, 179, 246
synapsen 18, 28, 33, 262

T

technologie 8-9, 48, 53-54, 56
telefoongebruik (schermtijd) 48, 53-56, 87, 127, 137, 163, 165, 170, 248-249
thalamus 65, 153, 209, 257, 262
The Contentment Foundation 100
thètastaat 28-29, 219, 222-223
toxinen 43, 89, 91, 93, 95, 111-112, 120-121, 175, 179-181, 246-247, 258
triglyceridenniveau 122

U

University of Minnesota 93
urease-enzym 111
uv-straling 169, 258

V

ventromediale prefrontale cortex 197, 257
vermoeidheid 8, 12, 21, 34, 37, 42, 46-47, 77, 107-109, 117, 122, 142, 150, 155, 246
verteringsstoornissen *zie* spijsvertering
videogames 49-50, 77
visualisatie 61, 63, 136, 216-218, 243, 247
vitamines 34, 70, 111, 113-114, 169-170, 173-174, 176, 179, 247
voedingsstoffentekort 57, 73, 86
voedselintoleranties 112, 115
vrije radicalen 111-112, 178, 182-183

W

Waldinger, Robert J. 203
wandelen 9, 97, 135, 169, 175, 198, 206-207, 211-213, 241
weerstand 21, 23, 80, 88, 95, 109, 163-164, 201, 220, 235, 244, 250
Wereldgezondheidsorganisatie (WHO) 9

Y

yoga 23, 137, 152, 154, 162, 167, 169, 209, 211, 222

Z

zelfbeeld 99, 149, 251
zelfreflectie 101, 194
zenuwvezels 18, 143
ziekenhuisopnames 83-84, 132, 159, 214
zingeving 126, 142, 208-209, 236-237, 242, 250
zink 34, 173, 182, 190
zwaarmoedigheid 9, 79, 96, 164
zwangerschap 36, 81-84, 86, 92, 121-122, 174, 176]

WEEGSCHALEN

Bijlage 1

_____

_____

_____

_____

_____